숭배하는 자들,
호모 피델리스

숭배하는 자들, 호모 피델리스

한민 지음

HOMO FIDELIS

저녁달

추천의 글

종교와 신은 참으로 어렵고도 민감한 주제다. 하지만 분명한 건 문화의 틀과 개인의 마음이 상호작용하는 과정에서 이해하고 설명해야 한다는 것이다. 한국의 심리학자들 중 이 어려운 작업에 도전한 사람은 극히 드물다. 자칭 멸종위기 1급 토종 문화심리학자 한민 박사가 이 일을 기가 막히게 해냈다. 한국에서 살아가야 할 우리가 반드시 읽어야 하는 걸작이 나왔다. 이 책을 통해 우리가 어떤 힘으로 살아왔고 앞으로 어떻게 살아가야 하는지에 대한 실마리들을 분명히 찾을 수 있을 것이다.

김경일 아주대학교 심리학과 교수

신은 누구일까? 세계의 창조주일까? 온 누리의 주인일까? 인간이 상상해낸 가상일까? 억압당한 정신, 고통받은 마음의 상징적 존재일까? 사람들은 시대와 장소에 따라 다른 신을 섬기고 받든다. 신은 사람들이 숭배하는 곳이면 어디에나 나타난다. 더구나 숭배자가 바라는 모습으로 나타난다. 그러니 신과 신을 숭배하는 종교를 이해하려면 '숭배하는 자들', 곧 인간을 이해해야만 한다.

이 책은 읽기가 편하다. 읽기 시작하면 중간에 멈출 수가 없다. 질문에 질문이 꼬리를 물고 연결된다. 더구나 질문이 간명하다. 누구나 한 번쯤 가졌던 질문을 던진다. 또 대답은 상쾌하고 유쾌하다. 편견과 편중이 없어 상쾌하다. 거침없이 직진하는 사유가 유쾌하다. 이 책은 가능한 한 과학적으로 답을 찾는다. 그렇다고 종교를 과학으로 재단하지도 않는다. 과학으로 설명할 수 없는 부분에서 이 책은 문화 현상으로 종교를 이해하기 위해 최선을 다한다.

이 책에는 종교적 편견이 없다. 특정 종교에 기대고 있지도 않다. 그 덕에 이 책은 다른 어떤 종교 교양서에서도 찾을 수 없는 매력이 있다. 그것은 바로 한국인의 눈으로 한국의 다양한 종교를 비편파적으로 서술하는 매력이다. 더구나 이 책은 사회비판적인 관점에서 비뚤어지기 쉬운 신앙을 매우 구체적으로 추적한다. 그래서 이 책은 한국 사회, 심지어 한국 정치를 심층적으로 이해하는 데에도 큰 도움을 준다.

박구용 전남대학교 철학과 교수

프롤로그

* * *

종교는 인생의 화두였다

나는 꽤 종교적인 분위기에서 자랐다. 어릴 적에는 할머니 손에 이끌려 절에 다녔는데 독실한 개신교 신자인 어머니는 고사리 같은 손을 모으고 부처님을 찾는 나를 보고 기겁을 하셨다고 한다. 그다음부터는 어머니 손에 이끌려 교회를 다녔다. 길고 지루했던 설교와 엎드려서 맡았던 교회의 오래된 나무 의자 냄새가 떠오른다.

집에는 기도방이 있었다. 나는 어머니의 기도 소리를 들으며 잠이 들곤 했다. 어머니는 때로는 울며 때로는 알 수 없는 말을 중얼거리며 오랫동안 기도를 했다. 장애가 있는 동생 때문이었을 것이다. 동생이 낫는다면 무슨 일이든 했던 어머니는 영험한(?) 목사나 전도사가 있다는 곳이면 어디든 달려가 기도를 받았고 나는 그런 모습들을 옆에서 지켜보았다.

같은 이유에서였을까? 그 시절의 나는 부흥회, 새벽기도, 철야 예배, 금식기도 등의 단어에 익숙해야만 했다. 한때는 일주일에 네 번씩 교회를 갔었다. 좁은 교회에 울려 퍼지는 북소리, 귀가 터질 것 같은 목사님의 외침, 울부짖고 악을 쓰는 것 같은 기도 소리, 저마다 손을 들고 뭔가를 갈구하는 사람들의 모습은 어린 나에게 강렬한 인상으로 남아 있다.

자연히 나는 종교적인 사람으로 성장했다. 맞벌이를 하시는 부모님 대신 나와 동생을 봐주시는 분들은 대개 종교인들이었고 일부는 신학대학을 다니거나 교회에서 사역을 하는 이들도 있었다. 이런 환경에서는 종교적인 사람으로 자라지 않는 편이 더 어려울 것이다. 책꽂이에 꽂혀 있는 신학 서적들을 동화책처럼 읽었다.

일요일이 되면 당연히 교회에 갔고 학교에서도 기독학생회 활동을 했다. 예배에서는 성가대에 섰으며 학생부 활동도 열심이었다. '문학의 밤'이라는 이름의 학생부 행사나 크리스마스 같은 특별한 날에는 찬양은 물론이고 연극 등을 연출하기도 했다. 교회에서 진행하는 각종 행사에서 사진을 찍어 기록하는 이도 나였다.

그 시절의 내게 신앙은 삶의 의미였다. 종교는 힘겨운 현실을 버티는 원동력이었고 또래 친구들과의 교제는 갑갑한 입시생활에 한 줄기 빛이었다. 신을 찬양하고 신을 위한 삶이 즐거웠고 신앙을 위해서는 무슨 일이든 할 수 있을 것 같았다. 한참 건강이 좋지 않았을 때는 종교적 망상에도 빠졌었고 제사 안 지내겠다고 뻗대다가 아버지께 절연도 당했던 때였다.

그러나 대학에 가면서 많은 것이 바뀌었다. 내 눈으로 확인한 세상은 내가 교회에서 듣던 것과는 달랐다. 스스로에게 끝없이 묻고 대답하는 과정이 이어졌다. 나는 의심하는 사람이었다. 어린아이와 같은 믿음이 귀하다지만 나는 부활한 예수를 직접 보지 않고서는 믿지 않겠다고 했던 도마Thomas의 길을 택했다.

문화심리학을 공부하면서 더 큰 의문들에 봉착했다. 문화란 주어진 환경에 적응하기 위해 사람들이 만들어낸 체계로, 거기에는 옳고 그름이나 우열이 없다. 문화심리학의 길을 가기로 마음먹은 내게 신념의 절대성을 내포한 종교는 반드시 해결해야 할 과제였다. 전국의 굿판을 쫓아다니고 『코란』과 힌두 신화와 북유럽 신화를 읽었다. 시간이 있으면 절을 찾았다.

신은 어디에나 있었다. 교회에, 성당에, 절에, 모스크에, 사원에, 신사에, 신당에…. 신이 존재하는 곳은 신을 찾는 사람들의 마음속이었다. 신을 그리며 신께 도달하려는 마음은 인간의 본성이다. 그러나 신을 그리고 신께 도달하는 방식은 각각 다르다. 눈이 새롭게 열리는 기분이었다.

이 책은 종교인이자 문화심리학자로서 그동안 스스로에게 던졌던 질문과 답이다. 종교학적으로 체계가 있거나 완벽한 내용은 아니겠지만, 끝없이 신앙을 고민해온 신앙인으로서, 나름 문화심리학으로 잔뼈가 굵은 학자로서 부끄럽지 않은 결과라 생각한다.

1장에서는 종교와 문화의 관계를 다루고자 하였다. 문화심리학의 관점에서 신을 찾고 신께 향하고자 하는 것은 인간의 보편적 욕구다. 종교의 기원, 기능, 권력, 예술, 죄책감과 망상 등 역사적으로 다양한 사회에서 사람들이 신을 추구해온 모습들을 정리하고자 하였다.

2장에서는 한국의 종교 현상을 다루었다. 예로부터 한국인들은 매우 종교적인 사람들이었다. 한국의 문화와 한국 사회의 여러 현상들은 이 점을 간과하고서는 이해할 수 없다. 전 국민이 다 갖고 있다는 태몽에서부터 세계적으로 유례가 없는 종교 간 대화합까지 한국에서만 볼 수 있는 종교적 현상을 살펴보았다.

3장에서는 무속에 대해 살펴보았다. 원시적 종교 또는 미개한 종교라는 오해를 받아온 무속은 가장 한국적인 종교로서 오랫동안 한국인의 마음과 행동에 영향을 미쳐왔다. 21세기가 20여 년이나 지난 지금도 한국인들은 가장 급한 상황이 되면 무당을 찾는다. 무속이 한국인의 마음을 어루만질 수 있었던 이유는 과연 무엇일까?

4장의 주제는 바람직하지 않은 신앙이다. 신에게 이르고자 하는 마음은 절대적이고 순수하다. 하지만 그 때문에 비뚤어지기 쉬운 것도 사실이다. 이 장에서는 신앙이 그 본연의 모습을 잃게 되는 기제를 여러 사례를 통해 살펴보았다. 특정 종교나 교단을 비판하기보다는 신앙이 변질되는 보편적 기제를 다루려 하였다.

마지막으로 5장은 미래의 종교를 전망해보았다. 현대 사회 들어 과학이 발달하고 인간의 이성으로 이해할 수 있는 범위가 넓어지면서 종교는 급격히 그 영향력을 잃고 있다. 종교의 시대는 이렇게 막을 내릴 것인가? 과학기술이 발전하는 만큼 사람들의 불안은 커지고 있다. 신의 존재에 대한 믿음은 차치하더라도 종교의 기능은 아직 다한 것 같아 보이지 않는다.

종교는 헤아릴 수 없는 옛날부터 인간과 함께해왔다. 한 권의 책으로 종교와 연관된 인간의 마음과 행동을 모두 이해할 수 있다고 믿는 분들은 안 계실 것이다. 공부하는 사람에 불과한 나 역시 그런 것은 바라지 않는다. 다만 문화라는 관점에서 종교 및 종교와 관련된 사람들의 행동들을 바라볼 수 있는 새로운 관점을 제공한다면 충분히 만족할 것이다.

이 책은 현존하는 다양한 종교들을 언급하고 있다. 각 종교들은 긍정적인 모습도, 부정적인 모습도 동시에 가지고 있다. 과거에는 부정적이었지만 현재는 긍정적으로 기능하는 종교도, 과거에는 긍정적이었지만 현재는 부정적으로 기능하는 종교도 있다. 나의 비판적인 관점이 드러나는 종교도 있으나 그 긍정적인 영향 역시 균형 있게 다루었고 특정 종교에 치우치지 않으려 노력했다. 부디 오해가 없으시길 바란다.

마지막으로 이 책의 장점을 한 가지만 더 덧붙이자면, 한국 문화와 한국인의 심리, 한국의 종교를 한국인의 입장에서 다루었다는 점이다. 오랫동안 무속 같은 한국의 전통 종교, 무속적 색채가 강하게 나타나는 개신교의 신앙 형태는 서구권의 종교나 종교 행위와 비교해서 열등한 것으로 간주되었다. 종교학과 무속학 쪽에서 꾸준한 연구가 있어왔지만 보통 사람들의 관심사로 떠오르지는 못했다.

최근 급격히 늘어난 전통에 대한 관심, 특히 무속을 다룬 영화와 다큐멘터리 등이 활발히 제작되고, 심지어 예능에서도 한 자리를 차지하면서, 커지고 있는 무속과 종교에 대한 관심을 이 책이 이어갔으면 하는 바람이다. 일시적 흥미나 가십거리가 아닌 한국인 스스로 자기이해의 일환으로서 말이다.

멸종위기 1급 토종 문화심리학자
한민

차례

4장

비뚤어지기 쉬운 신앙

HOMO FIDELIS

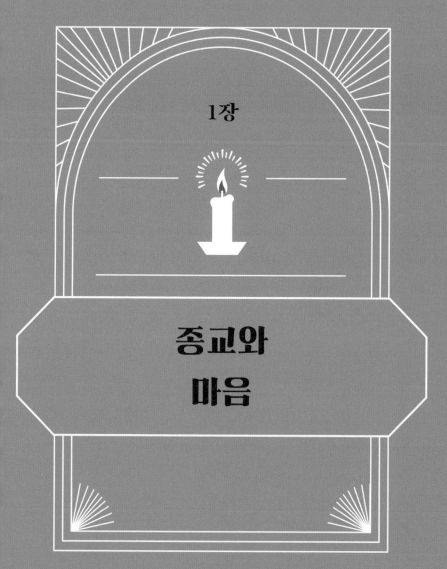

1장

종교와
마음

01

종교는 어떻게 만들어졌는가

종교宗教는 으뜸가는宗 가르침敎이라는 뜻으로 불교 경전에서 유래한 말이다. 메이지 유신 이후, 서양 문물을 받아들이던 일본이 'religion'을 '종교'로 번역하면서 '초자연적인 절대자에 대한 신앙 체계'라는 의미로 쓰이게 되었다.

그렇다면 최초의 종교는 무엇일까? 그리고 종교는 어떻게 사람들 사이에 자리 잡게 되었을까?

종교는 인간의 상상력의 발달과 관련이 있다. 헤아릴 수 없이 많은 날 동안 인간은 해와 달과 별을 바라보고, 지진과 화산, 태풍과 홍수 등 자연의 거대한 힘을 목격하며, 어떤 전능한 존재를 상상했을 것이다. 과학 문명이 발달한 현대에도 압도적인 자연 앞에서 인간은 존재의 초라함을 느낄 수밖에 없다. 모든 것을 자연에 의지해야 했던 과거의 인간들이 자연에서 느꼈을 경외감은 상상하고도 남는다.

상상력은 지능에서 비롯된다. 무리생활을 시작하고 협동해서 사냥을 하면서 안정적으로 고기를 섭취하게 된 인간에게 나타난 가장 큰 변화는 뇌 용적의 증대였다. 짐승 고기의 단백질은 신경세포(뉴런, neuron)를 만들고 지방은 수초(미엘린, myelin)를 형성하며 신경망은 더욱 정교해졌다. 뇌 발달로 인해 더욱 복잡한 상호작용을 할 수 있게 되었고, 이는 결국 언어의 사용과 문명의 발달로 이어졌다.

인간이 언어를 처음 사용한 시기에 대해서는 여러 가설이 있다. 말할 수 있는 능력 덕분에 인간은 고도의 의사소통이 가능했고 복잡한 사회 조직을 구성하여 문명을 일구는 한편, 실제로 존재하지 않는 것들에 대해 상상할 수 있게 되었다는 점은 이론의 여지가 없다.

고대 인간의 상상력을 짐작할 수 있는 근거는 장례 의식이다. 최초의 장례는 약 10만 년 전으로 알려져 있으며 최소 수만 년 전부터는 인간의 거주지 근처에 장례의 흔적이 발견된다. 장례란 산 자들이 죽은 자와 이별하는 의식으로서, 고대인들이 장례를 치렀다는 사실은 그들이 사회를 이루고 구성원과의 유대감을 형성했을 뿐만 아니라 사후세계에 대한 믿음을 가지고 있었다는 사실을 방증한다.

장례와 관련해서 종교의 탄생으로 이어지는 또 하나의 물증은 고인돌을 비롯한 거석 문화다. 거대한 돌들을 가공해 세운 유적들이 전 세계적으로 발견되는데, 1만 년 전에서 수천 년 전에 건설된 것으로 보이는 이것들은 죽은 자들의 무덤(고인돌)인 경우도

이스라엘 카프제(Qafzeh) 동굴에서 발견된 황토 조각. 1933년 R. 네빌이 이스라엘의 카프제 동굴에서 가장 오래된 의도적 매장지를 발견했다. 9만~10만 년 전의 현대 인류(호모 사피엔스) 유골 10여 개체가 발견되었으며, 이와 함께 71개의 붉은 황토(ochre) 조각과 황토가 묻은 석기들이 출토되었다. 황토는 뼈 근처에서 발견되었는데, 이는 황토가 의식적인 목적으로 사용되었음을 시사한다. ⓒ humanorigins.si.edu

있고 영국의 스톤헨지와 프랑스의 카르나크Carnac 유적처럼 그 자체로 어떠한 의미를 가진 선돌menhir도 있다. 거석 유적들은 거대한 돌을 옮길 만한 인력을 동원할 수 있는 세력의 등장과 그곳에서 행해졌을 의식(동물 뼈나 그릇 등의 출토로 알 수 있는 의식)을 추정케 하며, 이는 그러한 의식의 대상이 되는 존재를 향한 신앙의 근거가 된다.

거석 유적들의 건설 시기를 예전에는 농경이 시작된 이후로 보는 것이 일반적이었다. 수렵채집시대의 부족 크기는 100~150명 수준이었는데 이 정도 인원으로 무게가 수백 톤에 이르는 돌을 옮기기는 어렵다고 생각했기 때문이다. 따라서 농경이 시작되고 더 많은 사람이 모여 살기 시작한 다음에야 대규모 인력을 동원할 수 있었을 것이라고 보았다. 이러한 가설에 따르면 종교는 인류가 정착하여 농경을 시작한 이후, 즉 신석기 후기에서 초기 청동기시대에 탄생했을 것이라고 추정한다.

그러나 2014년 튀르키예에서 이제까지의 가설을 뒤엎을 만한 유적이 발견되었다. 튀르키예어로 '배불뚝이 언덕'이라는 뜻의 '괴베클리 테페Göbekli Tepe' 유적은 T자형 돌기둥 200여 개가 스무 겹 이상으로 둘러싸인 형태다. 이 유적이 논란이 된 것은 건설 시기 때문이다. 괴베클리 테페는 지금으로부터 1만 1,700년 전에 건설된 것으로 밝혀졌는데 이 시대는 초기 신석기시대, 다시 말해 인류가 농경과 정착 생활을 시작하기 전이다.

괴베클리 테페의 큰 돌은 높이가 5.5m에 이르며 무게는 10~20t으로 추정된다. 조직화된 집단과 노동력이 없었던 시대의 사람들이 이만한 규모의 건설을 해냈다는 것은 그것을 가능하게 할 동기가 있었다는 뜻이다. 학자들은 그 동기를 종교라고 추정한다. 농사를 짓기 시작하면서 정치 세력이 성장하고 종교가 나타난 것이 아니라 종교적인 이유로 거대한 건축물을 건설하기 위해 모여 살다가 농사를 짓고 정착하게 되었다는 가설이다.

이후 2019년에는 괴베클리 테페에서 38km 떨어진 카라한 테페Karahan Tepe라는 곳에서 T자형 기둥 250개로 이루어진, 괴베클리 테페보다 더 거대한 유적이 발견되었고, 주변 각지에서 이와 유사한 유적들이 잇따라 발견되었다. 신전 주변에서는 탄화된 곡물과 맷돌 등 농경의 흔적이 출토되어 이러한 가설에 힘을 더했다.

충분한 인구도, 조직화된 사회도 없었던 시기의 사람들에게 이토록 거대한 건축물을 짓게 만든 종교는 어떠한 형태였을까? 괴베클리 테페와 인근 '신전'에서 발견된 T자형 기둥에는 곤충과 동물의 모습이 새겨져 있다. 이 지역 일대에서 수렵과 채집을 하며 살아가던 사람들의 생존에 큰 영향을 미치던 존재에 대한 주술적 의미였을지도 모른다.

한편 별과 관련된 신앙이었을 가능성도 거론된다. 육안으로 볼 수 있는 가장 밝은 별인 시리우스는 현재는 북반구 대부분의 지

괴베클리 테페는 튀르키예 남동부에 위치한 초기 신석기시대 유적지로, 현재까지 발견된 인류 문명의 가장 오래된 사원으로 여겨진다. 이 유적지의 흥미로운 점은, 일반적으로 종교적 예배 장소는 정착 생활과 농업이 발달한 이후에 건축된 것으로 여겨지지만, 괴베클리 테페는 이러한 가설을 재검토하게 만들었다는 것이다. 이 유적의 건축 시점은 인류가 아직 농경 생활을 본격적으로 시작하기 이전인 것으로 추정되며, 이는 종교적 신념이나 의례적 활동이 농업보다 선행할 수 있다는 가능성을 제시한다. 괴베클리 테페의 발견은 신석기시대 사람들이 집단으로 모여 종교적 의례를 행했을 가능성을 보여주며, 종교적 활동이 사회 결속력을 강화하고 나아가 농업과 정착 생활의 동기가 되었을 수 있음을 시사한다. ⓒ Teomancimit

역에서 볼 수 있지만, 기원전 11,000년경에는 1년 내내 지평선 아래에 있는 별이었다고 한다. 그러다가 기원전 9300년(괴베클리 테페가 건설된 시점) 무렵 지구의 세차 운동으로 인해 관측할 수 있는 위치가 되어 매우 천천히 변화하는 지평선을 따라 떠올랐다. 그 시대에 살던 사람들이 갑자기 밤하늘에 나타난 밝은 별을 종교적으로 신앙하기 위해 괴베클리 테페를 만들었다는 설명이다.

태양, 달, 별 등의 천체와 천체 운동이 초기 종교의 대상이 되었다는 것은 매우 그럴 법한 일이다. 시간의 흐름에 따라 달라지는 별자리와 행성의 움직임은 계절의 변화와 동물의 이동 시기, 식물의 파종과 수확 등 고대인의 삶에 매우 밀접했을 뿐만 아니라 오랫동안 바라보았을 밤하늘은 사람들의 상상력을 자극하기에 충분했을 것이다.

따라서 어느 문화권에나 별의 움직임으로 국가와 개인의 운명을 점치는 행위들이 있었다. 수성Mercury, 화성Mars, 목성Jupiter, 토성Saturn 등 태양계 행성의 이름은 그리스-로마 신화에서 나왔고, 수많은 별자리에는 수많은 인간과 신들의 이야기가 담겨 있다. 우리나라의 고인돌에도 성혈星穴, 즉 별자리를 새긴 구멍들이 있고, 별에 대한 믿음은 일월성신日月星辰이나 칠성 신앙 등으로 이어져 지금까지 내려오고 있다.

다양한 종교의 유형과 그 특징들

고대인들은 오랫동안 자연을 관찰하며, 삶에 중요한 영향을 미치는 해와 달, 별, 하늘과 대지, 강과 바다 등이 의지를 가지고 인간의 삶에 개입한다고 생각했다. 자연물에 생명과 의지가 깃들어 있다는 믿음을 애니미즘Animism이라 하는데, 인류학자 에드워드 타일러Edward Tylor는 종교가 이러한 애니미즘으로부터 시작되었다고 주장했다.

애니미즘적 사고에 따르면 모든 사물은 영혼을 가진다. 이로부터 또 다른 개념들이 나타나는데, 이른바 환영幻影이다. 환영이란 어떤 사물의 영혼이 꿈이나 환상에서 나타나는 것을 말한다. 꿈은 잠잘 때 경험하는 일련의 영상, 이미지, 소리, 생각과 느낌인데 일반적으로 꿈은 렘REM, Rapid Eye Movement 수면 단계에서 발생하며 깨어 있었을 때의 경험을 정리하고 저장하는 기능을 한다고 알려져 있다. 낮에 죽인 동물, 또는 이미 세상을 떠난 동료가 꿈에 나타나는 것을 본 고대인들은 영혼이 죽음 이후에도 존재하며 어디든 나타날 수 있다고 믿었다. 영혼의 출현이라는 관념에 도달한 것이다. 즉, 영혼이 본래 있던 곳을 떠나 다른 사물에 들어가고, 그 안에서 활동할 수 있다는 믿음이다.

이러한 생각은 자연물과 자연 현상에 영혼과 성격을 부여했고 이는 고대인들이 세계와 자신의 경험을 이해하는 데 지대한 역할을 했다. 그들이 신격을 부여한 자연물 중 특히 인간의 생존과 삶에 큰 영향을 미친 대상들에 대해서는 제의 등의 신앙 행위가 나타났고, 이를 중심으로 종교가 발생했다는 주장이다.

고대 다신교 계열의 종교들은 대부분 애니미즘에서 기원한다. 현대에도 남아 있는 애니미즘적 종교로는 일본의 신토神道가 있

도리이(鳥居, とりい). 신사의 입구에 세우는 기둥문. 도리이는 신토에서 신의 영역과 일반 세계의 경계를 이루는 일종의 관문 내지는 결계 역할을 한다. ⓒ Saigen Jiro

다. 신토는 일본의 전통 종교로 일본의 문화와 일본인의 심리에 커다란 영향을 미쳐왔다. 800만 신을 모신다는 일본의 신사들, 미야자키 하야오 감독의 영화 〈원령공주〉나 〈센과 치히로의 모험〉 등에도 이러한 신토 사상이 잘 드러나 있다.

유일신 신앙 역시 애니미즘에서 기원했을 것으로 추정된다. 조로아스터교, 유대교, 기독교 등 유일신 계통 종교에서 발견되는 빛과 어둠, 죽음과 부활의 이분법적 세계관은 낮과 밤, 즉 해가 뜨고 지는 자연의 법칙을 반영한다. 물론 이러한 유형의 종교들은 종교화되는 과정에서 훨씬 치밀하고 고차원적인 교리를 구축하며 애니미즘적인 요소를 탈피한다.

한편 프랑스의 사회학자 에밀 뒤르켐Emile Durkheim은 종교의 기원을 토테미즘Totemism에서 찾는다. 토테미즘은 토템totem이란 말에서 왔는데, 토템은 아메리카 원주민 부족인 오지브와족의 오토테만(ototeman, 나의 친척)이라는 단어에서 유래했다. 토테미즘은 한 사회가 특정 자연물(토템)과 맺는 관계를 의미한다.

어떤 부족이 살아가는 환경에서 자주 접하며 그들의 삶에 중요한 의미를 갖는 대상(동물, 나무, 바위 등)이 토템이 된다. 예를 들어, 호랑이가 많은 지역에 살면서 호랑이를 많이 보고 사냥하는 부족은 호랑이와 관련한 많은 경험과 이야기들을 축적하게 된다. 그 과정에서 호랑이가 자신들과 특별한 관계라는 믿음이 발생하는 것이다.

토템이란 한 사회가 자신들의 기원이나 속성 등 정체성을 특정 자연물과의 관계로 설명하려는 시도다. 뒤르켐은 토템의 형성이 인류가 개인을 중심으로 한 삶에서 집단을 중심으로 한 삶으로 이행한 증거라고 보았다. 도구와 불의 사용으로 인간의 영향력은 점점 증가했고 인구도 집단의 단위도 점차 커졌을 것이다. 여러 집단이 만나고 교류하는 과정에서 타 집단과 구별되는 스스로의 정체성을 형성했던 증거가 토테미즘이다. 이러한 관점에서 우리나라의 단군신화에 등장하는 곰과 호랑이는 이들을 토템으로 삼는 세력이라고 볼 수 있다. 즉 사람이 된 곰이 하늘에서 내려온 환웅桓雄과 결혼하여 단군을 낳았다는 이야기는 곰을 토템으로 하는 토착 세력과 환웅을 대표로 하는 이주 세력의 결합을 의미한다. 호랑이를 토템으로 하는 세력은 어떠한 이유에서인지 도태되었을 것으로 추정된다.

뒤르켐의 주장은 씨족사회에서 부족사회로의 전환을 설명하기는 하지만 종교와의 직접적인 연관성에 관해서는 설득력이 약하다. 다신교 계열 종교의 신화에서도 많은 동물들이 등장하지만 그 동물들은 신의 변화된 모습이나 신의 저주로 모습이 바뀐 인간이지, 동물(토템) 자체가 신앙의 대상인 경우는 거의 없다.

한편, 문자가 발명되기 이전 선왕조시대(기원전 3500년경)의 이집트에서는 암소, 매, 숫양 등 동물 신의 모습이 나타나는데, 이들이 어떤 부족이나 세력의 토템이었는지는 확인할 수 없다. 이 집트의 동물 신 전통은 후대로 이어져 동물과 인간이 합쳐진 신의 모습이 등장한다. 태양과 하늘의 신 호루스Horus는 매의 머리를, 죽음의 신 아누비스Anubis는 자칼의 머리를, 지혜의 신 토트Thoth는 따오기의 머리를 가졌다.

샤머니즘은 샤먼shaman, 즉 신과 인간의 매개자를 중심으로 하는 종교의 한 형태다. 샤먼은 특히 시베리아 지역에서 병자를 고치고 사후 세계 및 신계와 소통하는 능력을 갖췄다고 믿는 존재다. 시베리아 샤먼이 대표적이기는 하지만 샤먼과 유사한 역할을 하는 존재는 여러 문화권에서 발견된다.

샤먼은 사회의 조직화에 따른 사제 계급의 분화로 이해할 수 있다. 사회가 고도로 조직화되면서 직업이 생기고 신의 능력이 필요한 일들을 맡아 처리할 계급이 나타나게 되었는데 바로 신관, 제관, 사제라 불리는 이들이다. 이들은 주술, 기도, 의식 등을 통해 신의 뜻을 인간에게 전하고 인간의 목소리를 신에게 전한다.

다른 유형의 종교와 구별되는 샤머니즘의 핵심은 샤먼의 신비 체험, 즉 엑스터시ecstasy다. 샤먼은 자신의 영혼을 몸에서 분리하여 신계로 갈 수 있고, 영계를 떠돌아다니는 영혼들과 만날 수 있다. 이러한 능력 때문에 샤먼은 사회의 권위자로 인정받는다. 샤먼은 제의를 집전하고 병자를 치유하며 사회의 중요한 안건에

een Schaman ofte Duyvel-priester.
in 't Tůngoesen Clant

시베리아 퉁구스 샤먼. 사슴관을 쓰고 고축(告祝, 천지신명에게 고하여 빎)을 하고 있다. © Nicolaes Witsen

의견을 낸다. 이러한 이들이 사회의 권력까지 쥐고 행사하던 시대를 제정일치시대라 한다.

현재 샤머니즘은 시베리아와 퉁구스 일대의 샤먼을 중심으로 하는 현상을 이해하는 용어로 쓰인다. 좁은 의미에서의 샤머니즘의 특징은 다음과 같다. 신들은 직접 샤먼을 선택하며 선택받은 샤먼은 일종의 병적 현상(신병, 神病)을 겪은 후 샤먼이 된다. 샤먼은 망아경忘我境, 즉 엑스터시 속에서 신계로 올라가 신과 만나며 신의 힘으로 다양한 인간의 문제를 해결한다. 우리나라의 전통 종교인 무속巫俗도 샤머니즘의 한 분파라 할 수 있다.

이렇듯 종교는 그 기원의 측면에서 몇몇 유형으로 구분할 수 있으나 다른 문화와 교류하며 영향을 받고 또 독자적인 발전 과정을 거쳤기 때문에 이후의 종교를 특정 유형으로 분류하는 것은 어려운 일이다.

03

의식의 기원과 신의 목소리

신화시대의 전승에 따르면 옛날 사람들은 신의 목소리를 들었다. 신은 때마다 해야 할 일을 알려주었고 사람들은 신의 말씀을 따르며 안정적이고 평화로운 날을 보낼 수 있었다. 그러다가 점차 신의 목소리가 들리지 않게 되었고 당황한 사람들은 신을 만나기 위해 신상과 신전을 만들어 신을 부르기 시작했다. 신과 전문적으로 대화하는 신관이라는 직책이 생기기 시작한 것도 이때다. 이것이 의미하는 바는 무엇일까?

미국의 심리학자 줄리언 제인스Julian Jaynes는 인간 의식의 발달과 신神의 존재에 관한 흥미로운 이론을 제안했다. 과거 인간에게

줄리언 제인스는 그의 유명한 저서 『양원제 마음의 해체와 의식의 기원(The Origin of Consciousness in the Breakdown of the Bicameral Mind, 1976)』에서, 고대인들은 의식에 접근할 수가 없었고 그 대신 그들의 행동은 그들의 우두머리나 왕이나 신 등의 목소리라고 여기는 환청에 의해서 수행되었다고 주장했다. (그가 양원제 마음이라고 이름 지은) 이같은 마음의 양상에서 (내면적 정신 상태의 자가 진단으로 구성되는) 의식으로의 전환이 대략 3,000년 전의 몇 세기 동안에 일어났으며 이것은 은유적 언어의 발달과 문자의 출현에 기인한다는 것이다.
ⓒ Julian Jaynes Society

는 자신의 의식을 스스로 지각할 수 있는 능력이 없었고, 따라서 의식의 작용으로 일어나는 어떠한 충동을 내부에서 울려오는 목소리, 즉 '신의 목소리'로 듣게 되었다는 것이다. 그러다가 점차 문명이 발달하고 사회가 복잡해지면서 내면의 목소리보다는 정형화된 시스템과 그에 따른 행동을 할 필요가 늘어났고, 그 과정에서 인간은 내면의 목소리를 듣는 능력을 상실하게 되었다. 인간이 신의 목소리를 듣지 못하게 된 과정은 언어와 문자의 발명과 연관이 있다. 사회가 고도로 조직화되면서 이전까지의 단순하고 직관적인 단어들로는 복잡한 사회의 구조와 현상들을 설명하기 어려워졌고, 사람들의 기억력도 한계에 봉착했다. 따라서 사람들은 추상적인 개념을 이해하기 위한 단어를 만들고 자신이 한 일을 기록할 문자를 발명했던 것이다. 추상어와 문자의 사용은 인간 이성의 발달을 더욱 가속화시켰다.

의식consciousness이란 깨어 있는 상태에서 내가 알고 반응하는 작용으로, 생명체를 생존할 수 있게 하는 일종의 운영체계operating system다. 의식은 자신의 현재 상태를 알고 어떤 식으로 반응해야 할지 알려준다. 먹이를 찾고 적과 싸우며 안전한 곳을 찾는 것과 같은 기초적인 의식은 플라나리아 같은 원시적인 생물에게도 존재한다. 그리고 인간 의식의 본질적인 기능 역시 이와 동일하다.

하지만 인간의 의식은 발달한 뇌를 바탕으로 조금 더 특별한 방식으로 변화했다. 인간은 자신의 존재를 의식할 수 있으며(자의식) 그로부터 자신의 경험에 의미를 부여하고 기억하여 그것을 바탕으로 미래를 예측하고 할 일들을 계획한다. 보통 자기self로 불리는 주체가 수행하는 이러한 능력을 바탕으로 인간은 자신을 둘러싼 환경을 바꾸고 조절하며 문명을 일구어왔다.

인간의 이성, 특히 언어와 논리, 수학적 능력은 대뇌의 좌반구에서 담당하는데, 이는 인간 이성의 발달이 언어와 문자 사용 이후에 본격적으로 이루어졌다는 것을 뜻한다. 개념어와 문자의 사용으로 한층 발달한 언어 능력, 언어를 통한 이성의 발달은 이전까지는 크게 구별되지 않았던 좌뇌와 우뇌의 역할을 구분했다.

인간의 대뇌는 좌반구와 우반구로 이루어져 있으며 좌뇌는 이성과 논리, 수리적 판단을, 우뇌는 감성과 직관, 균형에 대한 판단을 맡는다. 하지만 우리는 이러한 사실을 인식하지 못한다. 좌뇌와 우뇌는 뇌량이라는 구조물로 연결되어 있어 실시간으로 소통하며 서로를 보완하기 때문이다. 그런데 뇌량을 절단하는 분리뇌split-brain 실험을 통해 좌뇌와 우뇌가 각자 따로 논다고 해도, 인간은 이를 인식하지 못하기 때문에 결국 2개의 의식, 2개의 자아가 생기진 않는다는 사실이 밝혀졌다. 2개의 뇌는 나뉘어 서로 개별적으로 정보를 처리하는데 의식은 하나밖에 없다는 것이다. 과거 뇌전증(간질)의 치료법으로 뇌량을 절제하는 시술이 행해진 적이 있는데, 뇌량절제술을 받은 사람에게서 독특한 현상이 나타났다.

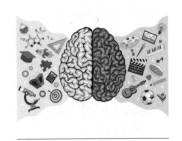

미국의 신경과학자 로저 스페리(Roger Sperry)는 20세기 후반에 대뇌 반 구성과 뇌의 기능에 대한 연구로 1981년 노벨 생리학·의학상을 수상했다. 그의 주요 연구 중 하나는 '뇌의 왼쪽과 오른쪽 반구의 기능 차이'를 밝히기 위해 분리뇌 실험을 실시한 것이다. 이 실험을 통해 뇌의 왼쪽과 오른쪽 반구가 서로 다른 기능을 담당하는 것을 확인했다.

인간의 신경망은 좌우가 교차되기 때문에 왼눈으로 들어간 정보는 우뇌로, 오른눈으로 들어간 정보는 좌뇌로 전달된다. 뇌량절제술을 받은 사람의 왼눈과 오른눈 사이에 가림막을 설치하고 왼눈과 오른눈에 각각 다른 물체를 보여주면, 그 사람은 언어 능력이 있는 좌뇌로 들어온 정보, 즉 오른눈으로 보이는 물체만 보인다고 말했다. 더 재미있는 것은 좌뇌와 우뇌의 판단이 다르다는 점이다. 분리뇌 시술을 받은 사람에게 좋아하는 색깔을 고르라고 하면 왼손과 오른손이 각각 다른 색깔을 집는다. 오른손이 아침에 입고 나갈 옷을 집으면 왼손이 이를 거부하는 경우도 있다.

한 사람 안에 명백히 두 사람의 인격, 또는 두 개의 의식이 존재하는 것 같은 이러한 현상은 좌뇌와 우뇌가 서로 다른 기제에 의해 작동함을 보여준다. 제인스는 과거의 인간에게 이 두 기제의 의식이 모두 있었다고 주장한다. 이른바 양원적 의식Bicameral Mentality이다. 그러다가 좌뇌의 기능이 발달하면서 의식이 좌뇌로 통합되었다는 것이다.

제인스의 주장을 뒷받침할 만한 연구가 있다. 캐나다 로렌시안 대학의 신경과학자 마이클 퍼싱어Michael Persinger는 인간의 뇌를 강한 자기장으로 자극하면 신과 만나는 것 같은 영적 체험을 일으킬 수 있다고 주장했다. '갓 헬멧God Helmet'이라는 퍼싱어의 장치는 좌뇌와 우뇌의 측두엽 영역에 강력한 자기장을 보내는데, 헬멧을 쓰고 연구에 참여한 이들의 80%는 알 수 없는 어떤 존재가 옆에 있는 것 같다고 느꼈으며, 1%는 신을 직접 보았다고 보고했다.

퍼싱어의 설명에 따르면 사람들이 느낀 '영적 존재'는 우뇌의 자아다. 평상시에는 좌뇌가 우뇌를 통제하여 하나의 자아로 인식하지만, 병적이거나 특수한 상태, 또는 갓 헬멧처럼 인위적 상태

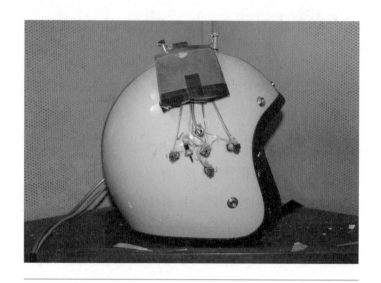

갓 헬멧. 이 헬멧을 제작하고 실험에 활용한 마이클 퍼싱어는 갓 헬멧으로 피험자 뇌의 측두엽에 약한 자기장으로 자극을 준 다음 피험자의 경험을 조사했다. 이 연구에서 일부 피험자는 종교 경험이라고 간주할 수 있는 존재감 또는 깊은 몰입을 경험했다고 보고했다. ⓒ Dr. Michael Persinger, Laurentien University

를 유도하면 좌우의 자아를 분리할 수 있고, 이때 좌뇌는 우뇌로부터 비롯된 또 하나의 자아를 영적 존재로 인식하게 된다는 것이다.

우뇌는 인간의 감정, 직관, 예술적 능력을 맡는다고 알려져 있다. 감정은 외부 자극이 우리의 몸에 초래한 변화에서 비롯된 감각이며, 직관은 그러한 변화에 대응하기 위해 뇌가 내린 판단이다. 이러한 과정은 인간의 이성이 발달하기 훨씬 이전, 수백만 년 전부터 이루어져온 일들이다. 사람들은 우뇌의 판단을 따를 때 생존에 유리했었기 때문에 우뇌의 자아가 내리는 명령을 '신의 목소리'라고 생각하게 되었던 것은 아닐까?

실제로 분리뇌 환자를 대상으로 한 연구에 따르면 좌뇌, 즉 이성의 역할은 매우 제한적이다. 좌뇌는 자신이 경험한 일에 대해 논리적인 이유를 붙여 언어로 표현했으나, 그것은 사실이 아니거나 그럴듯하게 지어낸 것에 불과했던 것이다. 인간의 이성, 즉 좌뇌의 역할은 자신에게 일어난 일에 대한 '받아들일 수 있는' 수준의 설명을 만들어내는 데서 출발했는지도 모른다.

04

신과 괴물은 무엇일까
— 신화시대

문자가 발명되기 이전의 시대를 선사시대, 문자가 발명된 이후를 역사시대라 한다. 인류 최초의 문자는 기원전 3500년경 수메르 문명에서 쓰기 시작한 쐐기문자(설형문자)다. 비슷한 시기에 이집트의 상형문자가 나타났고, 기원전 1700년경 지중해 동해안 지역에서 북셈 문자가 출현하여 페니키아 문자와 아람 문자로 분화했으며 이후 페니키아 문자로부터 알파벳이, 아람 문자로부터 셈 문자와 인도 문자가 출현했다. 동양에서는 기원전 1200년경 갑골문으로부터 한자가 발전했다.

이른바 역사시대는 지금으로부터 길게 잡아도 5,000년 정도다.

그러면 문자가 발명되기 전 사람들은 자신이 경험한 일을 어떻게 후대에 전했을까? 바로 구전口傳이다. 입에서 입으로 전한 것인데 그런 식으로 매일 있었던 일을 전부 전달할 수는 없다. 선대에서 있었던 일 중에서 중요하고 의미 있으며 후대에 꼭 전해야 하는 사건들이 이어져 내려왔을 것이다. 또한 과거의 경험을 기억하고 전하는 일을 아무에게나 맡겼을 리 없다. 기억력이 좋은 현명한 노인이나 신관이 이러한 일을 맡아왔을 것이다.

어떤 일을 오래 기억하기 위한 방법은 그 일을 하나의 이야기로 만드는 것이다. 인간의 장기기억은 자신에게 중요한 의미를 가진 몇 개의 굵직한 이야기 형태로 저장된다. 또한 일상어보다는 리듬과 멜로디가 있는 말이 오래 기억에 남는다. 구구단을 노래로 만들어 부르는 이유도 그런 것이다. 같은 이유로 사람들은 과거의 경험을 이야기로 만들고 노래로 만들어 부르며 기억했다. 그리고 헤아릴 수 없이 많은 세대를 거치면서 조상들의 경험이 현재로 이어졌다.

이러한 일이 오로지 경험의 전승만을 위해 이루어지지는 않았을 것이다. 바쁜 일 틈틈이, 먼 길을 가는 동안, 길고 긴 밤을 지새우며 사람들은 이야기꽃을 피웠다. 그 시간을 지나며 이야기는 더 탄탄해지고 내용은 더 풍부해졌다. 당대 사람들이 자신이 보고 싶고 듣고 싶은 내용을 추가했기 때문이다. 드디어 문자가 발명되어 사람들이 그동안 전해지던 이야기들을 기록하기 시작하니 이것이 신화와 전설이다.

이러한 이야기에는 많은 신과 괴물, 초자연적인 존재들이 등장한다. 그중 특히 사람들의 입에 많이 오르내린, 강하고 영향력 있는 신을 중심으로 종교가 발달하기도 했다. 즉, 신은 일차적으로 고대인들이 받았을 자연과 자연의 법칙에 대한 인상이 형상화된 것이라 할 수 있다. 수메르의 주신 엔릴Enlil은 공기, 이집트의 라Rah는 태양, 그리스의 제우스Zeus는 벼락을 상징한다. 그 외에도 다양한 신화 속 수많은 신들은 하늘, 바다, 강물, 비바람, 폭풍, 계절 등을 의미하는데, 이들은 모두 인간의 생존에 필수적이며 막대한 영향을 미치는 요소들이다.

악신의 경우도 마찬가지다. 고대인들에게 두렵고 공포스러운 인상을 준 대상이 나쁜 신으로 형상화된 것이다. 일례로 성경에

바알세불의 본래 이름은 바알제불(Baal Zebul)이었다. 이 말은 히브리어로 '높은 저택의 주인' 또는 '하늘의 주인'을 뜻하는데, 훗날 사람들은 이 명칭이 솔로몬 왕을 연상시킨다는 이유로 바알세불으로 바꾸었다. 세불은 히브리어로 파리를 뜻한다. 이후 중세 마법책에 등장하는 바알세불은 거대한 파리의 모습으로 그려지게 되었다. 고대 사람들은 파리라는 생물이 악령 그 자체거나 사람에게 악령을 옮기는 역할을 한다고 믿었다.
ⓒ Louis Le Breton

도 등장하는 귀신의 왕 '바알세붑Baal-Zebub'은 파리 떼의 신이라는 뜻으로 고대 사회의 오염과 감염에 대한 공포를 반영한다. 이러한 관점에서 신화는 태양이 뜨고 지는 현상, 계절의 변화, 강물의 범람, 삶과 죽음, 부패와 질병 등 고대인들이 이해한 세계와 세계가 돌아가는 원리를 담고 있다.

과학이 지식의 기반이 되기 이전, 사람들은 자신에게 깊은 인상을 준 자연의 변화나 사건이 어떤 초자연적 존재에 의해 일어난다고 이해했다. 신화에 등장하는 신과 괴물은 고대인들이 세계를 이해하는 방법이기도 했던 것이다. 이러한 사고는 현대에도 어린이의 사고방식에 남아 있다. 스위스의 심리학자 장 피아제 Jean Piaget는 전조작기(피아제의 인지발달이론 중 두 번째 단계로 2~7세의 시기) 아이들의 인지적 특성 중 하나로 '물활론적 사고animistic thinking'를 들고 있다. 물활론적 사고란 자연물, 가구, 장난감 같은 무생물에도 생명이 있고 의지와 감정이 있다고 믿는 생각이다. 피아제는 2~7세 정도의 아이들이 언어능력을 바탕으로 세상을 이해하고 자신의 경험을 이미지나 또 다른 개념으로 표상(상징화)하면서 이러한 단계가 나타난다고 보았다. 과학적 사고가 발달하기 전의 고대인들 역시 자신에게 중요하고 의미 있는 대상을 이와 같이 표상했을 것이다.

신과 괴물의 존재에 대한 또 다른 설명은 '타자'에 대한 인식이다. 사람들은 특정 지역에 정착하여 사회를 이루고 살면서 자신의 세계를 구축했다. 그들은 같은 언어를 쓰고 같은 생활 습관을 지니며, 세계에 대한 같은 이해를 가진 사람들이었다. 많은 민족의 창세 신화에서 자신들을 이 세상의 유일한 인간으로 묘사하는 것은 이러한 배경 때문이다. 에스키모족이 스스로를 부르는 말 '이누이트'는 '인간'이라는 뜻이다.

그렇게 오랫동안 자신만 인간이라고 믿고 살던 이들이 피부와 머리카락과 눈동자의 색깔이 다르고 입은 옷도 다르며 쓰는 말도 다른 '인간'들을 만났을 때의 충격은 가히 짐작할 만하다. 아마도 그들을 나와 같은 존재로 인식하기보다는 '인간이 아닌' 존재, 즉 신이나 괴물로 보았을 것이다. 그리고 그러한 인상은 신화에 남아 전승되었다. 인류학에서는 이러한 타자에 대한 이해를 신화적 이해라 한다.

예를 들어, 그리스 신화에 등장하는 켄타우로스족은 하반신은 말이고 상반신은 사람인 괴물이다. 켄타우로스는 섬과 해안 지방에 살았던 고대 그리스인들이 유목 민족을 목격했을 때의 인상으로 추정된다. 그리스 신화에서 켄타우로스족은 성질이 난폭하고 술을 좋아하며 남의 결혼식에 난입해 신부를 빼앗아 가는 등 골칫거리로 묘사되는데 이는 유목 민족의 성격과 일치한다. 말이라는 동물도 익숙지 않았을 해양 민족에게 말을 타고 무기를 휘두르며 달려드는 유목 민족의 기병은 공포로 각인되었을 것이다. 실제로 켄타우로스족이 살았다고 전해지는 그리스 테살리아 지

〈켄타우로스와 야수의 전투〉 모자이크(기원후 120~130). 로마 제국의 제14대 황제, 하드리아누스(Hadrian) 황제가 이탈리아 티볼리에 건설한 거대한 휴양지의 식당을 위해 제작된 작품. 켄타우로스(Κένταυρος, Centaurus)는 그리스 로마 신화에 등장하는 괴인으로, 상반신은 인간이고 하반신은 말이다. 엄밀히 따지면 말의 목 부분에 사람의 상반신이 붙은 형상이다.

방은 평야가 많아 예부터 기병이 유명했던 지역이다.

이러한 이야기들은 지역과 문화를 막론하고 많이 찾아볼 수 있다. 우리 역사에도 이러한 신적 존재에 대한 기록이 있는데, 바로 『삼국유사』 헌강왕조에 나오는 '처용'이다. 처용은 동해 용왕의 아들이라 기록되어 있지만, 사실 처용은 9세기경 이슬람의 확장과 더불어 신라까지 진출한 이슬람의 상인이었을 가능성이 크다.

처용의 전설은 대개 신라 헌강왕 시기(9세기)로 거슬러 올라가며, 역병을 몰아내는 신비한 존재로 묘사된다. 전설에 따르면, 처용은 아내와 역병의 신이 함께 있는 모습을 보고 노래와 춤으로 분노 대신 화해를 선택했고, 이에 감동한 역병의 신이 처용의 모습이 있는 집에는 들어가지 않겠다고 약속했다고 한다. 이 이야기는 민간에 퍼져 처용의 그림이 악귀를 물리치는 상징이 되었다. 오늘날 처용무라는 전통 춤으로 그의 이야기가 전해지며, 처용은 한국 민속문화에서 관용과 보호의 상징으로 남아 있다.

이슬람 상인들이 바닷길로 신라와 교역했다는 증거는 당대 이슬람 기록에서 확인된다. 이처럼 신화에 등장하는 신과 괴물들은 고대인들이 교류 과정에서 경험한 서로에 대한 강렬한 인상이 남은 것이기도 하다.

귀신은 무엇일까

한 과학 유튜버가 귀신에게 묻고 싶다는 말이 화제가 된 적이 있다.

"지평좌표계를 어떻게 고정하셨죠?"

지평좌표계란 천구상에서 천체의 위치를 나타내는 데 쓰이는 도구다. 허공에 둥둥 떠다니는 것처럼 보이는 귀신이 어떻게 존재할 수 있느냐에 대한 과학적 의문에서 비롯된 이 질문은 귀신은 존재하지 않는다는 증거처럼 쓰이고 있다.

과학으로 귀신의 존재를 증명할 수 없으니 귀신은 없는 것일까? 그렇다면 그 많은 귀신 목격담은 다 무엇일까? 사람들의 착각이나 환각에 불과할까?

사실 문화심리학에서 귀신의 존재 여부는 중요한 문제가 아니다. 중요한 것은 사람들이 귀신이 존재한다고 믿는 믿음 체계 자체다. 문화에는 사람들의 다양한 욕망과 두려움이 투사되어 있다. 누가 귀신이 되고, 귀신이 왜 나타나며 어떤 행동을 하는지를 살펴보면 해당 문화의 사람들이 무엇을 바라고 무엇을 두려워하는가를 알 수 있다.

한국의 대표적 귀신 이야기는 '아랑 전설'이다. 밀양 부사의 딸 아랑은 그녀를 겁탈하려는 통인에게 저항하다가 살해당하고 시체가 버려진다. 그 후, 새로 부임하는 사또마다 귀신을 보고 죽어나가고 아무도 밀양으로 오지 않으려 하는 중에 담이 큰 사람이 나타나 사또로 부임한다. 새로 부임한 사또에게도 귀신이 나타나 자신의 억울함을 토로하는데, 사또는 이를 듣고 범인을 잡아 죽이고 아랑을 장사 지내며 사건을 해결한다. 귀신은 감사 인사를 남기고 저승으로 떠나고 사또는 잘 먹고 잘살았다는 이야기다.

〈장화홍련전〉을 비롯해 〈전설의 고향〉 등에서 무수히 재생산된 한국의 귀신 이야기들은 대개 이 아랑 전설과 유사한 이야기 구조를 가지고 있다. 여기서 알 수 있는 귀신의 출몰 이유는 '억울함을 호소하기 위해서'다. 한국의 귀신은 한恨을 풀기 위해 나타나는 것이다. 자신의 억울함을 해소하기 위해 관청의 사또를 찾아가는 한국 귀신은 이른바 '민원형' 귀신이라 할 수 있다. 한국 귀신들의 전매특허 대사가 "사또, 억울하옵니다…"인 데는 이유가 있는 것이다.

그렇기 때문에 한국에서는 귀신이 나타나면 그 한을 풀어서 보낸다는 생각이 있다. 무당들은 귀신들을 잘 먹이고 사연을 들어주며 잘 달래서 '가야 할 곳'으로 보낸다. 이러한 생각은 어린이들이 보는 만화 〈신비아파트〉에도 잘 드러나 있다. 주인공 '구하리'는 귀신의 사연을 읽을 수 있는 능력이 있는데, 구하리에게 자신들의 이야기를 하고 그 억울함을 이해받은 귀신은 순순히 하늘로 올라간다.

반면, 일본 귀신은 나타나는 데 이유가 없다. 일본의 전통적 귀신은 매우 다양하지만 우리나라처럼 특정 인물이 특별한 사연을 지니고 귀신이 된 경우보다는 갓파, 오니, 야만바, 유키온나처럼 예전부터 특정 지역이나 장소에 있었던 존재인 경우가 많다. 그리고 사람들이 그곳에 들어가면 귀신으로부터 해를 당하게 된다. 일본 귀신은 말하자면, '영역형' 귀신이라 할 수 있다.

일본 귀신의 이미지는 영화 〈링〉의 '사다코'나 〈주온〉의 '가야코' 같은 귀신으로 잘 드러난다. 영을 보는 능력을 가졌으나 억울하게 죽은 사다코는 비디오 테이프에 영사되어 이 비디오를 트는 이들을 모두 죽인다. 정신이상자 남편에게 억울하게 살해당하고 그 원한 때문에 자신이 죽은 집의 지박령이 된 가야코는 이 집에 들어오는 모든 이들에게 적의와 공격성을 드러낸다.

귀신들이 뿜어내는 알 수 없는 적의야말로 가장 일본적인 공포다. 일본 귀신은 자신이 나타나는 이유를 아무에게도 말해주지 않고, 자신과 아무런 관계가 없는 사람들에게 묵묵히 자신의 원한을 표출한다.

여기서 알 수 있는 사실은 원한(우라미, 恨み)을 푸는 방식이다. 공식적으로 관청에 소명하여 자신의 신원을 밝히고 명예를 회복하는데 초점이 있는 한국 귀신의 한과는 달리 일본 귀신의 우라미는 자신의 원통함을 표출하는 것이 우선이다. 그 과정에서 희생되는 사람들의 원통함에는 관심이 없다. 그래서 일본 문화에서는 귀신을 '소멸'시키거나 '봉인'한다는 생각이 강하다. 어차피 말도 안 통하고 내버려두면 귀신의 해악이 너무나 크기 때문이다.

또한 일본인의 '영역'에 대한 생각도 읽을 수 있다. 귀신은 자신의 영역에서만 나타나고 사람들이 그 영역을 침범했을 때 해를 입는다. 오래전부터 자신의 위치와 역할을 명확히 구분해온 일본인은 이미 정해진 어떤 경계를 넘어가는 데 근원적인 공포를 느끼는 듯하다.

한편 〈엑소시스트〉, 〈오멘〉, 〈애나벨〉, 〈컨저링〉 등 대표적인 서양 공포영화에 등장하는 귀신은 죽은 사람의 영혼이라기보다는 대부분 악마나 악령이다. 이들이 어떤 계기에 의해 사람의 몸에 들어가거나 특정 장소에 나타나면서 사람들을 괴롭히는 것이 서양 귀신 영화의 주된 이야기다.

물론 서양 귀신 중에도 보통 사람이 죽어서 된 귀신들이 있다. 서양의 귀신 이야기 중에는 영국의 앤 불린Anne Boleyn 이야기가 유명하다. 앤 불린은 헨리 8세의 두 번째 부인으로 아들을 못 낳는다고 런던탑에 갇혔다가 참수당해 죽었는데, 그 뒤로 런던탑에서 목 없는 여인의 유령을 봤다는 목격담이 끊이지 않는다는 것이다.

그런데 서양 귀신은 생전에 살던 장소를 배회하거나 하던 일을 계속하는 모습을 보여줄 뿐 사람들에게 말을 걸거나 해치려 하지는 않는다. 그냥 어디서 나타났다는 목격담이 대부분이다. 영어 단어 'haunted'는 '유령이 나오는'이라는 뜻이다. 서양에서 유령은 말 그대로 '나타나는' 존재다. 나타나서는 말없이 사람을 바라보다가 사라지거나 물건을 움직이거나 소리를 내는 폴터가이스트Poltergeist 현상을 일으키기도 한다.

즉, 서양의 귀신은 사악한 악령 외에는 인간에게 개입하려 하지 않는 특성을 보인다. 이는 귀신이라는 존재에 대한 서양인의 생각에서 비롯되었다. 귀신은 산 사람들이 살고 있는 세계의 법칙이 적용되지 않는 존재라는 것이다. 이러한 생각은 신과 인간, 산 자와 죽은 자의 영역을 명확히 구분하는 기독교적 전통에서 비롯된 듯하다.

그렇기 때문에 서양에서 귀신이 인간 세계에 개입하고자 한다면 특별한 사람의 도움을 받아야 한다. 한국에서 특히 사랑받았던 미국의 영화 〈사랑과 영혼〉의 '오다 매 브라운'과 드라마 〈고 스트 위스퍼러〉의 '멀린다 고든'이 바로 귀신에게 도움을 주는 사람이다. 저마다의 사연을 가진 귀신들은 세상을 떠돌다가, 자신을 볼 수 있으면서 자신의 말을 산 사람에게 전해줄 수 있는 영매를 찾는다. 일반인도 때로는 귀신을 보거나 폴터가이스트 현상 등으로 그들의 존재를 느낄 수는 있지만 귀신과 소통하는 것은 영매뿐이다. 어떤 목적을 가지고 영매와 소통한 귀신은 다시 영계로 떠나간다. 영화 〈디 아더스〉의 귀신 가족처럼 귀신은 우리가 사는 세상의 어떤 차원에서 사람들과 함께 존재한다.

06

신과 인간의 관계

신은 우주의 법칙은 물론 인간사를 주관하는 존재이기에 어떠한 형태로든 인간과 관계를 맺는다. 신의 모습에는 인간이 투사 projection되어 있다. 특히 정신역동이론Psychodynamic Theory에 따르면 인간이 상상하는 신의 모습은 아버지의 이미지로부터 비롯된다. 신과 인간의 관계는 종교에 따라 달라지는데, 종교를 특정 지역의 사람들이 발전시킨 적응 체계, 즉 문화로 보는 관점에 의하면, 한 종교의 신과 인간의 관계는 그 종교가 발원한 지역의 아버지와 자녀의 관계와 관련이 있을 것으로 추정된다.

문화에서 부모와 자녀의 관계는 매우 중요하다. 부모는 자녀의 기본적 욕구를 통제하고 조절할 뿐만 아니라, 자녀에게 어떤 일은 해도 되고 어떤 일은 하지 말아야 하는지, 무엇이 옳고 무엇이 틀렸는지, 무엇이 좋고 무엇이 나쁜지 등을 알려주는 사람이다. 따라서 한 사회의 부모-자녀 관계는 권력 구조와 문제해결 방식 등 그 사회의 근본적인 체계와 깊은 관련이 있다.

신과 인간의 관계는 또한 지배층과 피지배층의 관계로도 유추할 수 있다. 인류 역사의 초창기는 문명 간의 수준 차이가 매우 컸다. 어떤 집단은 청동기를 사용하며 체계적인 사회 시스템을 갖추었으나 어떤 집단은 여전히 신석기시대에 머물러 있었다. 자신들보다 훨씬 앞선 문명을 목격한 이들이 그들을 신으로 생각하는 것은 자연스러운 일이었을 것이다.

2차 세계대전 이후 남태평양 뉴기니의 부족에게 화물 숭배 Cargo Cult라는 풍습이 생겨났다. 전쟁 중 비행기에서 물자들을 떨어뜨리는 것을 본 사람들이 그것을 신의 선물이라 생각했던 것이다. 뉴기니 사람들은 마을

> **화물 숭배(Cargo Cult)**
> 화물 숭배는 주로 남태평양의 멜라네시아와 뉴기니 지역에서 발생한 종교 운동 중 하나로, 외부와 단절되어 있던 태평양의 섬 사람들이 식민지 관리인인 서양인과 접촉하면서 나타났다. 초자연적인 존재로부터 특별한 '화물'이 도착하여 새로운 축복의 시대가 열릴 것이라고 믿었고, 그들의 조상신이 마법을 통해 내려준 선물이라고 여겼다. 서구 문명의 접촉으로 전통적인 사회가 무너지는 상황에서 특별한 선물을 통해 새로운 지상낙원이 도래하길 바라는 마음이 바탕에 있었을 것이다.

에 공항, 관제탑, 비행기 모형을 만들고 신에게 화물을 가져다줄 것을 빌었다.

이렇듯 고대인의 신 이미지에는 권력자의 이미지와 그들이 생각하는 부모(특히 아버지)의 이미지가 투영되어 있다. 이러한 관점으로 여러 종교의 신과 인간의 관계를 살펴보면 당대 사회와 인간관계에 대한 흥미로운 통찰을 얻을 수 있다. 우선 유일신교와 다신교에서 이야기하는 신과 인간의 관계를 살펴보자.

유일신 계열의 종교에서 신과 인간의 관계는 매우 엄격하다. 대표적인 유일신 계열의 종교는 조로아스터교, 유대교, 기독교, 이슬람교를 들 수 있다. 이들의 공통점은 중동 지역 유목 민족의 종교라는 것이다. 유일신 아후라 마즈다를 섬기는 조로아스터교는 이란 북부의 유목민이었던 조로아스터에 의해 창시되었고, 같은 신(야훼, 알라)을 섬기는 유대교, 기독교, 이슬람교 역시 팔레스타인 인근의 유목 문화에서 기원한다.

유목은 강수량이 적은 건조지대의 산업이자 생활양식이다. 이란과 팔레스타인, 메카와 메디나가 위치한 중동 지역은 농업이 가능한 일부 지역을 제외하고는 유목이 삶의 중심이 되는 곳이다. 사막과 평야가 이어지는 단조로운 풍경, 계절이 뚜렷하지 않은 기후 속에서 인식할 수 있는 변화라고는 태양이 만들어내는 빛과 어둠뿐이다. 이곳에서 유목민들은 낮과 밤, 죽음과 부활 등 이분법적 상징 체계를 만들어냈다.

생명을 담보로 한 이동과 전쟁이 많은 유목 문화의 특성상 유목 민족의 아버지, 가장, 부족장은 강력한 권위를 지닌다. 경험 많은 부족장의 지휘 아래 일사불란하게 움직이는 부족이 생존 경쟁에 서 유리했을 것이다. '나 외의 신을 섬기지 말라'는 유일신의 명령 은 집단 구성원의 생사여탈권을 쥔 가장의 권위를 상징한다.

반면 다신교 계열의 종교에서 신과 인간의 관계는 워낙 다양하 게 나타나기 때문에 해당 문화의 아버지-자식의 관계를 직접적 으로 유추하기는 어렵다. 대신 다신교의 신들은 해당 지역을 지 배하는 권력자의 모습이 투영된 듯하다. 대부분의 다신교 계열 종교에서는 많은 신들이 공존하는 대신에 신들의 세대 또는 위 계가 존재한다. 기존의 신들이 있고 새로운 신들이 그들을 대체 하거나 추가되는 식이다. 이는 민족의 이동 및 교류, 정복과 피정 복으로 여러 집단의 사상 체계가 혼합되었음을 의미한다.

대표적인 다신교 문명이었던 고대 그리스는 이탈리아의 해안 지방, 발칸반도 남부와 지중해의 섬들을 포괄하는 지역에서 번성 했다. 그리스인은 활발한 해상 교류를 통해 중동, 이집트, 아프리 카 등 다양한 지역의 문명과 영향을 주고받았다. 최초의 신들이 창조한 세상을 다음 세대의 신들이 투쟁을 통해 이어받는 그리 스 신화의 이야기 구조나 희대의 바람둥이 제우스의 엽색獵色 행

안토니오 다 코레지오, 〈제우스와 이오〉, 1552~1553. 제우스는 어느 날 강의 신 이나코스의 딸 이오의 아름다움에 반한다. 제우스는 사랑을 속삭이지만 이오는 그에게서 도망간다. 욕망을 주체하지 못한 제우스는 도망가는 이오에게 어둠의 장막을 내린다. 어둠에 익숙지 않은 이오는 도망가지 못하고 제우스에게 잡힌다. 완강하게 거부하는 이오를 달래기 위해 제우스는 구름으로 변한다. 구름으로 변한 제우스는 이오와 사랑을 속삭인다.

각은 정복과 문화 교류에 따른 정통성 확보 과정으로 이해할 수 있다.

그리스의 신들은 매우 인간적이다. 기본적으로 인간을 초월하는 능력으로 세상을 다스리지만 사랑, 질투, 배신 같은 인간적인 욕망을 드러내며 인간사에 깊이 개입하는 모습을 보인다. 이러한 신의 이미지에는, 범접할 수 없는 힘을 가진 신도 결국 인간과 비슷한 존재라는 인식이 담겨 있으며 이는 고대 그리스의 권력자와 피지배층의 거리가 매우 가까웠음을 의미한다. 도시국가를 중심으로 소규모 사회를 형성했던 그리스 문명의 속성이 반영되어 있다고 볼 수 있다.

인도의 힌두교 역시 대표적인 다신교 종교다. 인도는 기원전 3300년경 인더스 문명이 발원한 후, 기원전 1900년경 아리아인들의 이동을 시작으로 수많은 집단이 이합집산을 반복한 지역이다. 그 결과 인도에는 다양한 전통의 신들이 혼재하게 되었다. 복잡한 힌두 신들의 위계와 관계를 통해 정복과 피정복을 통한 신분제도의 정착 과정과 권력자와의 관계를 엿볼 수 있다. 이를테면, 원래 힌두교의 신인 인드라Indra와 브라마Brahma는 불교 성립 이후에 불법을 수호하는 신장인 제석천과 범천梵天으로 불교 세계관에 편입된다.

인도의 신들은 우주의 원리와 수많은 인간사를 상징하며 세상을 다스리고 인간의 삶을 관장한다. 신들이 인간이나 동물의 모습으로 나타나는 화신(化身, 아바타라) 개념은 신이 그만큼 인간의 생활에 밀접하게 영향을 미쳤다는 것을 의미하며, 고대 인도의 지배층과 피지배층의 관계 또한 짐작할 수 있다. 윤회로 대표되는 힌두교의 순환론적인 우주관은 엄격한 신분제도인 카스트 아래서 인도인들이 현생을 받아들이게끔 하는 역할을 했을 것이다.

800만을 헤아리는 일본 신들의 이미지는 변덕스럽다는 것이다. 이러한 신의 속성은 화산, 지진, 쓰나미 등 변화무쌍한 일본

〈인드라가 그의 코끼리 아이라바타 위에 있는 그림(Painting of Indra on his elephant mount, Airavata)〉. 인드라는 힌두 신화에서 날씨와 전쟁을 관장하는 신이다. 다갈색의 건장한 체구로 우주를 제압하고 폭풍우의 신 마루트(Marut)를 수행원으로 거느린다. 천둥과 번개, 금강저(金剛杵)를 무기로 악마를 물리치며 천계(天界)를 수호한다. 불교에서는 불법(佛法)의 수호신으로 수용되어 '제석천'이라고 불린다.

의 자연에서 비롯되었을 것이다. 일본인의 사고방식에서 볼 때, 신은 인간사에 커다란 영향을 미칠 수는 있지만, 신의 뜻은 인간이 이해할 수 있는 영역이 아니며 인간의 운명은 그러한 신의 뜻에 달려 있다. 또한 변덕스러운 일본의 신들은 실제로 변덕스러웠던 일본의 권력자들과도 닮아 있다. 섬으로 이루어진 데다 산이 많아 고립된 지역이 많았던 일본은 지역의 실력자들이 백성들의 생사를 좌우했으며, 그러한 결정은 예측이 불가능한 경우가 많았다.

07

종교는 인간에게 무엇을 주는가

종교는 인간이 세계를 이해하게 해준다. 먼 옛날 우리의 조상들은 천둥, 번개, 비바람 등의 자연 현상과 갑작스러운 사고와 질병 등 예측할 수 없는 일들로 두려움에 떨어야 했다. 압도적인 자연의 힘에 대한 두려움은 신에 대한 경외로 바뀌었고, 인간의 힘으로 예측할 수도 없고 통제할 수도 없는 일들은 신의 뜻으로 해석되었다. 그러한 일들의 이면에 초자연적인 존재가 있다고 가정하면 두려움은 훨씬 줄어든다. 이제 그 이유를 이해할 수 있기 때문이다.

또한 신이 자연 현상과 생로병사를 관장한다는 믿음은 인간의 통제 가능성을 높여준다. 천둥과 번개, 가뭄과 홍수가 신의 분노 때문이라면, 그 원인을 찾아 신의 분노를 잠재워야 할 것이다. 이와 같은 목적에서의 종교적 제의는 동서고금을 막론하고 대다수의 문화권에서 발견된다. 낮의 길이가 가장 짧아지는 동지쯤에 행해지는 태양신 축제(크리스마스의 기원이다)나 농사철 가물 때 열리는 기우제, 병의 원인이 되는 악령을 물리치는 퇴마 행위 등이 대표적이다.

과학과 이성의 시대를 살아가는 우리는 이러한 제의들이 비과학적이라는 사실을 안다. 동지 이후에 낮이 다시 길어지는 이유는 태양신 축제 때문이 아니고, 기우제를 지내서 비가 내리는 것이 아니며, 병이 나은 이유는 악령을 퇴치했기 때문이 아니라 적절한 치료와 몸의 자연적인 회복력이 함께 작용했기 때문이다. 그럼에도 불구하고 제의에는 분명한 기능이 있다.

인류학자 로버트 머튼Robert Merton은 문화의 기능을 현시적 기능과 잠재적 기능으로 나눈다. 현시적 기능은 바로 보아서 알 수 있는, 문화 현상의 겉으로 드러나는 기능이고, 잠재적 기능은 드러나지 않고 숨어 있으나 사회를

에티오피아 동부 도시 하라르에서 기우제를 지내고 있는 주민들의 모습. ⓒ Anderson smart

유지하고 구성원이 살아남게 하는 본질적 기능이다. 신과 같은 초자연적 존재가 날씨를 바꾸고 병을 낫게 해줄 것이라는 믿음은 문화(종교)의 현시적 기능에 불과하다. 문화(종교)는 자연 현상과 생로병사에 대한 설명 체계를 제공하고 통제감을 주어 구성원의 불안을 낮추고 궁극적으로 사회가 유지될 수 있도록 해왔다.

종교란 '으뜸 되는 가르침'이라는 뜻만큼 사람들의 삶에 중요한 지침을 제공해왔다. 특정 지역에서 환경에 적응하며 살아온 인류는 생존과 사회 유지를 위한 생활 습관과 가치관, 즉 문화를 발달시켰다. 이러한 관점에서 종교 또한 문화라고 볼 수 있는데, 문화의 가장 근본적인 기능은 사회의 유지와 구성원의 생존이다.

이러한 종교의 기능을 잘 보여주는 사례 중 하나가 음식 문화다. 지역에 따라 기후와 식생植生, vegetation이 다르고 그에 따라 식재료와 음식이 달라지는 것은 당연하다. 하지만 독특한 점은 문화에 따라 특정 음식은 먹어서는 안 된다는 금기가 존재한다는 것이다. 대표적으로 힌두교의 소고기와 이슬람의 돼지고기 금기를 들 수 있다.

우선, 힌두교도들이 소고기를 먹지 않는 이유는 힌두교 경전인 『베다Veda』의 기록 때문이다. 인도인에게 소는 고대로부터 신과 관련된 신성한 존재였다. 고대 인도인은 암소를 아디티(Aditi, 고대 인도 신화 속 천체의 여신이자 신들의 어머니)와 동일시했으며, 시

힌두교에서 소는 신성한 존재로 여겨지며 보호와 존중의 대상이다. 또한 물질적 풍요와 생명력을 상징하며, 특히 풍요와 모성의 여신인 락슈미와 관련되기도 한다. 고대 경전에서는 생명을 해치지 않고 모든 생명을 존중하는 아힘사(비폭력)의 가치를 강조하는데, 소를 보호하는 것은 이를 실천하는 중요한 방법으로 여겨진다. ⓒ Abdel Sinoctou

바 신이 타고 다니는 탈것(난디)이기도 하고, 신(크리슈나)이 보호하는 존재이기도 했다. 소는 윤회사상과도 관련이 있다. 소는 여러 단계에 이르는 윤회의 고리에서 인간 바로 전 단계의 동물이며 소를 죽이면 윤회의 가장 첫 단계로 떨어지게 된다. 하지만 앞서 언급한 바대로 이러한 이유로 소를 먹지 않는다는 설명은 문화의 현시적 기능에 해당하며, 보다 본질적인 이유는 따로 있다. 인류학자 마빈 해리스Marvin Harris는 환경적·물질적 조건이 문화를 만들어낸다고 보았으며, 특히 생산 양식과 깊이 관련되어 있다고 주장했다.

즉, 인도 문화에서 소고기를 먹지 않게 된 이유는 그들의 환경 조건과 거기서 비롯된 생산 양식 때문이라는 것이다. 고대 인도 문명은 우기가 길고 건기가 짧은 몬순 기후대에서 발달했는데, 몬순 기후의 풍부한 강수량 덕분에 대규모 농경이 가능해졌고 그 결과 많은 사람들이 모여 살게 되었다. 많은 인구를 유지하기 위해서는 농사에 소의 힘이 필수적인데 기근 등의 이유로 소를 잡아먹으면 양곡의 생산량이 줄고 결국 사회 유지가 어렵게 되기 때문에 소를 먹지 말아야 한다는 가치관이 나타나야만 했다는 것이다.

이슬람의 돼지고기 금기도 마찬가지다. 이슬람의 신(유대교와 기독교의 신)은 돼지를 부정한, 즉 더러운 짐승이라 하여 먹지 말라고 명령하고 있다. 해리스는 이 역시 물질적인 조건으로 설명한다. 주로 북아프리카와 중동의 건조 기후대인 이슬람 문화권(유대교와 구약시대의 기독교 문화권)은 예전부터 유목으로 삶을 이어온 지역이다. 강수량이 충분치 않아 대규모 농경을 할 수 없었기 때문이다. 양, 소, 낙타 등의 가축을 치며 살아온 이들에게 돼지만 허용되지 않았던 이유는 돼지의 특성에 있다.

털이 성글어 피부가 노출되어 있는 돼지는 북아프리카와 중동의 뜨거운 햇볕에 취약하다. 돼지가 주로 숲속에 살면서 진흙 목욕을 즐기는 이유도 그 때문이다. 이동이 숙명인 유목 민족에게 돼지의 특성은 그들의 생업을 위협하는 일이 될 수밖에 없었다.

게다가 돼지고기는 기름이 많아 쉽게 부패하고 돼지의 크기는 사람을 태우거나 일을 시키기에도 애매했다. 크기도 성격도 유목 문화에는 어울리지 않았던 것이다.

주목해야 할 부분은 이러한 가치관이 종교의 영역, 즉 신의 명령으로 격상된 이유다. 소나 돼지를 잡아먹지 말라는 명령을 인간이 내린다면, 그것이 힘 있는 부족장이나 지역 유지, 심지어 왕이라 할지라도, 사람들은 어떻게든 몰래 할 수 있는 방법을 찾아냈을 것이다. 사람의 눈이 미치지 못하는 곳이 있기 때문이다. 하지만 신이라면 다르다. 전지전능한 신은 인간이 어느 구석진 곳에서 무슨 짓을 하든 다 알 수 있으므로 자신의 명령을 어긴 자들에게 벌을 내릴 것이다. 이렇게 특정 환경에서의 생존을 위해 특히 중요한 가치들은 신의 명령이 되어 후세로 전달되었다.

일부 종교에서 강력하게 금하고 있는 동성애 또한 문화의 잠재적 기능과 관련이 있다. 많은 나라에서 동성애가 허용되고 동성결혼까지 합법화된 지금까지도 동성애를 금지하고 있는 종교들은 대부분 유목 문화에서 비

게이 프라이드 퍼레이드 행사에서 동성애 반대 시위를 하는 사람들. ⓒ Eric Lin

롯되었다는 공통점이 있다. 전쟁과 생산 면에서 인구가 곧 국가나 부족의 힘이었던 고대 유목 사회에서 번식과 관련 없는 성 행위는 사회 유지에 하등 도움이 되지 않는 일이었기 때문이다.

종교는 역사적으로 인간의 생존에 중요한 역할을 수행해왔고 그에 따라 종교 지도자 또는 사제들은 신의 가르침을 전달하고 제의를 집전하면서 자연스럽게 권력의 중심에 서게 된다.

08

종교와 권력
__역사를 움직인 두 힘의 상관관계

종교는 태생적으로 권력과 밀접한 관련을 맺을 수밖에 없었다. 신은 천체의 움직임과 계절의 변화, 가뭄과 홍수를 관장했고, 신을 가장 가까이에서 섬겼던 이들은 변화무쌍한 신의 뜻을 이해하기 위해 노력해야 했다. 그러한 과정에서 신을 섬기는 자들은 우주의 섭리와 자연법칙에 눈을 떴다. 과학이 발달하기 전 종교는 과학이자 지식의 총체였다. 지식을 독점한 세력이 권력을 갖게 되는 것은 자연스러운 일이었다.

초창기의 왕은 제사장이자 군왕이었다. 이렇듯 종교 지도자가 곧 군왕이었던 시대를 제정일치 시대라 한다. 우리나라에서는 청동거울과 방울 등 청동기시대의 유물에서 제정일치 사회의 측면을 엿볼 수 있으며, 이 시기의 국가였던 단군조선도 제정일치 사회였을 것으로 추정된다. 서양에서는 왕이 곧 신이었던 고대 이집트와 기원후 400년경 서로마 제국에서 분리된 동로마 제국이 정교일치의 황제교황주의Caesaropapism를 취한 대표적인 경우다.

　사회가 고도화되면서 세속 권력과 종교 권력은 차츰 분리되었다. 세속 권력이 해야 할 일들이 많아졌기 때문이다. 자연히 신과 관련된 이들은 처음부터 신의 뜻을 알고 신과 대화할 수 있는 능력이 있거나 그러한 권위를 부여받은 이들의 몫이 되었다. 물론 이 시기에도 종교는 제천의식 등 국가의 주요 행사를 담당하고 정책을 자문하는 등 중요한 역할을 맡았다. 일부 사회에서는 종교 지도자가 다스리는 별읍別邑을 설치하여 군왕과는 독립적인 영향력을 행사하기도 했다.

　우리나라에서는 고조선 멸망 이후 삼한시대에 해당한다.『후한서』동이전 한조에 따르면, "여러 국읍國邑에서는 각각 한 사람이 천신天神의 제사를 주재하는데 이를 천군이라 부른다. 또 소도蘇塗를 만들어 그곳에 큰 나무를 세우고 방울과 북을 매달아 놓고 귀신을 섬긴다."라는 기록이 보인다. 소도는 천군이 다스리는 별읍이며 이곳으로 범죄자가 도망하면 군왕도 어쩌지 못했다고 한다. 천군이 속세의 군왕과는 별개로 권력을 행사했음을 짐작할 수

소도(蘇塗). 삼한(三韓)의 여러 나라에서 천신(天神)에게 제사를 드리던 성스러운 장소. '해남 거칠마 토성'에서 고대 마한의 전통 제사 의례용 공간 소도가 발견되었다.

있다.

하지만 모든 종교가 제정일치에서 제정분리로 이행한 것은 아니다. 고대 메소포타미아와 그리스는 신관 또는 제사장 계급이 별도로 존재했으며 이들은 신에 대한 제사와 신탁, 즉 자문을 맡았다. 고대 유대교에는 군왕과는 별개로 제사장이 한 가문(레위 지파)에게 세습되었다. 고대 인도의 종교 역시 사제 계급(브라만)과 지배 계급(크샤트리아)이 분리된 제정분리의 모습을 초기부터 보인다. 기독교의 경우에는 이미 고도의 제정분리 사회인 로마 제국에서 국교로 받아들여졌기 때문에 세속 권력과는 별개의 종교적 영향력을 행사했다.

제정분리 사회에서도 사제 계급은 세계가 돌아가는 원리와 당대의 지식을 통괄하는 지식인들이었다. 그들은 천체의 움직임과 기후를 예측했고 오래 전부터 전해져온 신과 인간에 대한 폭넓은 지식을 갖고 있었다. 경전을 읽고 쓰는 것은 물론이고 신도들이 바치는 공물을 수납하고 관리하기 위한 수리 능력은 필수였으며, 음악과 춤 등 예술에도 조예가 깊었다. 무엇보다 사제들은 세속 권력 옆에서 그들의 권력에 정당성을 부여하고 통치를 도왔다. 신의 뜻을 전달하고 신을 대리한다는 점 때문에 세속의 권력들도 종교 권력을 함부로 대하지 못했다.

따라서 고대 국가들이 성립한 후부터 중세에 이르기까지 종교 권력은 세속 권력과 대등하거나 세속 권력을 능가하는 힘을 유지했다. 고대 국가들은 국가의 체제를 갖추는 과정에서 특정 종교를 국교로 선포했으며 종교를 통해 권력의 정당성을 획득할 수 있었다. 신라 진흥왕은 불교의 전설적인 군주 전륜성왕轉輪聖王을 자처했으며, 석가모니의 가계도를 따라 일가친척의 이름을 짓기도 했다. 진흥왕은 후에 출가하여 승려가 되었다.

종교인은 여전히 국가의 행사를 주관하고 국정에 중요한 의견을 제시함으로써 세속 권력에 관여했다. 그러면서 일부 종교인과 교단은 세속 권력과 결합하여 무소불위의 권력을 휘두르기도 했다. 고려 후기 불교는 왕실과 귀족들의 강력한 후원을 받으며 정치적 영향력을 확대했지만, 사찰들이 대규모 재산을 소유하고 고리대금업을 일삼는 등 폐단이 심각해졌고, 중세 카톨릭은 신자들에게 돈을 받고 면죄부를 파는가 하면, 세속 권력의 상징 신성로마제국의 황제 하인리히 4세를 파문했다가 다시 받아줄 만큼(카노사의 굴욕) 막강한 권력을 행사하였다.

종교가 권력이 되면 나타나는 대표적인 문제로 사상의 통제를 들 수 있다. 기독교가 지배한 중세 유럽이 그렇다. 교회, 주교, 수도사 들은 지식을 독점했을 뿐 아니라 당대의 지식 중 기독교 교리에 적합하지 않은 것들을 통제했다. 지동설을 주장하던 갈릴레이가 종교재판을 두려워하여 자신의 주장을 접었다는 이야기는 유명하다. 그래서 유럽은 오랫동안 과학과 기술 등 여러 측면에서 동양 및 이슬람 문명에 비해 뒤처져야 했다.

종교에 의한 사상 통제가 가장 극심하게 나타난 사례가 유럽의 마녀사냥이다. 14~17세기 동안 유럽 각지에서 수만 명의 여성들이 마녀로 몰려 처형당했다. 같은 시기 일어났던 흉년과 전염병 등에 대한 희생양 찾기, 중세에서 근대로 이행하는 시기의 혼란 등 다양한 이유들이 제기되고 있지만 마녀재판의 근거가 된 것은 결국 종교였다. 다시 말해, 세속에 미치는 종교의 영향력이 과대했기 때문이다.

또한 종교는 권력에 정당성을 부여한다는 측면에서 봉기나 혁

탐킨스 매트슨(Thompkins H. Matteson), 〈마녀 검증(The Examination of a Witch)〉,
1853. 17세기 미국 식민지시대의 마녀사냥 장면을 묘사하고 있다. 그림은 한 여성이
마녀로 의심받아 심문당하는 긴장된 순간을 포착하고 있으며, 주변의 사람들은 두려
움과 의심의 눈초리로 그녀를 바라보고 있다. 작품은 당시의 편견과 공포 속에서 드
러난 인간성의 어두운 면모를 표현하고 있다.

명의 도화선이 되기도 한다. 『삼국지연의』의 시작을 여는 장각의
태평도가 그랬고, 우리나라에는 미륵을 자처한 후고구려의 궁예
와 조선 숙종 때 여환의 사례가 있다. 불교의 미륵 신앙과 기독교
처럼 구세주가 나타나 지금 세상을 심판하고 올바른 신앙을 가
진 이들을 구원한다는 구세주 신앙은 역사적으로 수많은 반란과
혁명의 근거가 되었다.

선운사 도솔암으로 오르는 길 옆 절벽에 새겨진 마애여래좌상은 동학농민운동 당시 농민들에게 희망의 상징이었다. 동학농민운동은 부패한 지배층과 외세에 저항하기 위해 일어난 운동으로, 많은 농민들이 선운사와 같은 불교 유적지에서 위안을 얻고 기도를 드렸다. 마애여래좌상은 당시 어려운 시기에 농민들에게 정신적 지주 역할을 하며, 그들의 투쟁에 힘을 실어주는 신앙의 중심이었다.

  이러한 일들은 특히 난세에 많이 발생했다. 장각의 황건적은 후한 말의 혼란기에 있었던 일이고, 궁예도 통일신라 말의 혼란을 틈타 후삼국시대를 열었다. 조선왕조가 명운을 다한 구한말에 일어선 동학농민군도 고창 선운사 도솔암 마애불(미륵)에 숨겨져 있다는 비급秘笈을 찾으려 했다. 동시대 사람들의 마음을 얻고 자신들의 행위에 정당성을 부여할 근거를 종교에서 찾고자 한 것이다.

이렇듯 종교는 지식을 독점하고 세속 권력에 정당성을 부여함으로써 독자적인 권력을 구축하고 행사해왔다. 과학이 발달하며 인간의 지식은 더 이상 종교적인 권위에 기대지 않게 되었고, 세속 권력의 정당성을 부여하는 존재 역시 신으로부터 시민으로 옮겨가면서 종교의 영향력은 예전 같지 않게 되었다. 하지만 오랫동안 인간의 삶과 함께해 온 종교는 아직도 보이지 않는 곳에서 커다란 영향력을 발휘하고 있다.

09

종교의 폐해
─믿음이 초래한 어두운 역사

인류의 역사에서 종교는 많은 긍정적인 역할을 수행해왔다. 종교를 통해 사람들은 안정감과 통제감을 얻고 사회를 유지했으며 사람들 사이의 친교와 정서적 지지, 놀이의 욕구까지 충족시킬 수 있었다. 그러나 모든 문화가 그렇듯이 종교의 역기능 역시 존재한다. 근대 이후로 많이 감소하긴 했지만, 중세 유럽의 기독교나 고려 말의 불교처럼 권력화된 종교 집단이 일으켰던 문제들이 대표적이다. 그들은 백성들의 생산물과 땅을 빼앗아 부를 축적했으며, 세속 권력을 등에 업고, 어떤 경우에는 그 권력마저 좌지우지하며 사람들의 삶을 지배했다.

종교는 절대적인 믿음을 수반하기에 때때로 사람들을 극단적으로 행동하게 한다. 역사적으로 수많은 전쟁이 종교 때문에 발생했으며 헤아릴 수 없는 사람들이 죽고 고통을 당했다. 그리고 지금도 세계의 어느 곳에서는 종교를 이유로 한 수많은 분쟁과 테러, 학살이 일어나고 있다. 이러한 종교의 부작용 또는 역기능은 종교의 유형 및 신과 인간 사이의 관계에 따라 다른 양상으로 나타난다.

그것이 전쟁과 학살 등 대규모적이고 가장 극단적인 형태로 나타나는 경우는 단연 유일신 계열의 종교다. 유일신 계열의 종교들은 자신들의 신 외의 모든 신들을 부정하는 근본적인 배타성 때문에 예로부터 분쟁과 갈등의 중심에 존재했다. 유일신을 섬기는 이들은 자신의 힘이 약할 때는 박해의 대상이 되고, 자신의 힘이 강할 때는 다른 세력들을 배제하고 구축하려 했다. 중세 기독교의 십자군 전쟁을 비롯하여 유럽 식민지 개척 과정에서 타민족에 대한 개종 요구, 현 중동 분쟁의 뿌리에도 유일신 종교의 배타성이 자리한다.

이러한 배타성은 같은 종교 내에서도 나타난다. 유일신 계열 종교들은 선과 악, 천국과 지옥 등의 이분법적 인식론에서 비롯된 신의 절대성을 금과옥조로 여기기에 절대성을 반하는 모든 것들이 배척의 대상이 된다. 같은 신을 섬기면서도 경전의 해석에 따라 타 종파를 배척하거나 같은 종교를 가지고 있지만 교리를 어

1204년 동로마의 제도 콘스탄티노폴리스를 함락시키는 십자군. 1204년 제4차 십자군은 원래의 목적을 벗어나 동로마 제국의 수도인 콘스탄티노폴리스를 공격하고 함락시켰다. 이로 인해 동로마 제국은 큰 타격을 입었고, 라틴 제국이 잠시 동안 세워졌으며, 많은 문화 유산이 파괴되고 약탈당했다. 이 사건은 로마 가톨릭 교회와 동방 정교회 간의 갈등을 심화시켜 기독교 세계의 분열을 더욱 깊게 만들었다.

기거나 따르지 않는 이들을 강력히 처벌하는 것이다. 17세기 유럽 기독교의 구교와 신교 갈등, 이슬람의 수니파와 시아파의 갈등 등이 대표적인 사례이며, 중세 유럽의 종교재판 역시 수많은 무고한 이들을 죽음으로 몰아갔다.

또한 신의 대리인이나 예언자, 혹은 신을 자처하는 이들에 의한 사기 및 범죄 피해 역시 끊이지 않는다. 특히 유일신 계열 종교는 종말과 심판이라는 특유의 교리 때문에 신의 뜻을 앞세운 이들의 폐해에서 벗어나기가 쉽지 않다. 오랫동안 교리가 다듬어지고 성직자에 대한 교단의 통제가 잘 이루어지는 지역에서는 이러한 일이 드물지만, 그렇지 않은 지역에서는 지금도 자신이 구세주나 예언자라고 주장하는 이들이 심심찮게 등장한다. 대표적으로 한국에도 그런 이들이 자주 등장하는데 이는 한국의 문화적 특수성과 밀접한 관련이 있는 것으로 보인다.

한편, 다신교 계열 종교의 문제점은 다른 방향에서 드러난다. 다신교는 수많은 자연 현상과 인간사에 상응하는 신격을 부여하면서 성립되었다. 그리고 그러한 신들은 인간의 모든 경험에 나름의 의미를 부여한다. 따라서 다신교의 교리는 한 신의 존재로 설명할 수 없는 일은 다른 신이 설명하고, 그러한 설명에 모순적인 부분이 있더라도 그것이 원래 신의 속성이라 받아들이는 식으로 전개된다.

대표적으로 힌두교에서 나타나는 창조와 유지, 파괴와 재창조로 이어지는 순환론적 세계관, 다르마dharma, 法와 카르마karma, 業의 원리, 그리고 윤회는 사람들이 불만과 의심 없이 이 세상을 수용하고 신의 뜻대로 살아가게끔 만든다. 다신교의 교리는 유일신교에 비해 훨씬 포용적이지만 바로 이 점 때문에 현세의 모순과 문제점들마저 포용해버리게 되는 것이다. 내가 누구에게 무슨 일을 겪든 그것은 이유가 있으며, 심지어 그것이 전생의 카르마일 수

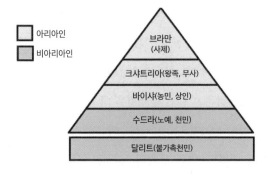

아리아인
비아리아인

브라만
(사제)

크샤트리아(왕족, 무사)

바이샤(농민, 상인)

수드라(노예, 천민)

달리트(불가촉천민)

인도의 카스트(caste) 제도. 사회적 계층을 엄격히 구분하는 전통적인 신분 제도로, 브라만, 크샤트리야, 바이샤, 수드라, 달리트로 나누었다. 이 제도는 개인의 직업과 사회적 역할을 규정하고 세습되며, 계층 간 이동이 거의 불가능하게 했다. 현재는 법적으로 금지되었으나, 사회적 영향력은 여전히 남아 있어 불평등과 차별을 야기하고 있다.

도 있다는 것이다.

이런 이유로 다신교적 믿음이 존재하는 사회에서는 신분과 계급 등 체제의 유지가 우선시되고, 타 계급에 대한 차별이 정당화되기 쉽다. 또한 현실을 바꾸려는 적극적인 모습이 나타나기 어렵다. 모든 것이 신의 뜻이기 때문이다. 인도와 일본 등 다신교적 전통을 가지고 있는 나라에서 현재도 이러한 문제로 골머리를 앓는 것은 우연이 아니다.

물론 종교가 신분과 계급을 정당화하여 체제를 유지해온 것은 유일신 계열 종교도 마찬가지다. 전근대 유럽의 왕실과 귀족 가문들은 정통성 확보를 위해 자신의 뿌리를 경전 속의 예언자나 신의 뜻을 수호한 이들에서 찾았다. 이른바 왕권신수설이다. 하지만 반反을 극복해야 한다는 유일신교 특유의 이분법적 논리 구조는 사회 발전의 계기로도 작용했던 것이 사실이다.

특히 유럽에서는 이분법적 대립을 극복하기 위해 정-반-합正-反-合의 변증법적 사고가 나타나 근대 학문과 유럽의 발전에 적지 않은 영향을 미쳤다. 반면 세상의 모든 모순을 포용하는 다신교적 사상 체계는 인간 존재와 우주 원리에 대한 깊은 성찰로 이어졌으나, 세계를 개척하고 사회를 변혁하는 방향으로는 나아가기 어려웠던 측면이 있다. 이러한 생각은 자칫 서양이 우월하고 비서구 지역은 열등하다는 진화론적 해석으로 빠질 수 있으나, 옳고 그름을 떠나 사고의 발전 방향이 달랐기 때문으로 이해해야 한다.

샤머니즘 계열 종교의 폐해는 신의 말씀을 전하는 이들의 의도에서 비롯된다. 본래 샤먼(무당)의 일은 신의 뜻을 전하고 인간사의 문제들을 해결해주는 것이다. 제정일치시대의 군장에서 비롯되었을 것으로 추정되는 무당은 정치와 종교가 분리된 이후에도 각종 제의를 집전하고 국가 중대사에 의견을 제시하는 등 국정에 중요한 영향을 미쳤다. 하지만 사회가 고도화된 이후에는 국정에서 배제되어 민간에서 주로 활동하게 된다. 이들은 국가의 권력이 미치지 못하는 곳에서 사람들의 병을 치료해주거나 풍요로운 수확을 기원하고 건축이나 장례 등의 대소사에 중요한 도움을 주며 민초들의 삶에 스며들었다. 그러나 개중에는 병을 치료하고 재액을 막아준다는 명목으로 의뢰인들에게 거액의 돈을 뜯어내는 등의 사기를 치거나 사람들을 현혹하는 이들도 있다. 신의 뜻을 전하는 무당을 의심하면 신의 노여움을 사 불행한 일이 닥칠지도 모른다는 두려움은 꾸준히 이러한 일들이 발생하는 근본적인 이유다.

그럼에도 불구하고 종교는 계속해서 사람들의 마음과 행동에 밀접한 영향력을 미쳐왔다. 그간의 여러 가지 종교의 폐단과 해악에도 불구하고 종교가 기능하는 바가 분명했기 때문일 것이다.

10

종교적 망상의 심리적 배경

다소 조심스러운 이야기지만 종교적 믿음 또는 행위는 비정상적인 심리 상태에서 기인한다는 주장이 있다. 물론 모든 종교적 믿음과 행위가 그렇다는 것이 아니라 일부의 사례다. 또한 비정상이란 그것이 일반적으로 자주 일어나는 일이 아니라는 뜻이지 꼭 부정적인 측면을 포함한다는 의미는 아니라는 전제에서 이 주제를 다뤄보고자 한다.

많은 종교에서 창시자 혹은 예언자들은 환상 속에서 종교적 존재를 만난다. 시내 산에서 불타는 떨기나무를 보며 신의 목소리를 들었던 모세, 광야에서 사탄의 시험을 받은 예수, 히라 산의

도메니코 페티, 〈불타는 떨기나무 앞에 있는 모세(Moses before the Burning Bush)〉, 1615~1617. 이 장면은 모세가 하나님의 명령을 받고 이스라엘 백성을 이집트에서 구출하는 사명을 시작하게 되는 중요한 순간을 표현한다. 불타는 떨기나무는 하나님이 모세에게 나타난 매개체로, 타오르지만 타지 않는 신비로운 상징을 통해 하나님의 거룩함과 초월적 존재를 드러낸다.

바위굴에서 신의 사자를 만난 무함마드가 대표적인 사례다. 그 외에도 종교와 시대를 막론하고 수많은 선지자, 예언자, 성인, 사제들이 신 또는 신의 사자를 보고 그들의 음성을 들었다. 종교적인 맥락에서 이는 매우 신성하고 신비로운 체험임이 틀림없다.

하지만 과학적 관점에서 존재하지 않는 대상을 지각하는 것은 환각이라 한다. 현대 정신의학에서 환각은 매우 독특한 심리적 상태로 조현병 스펙트럼 장애의 주요 증상으로 꼽는다. 물론 내가 감히 종교인의 종교 체험을 조현병이라 단정짓는 것은 아니다. 하지만 종교적 신념의 형성과 종교의 발달에 일반적이지 않은 독특한 사고 과정이 개입되어 있는 것은 분명하다.

여기에서는 종교 체험을 깨어 있을 때 한 경우와 꿈에서 한 경우로 나누어 그 경험에 작용했을지 모를 심리학적 원리를 살펴보고자 한다.

우선, 깨어 있을 때 종교적 체험을 한 경우는 강한 종교적 신념이 일반적인 경험을 종교적으로 해석하게 만들었을 가능성이 있다. 종종 신의 모습을 목격했다고 주장하는 이들이 있다. 연기나 구름 속에서 사람의 얼굴과 같은 형체를 찾는 일은 의외로 흔하다. 하지만 이는 단순한 지각의 원리에 의한 현상이다. 사람들은 무질서하게 흩어져 있는 자극들을 익숙한 패턴으로 조직하여 사물을 지각하는데, 그중에서도 친숙성의 원리는 지금 바라보는 자극에서 친숙한 이미지를 찾아내려는 경향이다. 강한 종교적 신념으로 자신이 믿는 신이나 종교적 인물에 대한 정보를 많이 알고 있는 상황에서는 그러한 경향이 더욱 강화될 것이다.

1917년 10월 13일, 포르투갈의 파티마에서는 무려 7만 명의 군중 앞에 성모 마리아(엄밀히 말하자면 빛)가 발현했다. 몇 달 전 세 명의 목동 앞에 성모 마리아가 모습을 드러낸 뒤, 소문은 날이 갈수록 더욱 파다하게 퍼졌고 성모가 마지막으로 나타나기로 한 날 그 자리에 모인 사람들이 모두 같은 경험을 한 것이다. 이는 가톨릭에서 공인한 성모의 발현이지만 같은 신념을 가진 이들의 강한 기대가 만들어낸 집단적 경험이었을 가능성이 있다. 인간의

1917년 10월 13일, 포르투갈 파티마에서 성모가 발현했다고 전해지면서 당시 약 7만 명의 군중이 모였고, 이들은 태양이 하늘에서 회전하고 색이 변하는 태양의 기적을 목격했다고 증언했다. 이러한 현상은 기적적인 사건으로 기록되며 가톨릭 신자들에게 중요한 의미를 부여했다.

믿음은 그 믿음대로 세계를 지각하고 경험하게 만든다.

다음은 꿈에서 종교적 체험을 한 경우다. 꿈에서 신이나 신의 사자와 만나 계시를 받는 일은 상당히 흔하다. 꿈에서 천사를 만나 예수 임신 소식을 들은 성모 마리아가 대표적이며, 잔다르크 역시 꿈에서 계시를 받고 프랑스를 구해냈다. 그 외에도 꿈에서 종교적 존재를 만났다는 사례는 헤아릴 수 없이 많다.

현대 과학에서 꿈은 수면 중에도 뇌의 기능 일부가 작동하기 때문에 일어나는 현상에 불과하다. 하지만 꿈의 상징성은 예로부터 종교인들을 비롯한 많은 사람의 관심을 받아왔다. 의사이자 심리학자 카를 구스타프 융Carl Gustav Jung의 분석심리학적 관점에서 보면 꿈은 집단 무의식의 발현이다. 개인의 심리적 상태가 여러 가지 상징을 통해 그 의미를 드러내는 것이다. 융의 관점에서 볼 때 종교적 꿈은 해당 종교가 형성한 집단 무의식이 그 신념을 가진 이들의 정신세계에 미친 영향이다. 사람들은 자신이 살고 있는 세계에서 스스로의 경험을 구성한다. 자신의 욕구와 불안, 두려움 등을 자신이 살아온 세계에서 이해할 수 있는 내용으로 재구성하여 경험하는 것이다.

세계적 과학잡지《스켑틱Skeptic》의 종교 부문 편집자 팀 캘러핸Tim Callahan은 과거의 종교적 꿈이 현대에는 외계인 꿈으로 이어졌다고 주장한다. 과학기술이 발달하고 외계인의 존재 가능성이 대두되면서 수많은 만화, 애니메이션, 다큐멘터리, 영화 등에서 외계인과 우주선의 모습이 묘사되었고 이것이 현대인의 집단무의식에 영향을 미쳤으리라는 분석이다. 현대인의 외계인 접촉은 단지 꿈에서만 한정된 것이 아니다. 자신이 외계인에게 납치되었으며 외계인의 우주선에서 각종 실험을 당하거나 심지어 외계인의 아이를 임신했다는 주장을 하는 사람들까지 있다. 캘러핸의 분석에 의하면 이들의 체험은 고대 그리스에서 중세 유럽에 이르는 신과 인간의 만남에 대한 수많은 이야기의 구조와 정확히 일치한다.

꿈이건 생시건 종교적 경험은 신의 존재와 그의 뜻에 대한 강렬한 확신으로 이어진다. 다른 게 아니라 당사자가 실제로 경험한 사실이기 때문이다. 그들은 신이나 신의 사자를 만나 어떠한 계시를 받고 확신에 차 사람들에게 신의 뜻을 전한다. 신의 계시에서 비롯된 이들의 메시지는 놀랍도록 생생하고 강렬하기 때문에 사람들은 이들의 설득에 쉽게 감화된다. 많은 사람이 이들의 말에 따라 행동하며 일종의 종교적 신념을 체계화한다. 이러한 과정은 많은 종교에서 공통적으로 나타난다.

확신에 찬 메신저는 설득 효과를 배가시킨다. 더욱이 세상의 불확실성 때문에 하루하루가 불안한 이들에게 선지자의 확신에 찬 태도는 그 자체로 안정감을 제공했을 것이다. 일반적으로 확고한 신념은 편집적 사고와 관련이 있다. 편집적 사고란 자신의 믿음을 강화하기 위해 정보를 편집해서 받아들이고 그 결과 자신의 믿음이 맞다고 확신하게 되는 사고방식을 말한다. 편집적 사고를 하는 이들은 그 사고방식에 따라 보통 사람들의 상식과는 크게 다른 사고체계를 발달시키는데, 이러한 믿음을 임상적으로는 망상delusion이라고 하며 환각과 같이 조현병 스펙트럼 장애의 주요 특징으로 꼽힌다. 임상적 의미에서 망상과 환각은 현실 인식에 방해가 되기 때문에 망상을 가진 사람의 적응과 안녕에 부정적 영향을 미친다. 하지만 종교적 맥락에서는 그렇지 않다.

보통 사람들의 상식과 크게 다른 믿음은 종교적 맥락에서는 커다란 힘을 발휘할 수 있다. 약육강식과 힘의 논리가 지배하던 고대 로마 제국에서 차별 없는 사랑을 강조하며 '오른뺨을 맞으면 왼뺨을 내어주라'는 예수의 메시지는 당대의 관점에서는 망상과 다를 바 없었다. 하지만 차별 없이 사랑하고 받아들이라는 가르침은 기독교가 2,000년이 넘는 시간 동안 세계적인 종교로 자리매김할 수 있었던 이유이기도 하다.

11

강박적 신앙 행위와 죄책감

종교적 행위에는 강박적 측면이 드러나는 경우가 많다. 강박이란 원치 않음에도 불구하고 어떠한 생각이나 행동이 끊임없이 떠올라 그것에서 벗어날 수 없는 상태를 말한다. 대표적인 것이 금기다. 결혼하지 않고 평생을 신께 헌신하는 가톨릭의 신부와 수녀, 결혼은 물론 살생과 육식마저 자제하는 불교의 승려 등 많은 종교는 나름의 금기들을 갖고 있다.

일부 종교에서 나타나는 고행에 가까운 수행 역시 강박적인 면이 두드러진다. 영화로도 만들어진 소설『다빈치 코드』에 묘사된 오푸스 데이Opus Dei의 가혹한 고행까지는 아니더라도 종교인들은

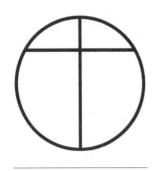

오푸스 데이 로고. 『다빈치 코드』에서 묘사하는 오푸스 데이의 고행은 소설적 장치로 과장되었고, 실제 오푸스 데이에서 행하는 고행은 극단적이지 않다. 오푸스 데이 회원들은 주로 자발적인 절제와 작은 희생을 통해 신앙을 실천하며, 냉수 샤워, 간단한 금식, 또는 실리체(철사로 된 가시띠) 2시간 착용 등의 신체적 고행을 수행한다. 교회에서는 피를 내거나 상처를 입히는 행위를 허용하지 않으며, 고행은 단순한 불편함을 유발하는 수준이라고 한다.

적게 자고 조금 먹으며 오랫동안 같은 자세로 때로는 오랜 기간 말도 하지 않으면서 수행을 이어간다. 물론 종교적 행위를 하는 이들은 스스로 원해서 하는 행동이지만, 계속해서 어떠한 생각 또는 행위를 하게 된다는 점에서 종교적 행위와 강박은 유사점이 있다.

종교에서는 이러한 행위들을 신께 다가가기 위함이 목적이라고 설명하지만, 이상심리학에서 강박사고 및 행동은 불안에 대처하기 위한 것으로 본다. 어떠한 불안에서 벗어나기 위해 끊임없이 특정 생각과 행동을 반복하게 되는 것이다. 종교적 행위에서 나타나는 강박에는 어떠한 불안이 내재되어 있는 것일까?

종교와 강박을 최초로 연관 지은 이는 심리학자 지그문트 프로이트Sigmund Freud다. 프로이트에 따르면 종교는 '아버지를 살해한 아들의 죄책감'에서 비롯되었다. 아득한 옛날, 사람들의 무리는 무리 안의 여자와 자원을 독점하고 경쟁자들을 가혹하게 제거하는 한 명의 절대 권력자(아버지)의 지배를 받았다. 이 아버지의 시대는 아들의 반역에 의해 마침내 막을

디에고 벨라스케스, 〈십자가에 못 박힌 예수 (Christ on the Cross)〉, 1632. 십자가에 못 박혀 돌아가신 예수의 희생은 신앙을 가진 자들에게 죄를 대신한 대속적 의미로 다가오며, 이로 인해 죄책감을 느끼게 한다. 이는 예수의 고난을 인식하고 자신의 죄를 회개하려는 신앙적 반응을 불러일으킨다.

내린다. 아들은 아버지를 죽인 대신 아버지의 자리에 특수한 동물을 토템으로 세웠다. 토템 동물은 아들의 조상이자 수호신으로 받아들여졌다.

이들은 평소에는 토템 동물을 사냥하지 않다가 특별한 날이 되면 토템 동물을 잡아 그 고기를 나누어 먹었는데, 이는 아버지를 살해한 기억을 반복하는 것이면서 그 죄책감을 완화하려는 시도다. 프로이트는 후대의 종교도 모두 동일한 원리에 의해 작동한다고 보았다. 인류학자 제임스 조지 프레이저James George Frazer가 『황금가지』에서 묘사하는 것처럼, 고대 사회에서 왕을 죽이는 풍습은 종종 발견되며, 종교적 제의에서 특정 동물을 바치는 희생犧牲 역시 고대의 많은 종교에서 나타난다는 점에서 프로이트의 주장은 설득력을 가진다.

인간의 모습으로 온 신 예수와 그로부터 시작된 기독교 역시 부친 살해와 희생이라는 구조를 충실히 따른다. 예수가 인간의 죄를 모두 짊어지고 희생되었기 때문에 그의 희생을 믿는 이들은 죄책감을 갖게 된다. 그리고 그러한 죄책감에서 야기된 불안을 씻어내기 위한 여러 가지 행위들을 하게 되는 것이다.

하지만 프로이트의 주장은 여러 측면에서 비판을 받는다. 원시 사회에서 아들이 아버지를 죽이는 사건이 있었다는 증거도 없을 뿐더러, 그가 사용한 '부친 살해'와 '희생'이라는 키워드를 바탕으로 한 설명은 프로이트 자신이 기독교 문화권에서 성장했기 때문에 가능한 추론이라는 점도 간과할 수 없다.

그럼에도 불구하고 종교적 강박이 죄책감에서 비롯된다는 근거는 다른 종교에서도 발견된다. 그러한 죄책감은 신의 희생과 관련이 있다. 다소 극단적인 사례이기는 하지만 아즈텍의 인신 공양이 대표적이다. 아즈텍의 인신 공양은 틀랄록, 케찰코아틀, 위칠로포치틀리 등 다양한 신들을 위해 1년에도 십여 차례 행해졌다. 그때마다 많은 전쟁포로, 어린이, 여성들이 산 채로 심장이 꺼내지거나 불태워지는 등 잔인한 방식으로 희생되었다.

스페인의 침략자들에게도 충격적으로 받아들여졌던 아즈텍의 인신 공양은 마빈 해리스를 비롯한 몇몇 인류학자들의 주장에 따라 대형 동물이 없어 희생 제사를 지낼 수도 없고, 단백질원을 구하기도 어려운 메소아메리카(중남미) 지역의 특수한 문화라고 여겨졌다. 하지만 강박적이라고까지 할 수 있는 이 희생 제의祭儀, ritual에는 보다 근본적인 이유가 있다. 바로 신의 희생에 대한 보상으로서의 인간의 희생이다.

아즈텍인들은 '신이 희생함으로써 인간에게 생명을 준다'는 믿음을 가지고 있었다. 메소아메리카에는 신의 희생 덕분에 우주가 지속된다는 관념이 있었고, 그로부터 비롯된 신에 대한 강렬한 죄책감 및 부채 의식이 있었다. 아즈텍어로 인신 공양을 의미하는 '네슈틀라우알리nextlahualli'라는 말 자체가 '빚을 갚는다debt-payment'는 뜻이기도 하다. 이러한 희생은 포로로 잡혀온 피정복민에 그치지 않았다. 아즈텍인은 재규어, 개, 사슴 같은 동물도 신에게 바쳤고, 용설란 밧줄로 혀, 귓불, 생식기를 자해하여 그 피로 물든 밧줄을 제물로 바치곤 했다.

메소아메리카는 주로 옥수수 농사를 짓는 농경 문화권이다. 이 지역은 호수 위에 인공적인 농지를 만들어서 농사를 짓는 '치남파Chinampa'라는 농법을 발전시켰는데, 치남파는 물이 풍족하면 엄청난 생산성을 보장하지만 가뭄에 취약하다는 약점을 가지고 있다. 이 때문에 메소아메리카에서 번성했던 문명들은 가뭄에 대한 두려움이 기본적으로 내재되어 있었다.

9세기경 전성기를 맞았던 고대 마야문명이 갑자기 멸망한 이유 또한 갑작스러운 가뭄으로 추정되며, 이후 새롭게 형성된 신마야

아즈텍 인신 공양은 신에게 인간의 심장을 바쳐 우주와 자연의 질서를 유지하려는 종교적 의식이었다. 이 희생 의식은 신전을 중심으로 진행되었으며, 희생자의 심장을 꺼내어 태양 신 등 주요 신에게 바침으로써 신의 힘을 강화하고 농작물의 풍요와 전쟁의 승리를 기원하는 목적이 있었다.

문명의 유적에서는 비의 신 차크에 대한 강박적인 신앙의 모습이 나타난다. 따라서 이 지역에서 예전부터 이어진 인신 공양의 풍습은 비를 내려주고 농사를 잘되게 하여 자신의 생명을 이어갈 수 있도록 해주는 신의 희생에 대한 대가였을 가능성이 크다.

　종교적 행위에서 나타나는 강박은 신의 희생에 대한 인간의 보상이라는 측면에서 해석할 수 있다. 프로이트가 예로 든 토테미즘 종교에서도 사람들은 토템 동물을 잡아 행운과 안녕을 기원했다. 프로이트는 부친 살해라는 은유로 설명하고 있지만, 사람들은 결국 신의 능력을 얻기 위해 자신의 소중한 무언가를 신께 바친다는 점에서 종교적 강박은 일종의 호혜성의 원리로 이해할 수 있을 것이다. 호혜성의 원리란 사람들 사이의 관계는 받은 만큼 돌려줘야 하고, 준 만큼 돌려받아야 한다는 믿음에서 비롯된다. 상대에게 크고 대단한 것을 원할수록 나도 그만한 가치가 있는 것을 내놓아야 한다는 것이다. 상대가 이미 엄청난 것을 내게 주었다면 나는 그에 대한 부채 의식을 갖게 되고 그것을 갚지 못할지도 모른다는 불안에서 강박행동이 비롯된다.

　종교에서도 사람들이 강한 신의 능력을 원할수록, 또는 신에게서 갚기 어려운 은혜를 받았다는 생각이 클수록 강박적인 종교적 행위를 보이게 되는 건 아닐까?

12

신앙에서 피어난 예술

종교는 예술과 깊은 관련이 있다. 전근대 시기의 예술 중 상당수는 종교적 동기에 의한 것들이다. 오랜 시간 동안 사람들은 신의 모습을 형상화하기 위해, 신의 권능을 칭송하고 찬미하기 위해, 신을 기쁘게 하기 위해 시를 짓고, 노래하고, 악기를 연주하고, 신의 모습을 그리고, 조각하고, 건물을 지었다.

예술은 기원으로부터 시작했다고 추정된다. 프랑스의 라스코 동굴이나 스페인 알타미라 동굴에는 생동감 넘치는 동물들이 그려져 있다. 수만 년 전 구석기시대 그림으로 추정되는 벽화에는 풍족한 사냥감을 기원하는 고대인들의 바람이 담겨 있다. 빌렌

라스코 동굴의 벽화에는 주로 말, 들소, 사슴 같은 동물들이 생동감 있게 묘사되어 있다. 이 동물 그림들은 선사시대 인간들의 사냥과 관련된 의식적 의미를 담고 있다고 추정된다.

도르프의 비너스로 대표되는 고대 여신상들 역시 생산과 풍요를 상징한다.

존재하지 않는 것을 떠올릴 수 있는 인간의 상상력은 오래지 않아 신과 신의 세계로 향했다. 처음은 신에게 제물을 바치기 위한 제단과 신전 건축이었을 것이다. 신전을 장식하기 위한 그림과 조각 그리고 제의를 장엄하게 만들 노래와 무용이 뒤따랐을 것이다. 서양 음악의 대표적 특징인 화음harmony은 중세시대에 거대해지는 교회 내부의 빈 공간을 채우기 위해서 고안되었다. 문명이 발달하는 만큼 종교 역시 정교화되면서 예술 역시 정교화되기 시작했다.

종교적 맥락에서 예술의 목적은 첫째, 신을 실체화하는 데 있다. 천둥번개와 폭풍우 등 자연과 인간의 생로병사를 주관하는 존재를 상상한 인간은 그 존재를 형상화하기 시작했다. 신전 벽에 신과 신화의 한 장면을 그리거나 돌로 조각하거나 청동을 부어 동상을 만들었다.

예술 작품 속 신들은 평범한 인간이 아닌 이상적인 인간의 모습을 하고 있다. 보는 이들에게 감탄과 경외를 이끌어내기 위해서다. 따라서 어떤 종교의 예술을 살펴보면 그 종교에서 이상화하는 인간의 모습과 가치들을 확인할 수 있다. 부처님의 모습을 형상화하기 위한 원칙인 32상 80종호(부처님의 거룩함을 상징하는 32가지 주요 신체 특징과 부처님 외모의 아름다움을 더 세밀하게 묘사한 80가지의 작은 특징을 말한다)는 부처님의 특별함을 상징한다. 그림으로 또는 조각으로 형상화된 신들은 신의 위세를 드러내고 이를 바탕으로 해당 신에 대한 믿음을 전파하거나 사람들을 계도하는 목적으로 사용되었다.

두 번째 목적은 사회적 교류와 사회 유지를 위한 것이다. 신전등의 종교 시설은 사람들을 모으는 중심축이 된다. 예나 지금이나 거대하고 멋진 건축물과 그 안의 그림과 조각들은 훌륭한 볼거리다. 사람들은 종교 시설에서 예배만 드리는 것이 아니라 그림과 조각들을 보면서 이야기를 나누고 소식을 교환하며 사회의 결속력을 유지할 수 있었다. 음악과 춤은 일상의 피로를 잊게 하고 영혼을 정화하며 때로는 표현과 놀이의 욕구를 충족시켜준다. 이러한 이유 때문에 전근대 시기의 많은 축제들이 종교와 종교 시설을 기반으로 발달했다.

또 하나의 목적은 신도들의 기원 및 신앙심의 표현이다. 사람들은 예로부터 자신을 지켜줄 작은 신상을 만들어 지니고 다니기도 하고, 신이 복을 가져다주기를 바라면서 신의 그림이나 신의 말씀이 적힌 종이를 갖고 다니기도 했다. 이러한 일들의 규모가 커지면 예술의 규모도 커진다. 이를테면 왕실이나 귀족 가문에서 가문의 안위를 위해 신전을 건축하거나 신상을 만들어 바치는 것이다. 우리에게 친숙한, 불국사와 석굴암, 황룡사와 황룡사 9층

석굴암은 신라 경덕왕 10년(751)에 당시 대상이었던 김대성이 창건을 시작하여 혜공왕 10년(774)에 완성하였으며, 건립 당시에는 석불사라고 불렀다. 경덕왕의 재위기간(742~765) 동안 신라의 불교예술이 전성기를 이루게 되는데, 석굴암 외에도 불국사, 다보탑, 삼층석탑, 황룡사종 등 많은 문화유산들이 이때 만들어졌다. 사진출처: 국가유산청. ⓒ 한성홍

목탑, 팔만대장경 등이 이러한 이유에서 만들어진 예술품들이다.

한편 예술의 종류와 성격은 종교의 유형에 따라 조금씩 차이를 보인다. 다신교 계열 종교는 신상의 조각과 회화가 크게 발달했다. 형상화할 신들도, 신화 및 관련된 이야기들도 많기 때문이다. 그리스-로마, 인도의 수많은 신전과 조각들이 대표적 예다. 다신교적 전통이 융합된 불교 역시 수많은 전각, 불상, 회화 들을 남겼다. 목조 건축 위주라 건물이 대형화하기 어려운 동양 문화권에는 야외 종교행사가 많았고 법회가 벌어지는 장소에 걸기 위한 거대한 걸개그림(탱화)이 제작되기도 했다.

유일신 계열 종교는 기독교와 이슬람의 전통이 각각 다르다. 하나님(God/알라)은 "내 모습을 본 딴 어떤 것도 만들지 말고 섬기지 말라"고 하셨지만, 유럽에서 발달한 기독교는 제법 많은 성상과 벽화들을 만들고 섬긴 한편, 중동에서 기원한 이슬람교는 이를 철저히 지켜 신의 모습을 한 조각이나 그림을 일체 만들지 않았다. 대신 이슬람 문화권에서는 신의 섭리를 상징하는 기하학적인 문양이 발달했다.

이러한 차이는 두 종교가 기원한 시기 및 지역과 관련이 있어 보인다. 예수의 사후 초대 교회가 설립되던 시기와 지역은 기원후 1세기경의 로마 제국의 영역이었다. 다시 말해, 기독교는 다신교 신앙의 전성기 로마에서 시작된 종교라는 사실이다. 로마 시민들이 기독교를 받아들이는 과정에서 그들에게 익숙했던 신전,

이맘 모스크(Shah Mosque) 전경과 내부. 이맘 모스크의 기하학적 문양은 반복적인 타일 패턴과 복잡한 기하학적 형태로, 하나님의 무한성을 상징하며 신성한 질서와 조화를 표현한다. 이러한 디자인은 경건한 공간에서 신의 무한한 존재와 창조의 정교함을 상기시키는 역할을 한다.

신상, 벽화 등의 신앙 형태를 받아들였을 가능성이 크다. 반면, 이슬람이 발원한 7세기(AD 610년경) 중동 지역에는 그러한 문화가 주류가 아니었기 때문에 최초의 가르침에 충실할 수 있었던 것이다.

애니미즘 계열의 종교라 할 수 있는 신토는 굳이 신상을 만들어 신앙의 대상으로 하지 않는다. 신사는 속세와 구분되는 신성한 곳이고 그 안에는 다양한 신들이 모셔지지만 특별한 형태를 갖춘 신상이 존재하는 것은 아니다. 대신 800만에 이른다는 일본의 신들은 상상력의 영역에서 많은 일본의 문화컨텐츠로 표현되고 있다.

샤머니즘 계열 종교에서는 건축이나 조각보다는 회화, 음악, 무용 등이 주로 발달했다. 주류 종교였던 시기가 짧은 샤머니즘 계열 종교의 특성상 거대 건축이나 신상을 조성할 만한 후원 세력을 얻기 어려워서일 수도 있고, 샤먼의 트랜스(신내림) 상태에서의 퍼포먼스가 주가 되는 종교행위적 특성 때문일 수도 있다. 국적을 막론하고 대개의 샤먼은 가정집과 크게 구분이 안 되는 신당에 머물다가 의뢰인의 부탁을 받으면 의뢰인의 집이나 동네 공터, 산이나 강가에서 의식을 한다.

특히 한국 무속의 경우, 음악이 잘 발달되어 있는데 이는 긴 시간 지속되는 굿(열두 거리) 동안, 신들을 모셔오고[請神], 신들을 기쁘게 하고[娛神], 무당 자신이 내려오는 신을 받기 위해서는 음악이 필요하기 때문이다. 한국 무속의 무악巫樂은 복잡한 박자 체계와 다양한 가락을 갖고 있으며 여기에 얹히는 풍부한 서사와 무용 등의 행위예술적 전통이 강하다.

종교는 그 지역 및 문화에 따라 다양한 형태의 예술을 발전시켜 왔다. 예술은 인간 상상력의 산물로서 인간의 본성과 밀접한 관계가 있다. 인간의 예술적 본능 또는 욕구는 생각하는 인간(호모 사피엔스), 놀이하는 인간(호모 루덴스)처럼 인간을 인간답게 하는 또 하나의 특성이다. 인간은 종교를 통해 자연, 세계, 자신이 아닌 모든 것들과의 합일을 추구해왔다. 예술은 그 수단인지 모른다.

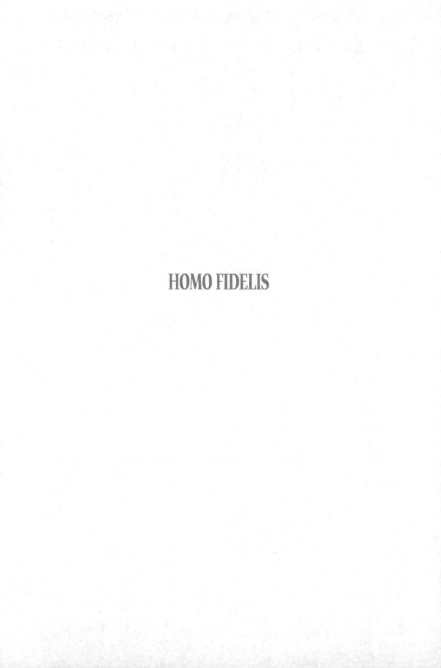

HOMO FIDELIS

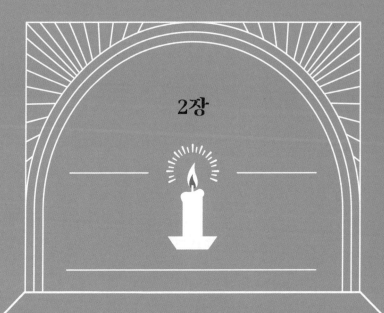

2장

한국 문화와
종교

01

전 국민이 태몽이 있는 나라

한국의 전통 종교로 알려진 무속은 매우 현세적인 종교다. 예로부터 한국인은 이 세상에서 잘살기 위한 방편으로 종교를 대해 왔으나 한국인의 마음에는 현세주의만으로는 이해할 수 없는 영적인 부분이 존재한다. 가장 두드러지는 것은 신과 연결되고 소통하려는 욕구다. 한국인들은 신과의 직접적인 소통을 원한다.

스님이나 무속인 등 종교인이 아닌 일반인 중에서도 며칠씩 산에서 기도하면서 환상을 보고 신의 음성을 듣는 이들이 많다. 이러한 경향은 전통 종교뿐만 아니라 비교적 최근에 전래된 외래 종교에서도 강하게 나타난다. 특히 개신교는 많은 사람들이 소리

높여 기도하는 통성기도와 방언 등 신비주의로 분류될 만한 영적 체험을 강조한다.

한국인의 문화적 종교성을 짐작할 수 있는 또 하나의 근거는 꿈이다. 꿈이야 다른 나라 사람들도 다 꾸지만, 한국인은 특히 꿈에 민감하다. 이를테면 우리나라 사람 대부분은 자신의 태몽을 알고 있다. 태몽이란 아이를 임신했을 때 어머니나 주변인들이 꾸는 꿈으로 태어날 아이에 대한 상징적 암시를 담고 있다. 예를 들면 동물이 품으로 뛰어들거나 열매를 따는 꿈을 꾼 뒤 아이를 가진 것을 알게 되었다는 식이다.

다른 나라에는 이러한 일이 흔치 않다. 물론 태몽에 대한 인식은 있으나 그것은 대개 전설적인 인물이나 위대한 인물의 탄생 설화에서 언급되는 정도이지 일반 사람들이 태어날 때 태몽을 꾼다는 인식은 없다. 무속 신화 〈제석본풀이〉나 〈바리데기〉 등에도 태몽에 대한 내용이 나오고, 『구운몽』 등 많은 고전소설에서도 태몽이나 꿈이 중요한 사건 및 행동의 계기로 나타나는바, 한국 문화에서 꿈과 꿈의 중요성에 대한 생각이 오래전부터 보편적이었음을 알 수 있다.

태몽뿐만이 아니다. 한국인 중에는 무속인이나 종교인이 아니어도 예지몽 내지는 미래에 일어날 일과 관련된 암시적인 꿈을 꾸는 사람들이 종종 있다. 돼지가 나오는 꿈을 꾸고 복권을 샀다거나 찜찜한 꿈을 꾼 다음 날에는 행동거지를 조심한다거나 하는 일은 주변에 흔하다. 예지몽의 과학적인 근거는 밝혀지지 않았으나 한국 문화에 꿈의 중요성에 대한 신념 체계가 존재한다는 것은 부정할 수 없는 사실이다.

꿈이란 잠자는 동안에 생시처럼 여러 가지 사물을 보고 듣는 체험을 하는 정신 현상이다. 꿈은 렘 수면 단계에서 나타나며 깨어 있을 때의 경험을 정리하는 기능을 한다고 알려져 있다. 생물심리학의 활성화–종합 가설Activation-Synthesis Hypothesis에 따르면 꿈은 뇌가 무작위적으로 만들어낸 이미지들이 종합된 것으로 신의 존재나 영계 등과는 전혀 관련이 없는 생물학적 작용일 뿐이다.

그러나 예로부터 사람들은 꿈과 꿈에서 나타나는 이미지에 많은 의미를 부여해왔다. 아득한 옛날 우리의 선조들은 꿈에서 낮에 죽인 동물이나 이미 죽은 사람들을 보고 영혼의 존재와 영혼의 세계를 떠올렸다. 또한 꿈은 종교와 관련이 깊다. 무함마드 등 주요 종교의 창시자들이 꿈에서 신의 계시를 들었으며 중요 인물의 꿈으로 인해 역사적인 전환이 일어난 경우도 많다.

꿈은 실제로 사람들에게 어떤 영감을 제공한다. 화학자 케쿨레는 꿈에서 꼬리를 물고 있는 뱀을 보고 벤젠의 분자구조를 밝혀냈고, 비틀즈의 폴 매카트니는 꿈속에서 들은 멜로디를 바탕으로 〈예스터데이〉를 작곡했으며, 제임스 캐머런 감독은 불 속에서 다가오는 금속 해골의 꿈을 꾸고 〈터미네이터〉를 구상했다.

프로이트는 꿈이 무의식을 반영한다고 생각했다. 프로이트의

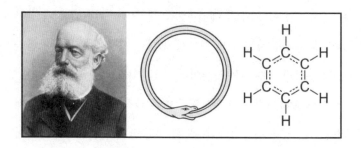

케쿨레는 벤젠 분자의 구조를 생각하던 중, 꿈에서 자신의 꼬리를 무는 뱀(우로보로스, Ouroboros)을 보게 되었고, 이를 통해 벤젠의 고리형 구조를 착안했다. 이 일화는 과학적 발견에 있어 상상력과 직관의 중요성을 보여주는 사례로 널리 알려져 있다. 우로보로스는 고대 신화와 철학에서 자기 꼬리를 물고 있는 뱀 또는 용의 형상을 말한다.

관점에서 무의식이란 영유아기부터 억압된 욕구들이 자리한 곳이다. 현실에서 충족될 수 없는 욕구들은 억압되어 무의식으로 들어가는데, 잠잘 때는 이성의 작용이 약해지면서 억압이 풀리고 무의식에 잠재되어 있던 욕구들이 떠오른다는 것이다. 그러나 무의식은 있는 그대로 모습을 드러내기보다는 오랜 억압의 결과 변형되고 왜곡된 이미지로 나타난다. 프로이트는 꿈에서 나타나는 이러한 요소들을 분석함으로써 인간의 무의식을 이해할 수 있다고 주장했다.

융은 꿈을 집단무의식의 발현이라는 관점에서 이해했다. 프로이트는 욕구의 억압이라는 측면에서 개인의 무의식을 다루었으나, 융은 무의식에는 오래전부터 세대를 거쳐 전해져오는 집단무의식이 존재한다고 보았다. 융이 집단무의식에 대한 견해를 발전시키게 된 계기는 어머니의 영향이 크다. 융의 외할머니와 어머니는 영매였는데 어릴 적부터 영적 존재 및 영계와의 소통을 지켜본 융은 개인적 경험을 초월하는 집단무의식의 존재를 가정할수밖에 없었던 것이다.

융에 따르면 꿈에 나타나는 이미지들은 집단무의식의 상징들이다. 원형元型, archetype이라고 하는 이 상징들은 고대의 신화와 전설로부터 전해지는 이미지들이다. 융은 남성의 여성성을 상징하는 아니마anima와 여성의 남성성을 의미하는 아니무스animus, 이성적 지혜를 상징하는 현자wise old man와 생명의 원리를 상징하는 대모 mother-goodness 등 여러 사례를 통해 원형을 설명한다. 개인의 무의식 깊은 곳에 자리 잡은 '자기the selbst' 또한 이러한 원형의 하나다.

원형은 꿈을 통해 상징적인 이미지로 나타난다. 예를 들어 '늙은 현자'의 이미지는 높고 날카로운 산봉우리나 거대한 나무 등이고, '대모'의 이미지는 깊고 포근하게 둘러싸인 골짜기, 고요하고 신비로운 숲, 깊숙하고 거대한 동굴 등이다. 이러한 상징은 인류보편적인 것도 있고 문화권에 따라 다르게 나타나는 것도 있다.

돼지가 나오는 꿈이 횡재수를 의미하거나 꿈에서 똥을 보면 돈이 들어온다는 속설은 우리의 집단무의식과 관련되어 있을 것이

카를 융의 원형 개념은 인간의 집단 무의식 속에 있는 보편적인 상징들을 나타내며, 꿈이나 신화 속에서 상징적으로 표현된다. 거대한 나무는 이러한 원형의 상징 중 하나로, 깊은 뿌리는 무의식의 세계를, 가지는 지혜와 집단 무의식과의 연결을 상징한다.

다. 태몽에서 동물, 물건, 열매의 색깔이 붉은색 계열이면 아들, 푸른색 계열이면 딸을 의미한다고 하는데, 이는 남자를 양, 여자를 음으로 보는 음양오행설에서 비롯된 상징이다. 참고로, 나의 태몽은 붉은 보석이고 아내의 태몽은 초록빛 뱀이었다고 한다.

따라서 한국인이 꾸는 꿈에는 한국의 역사와 문화에서 기원한 한국인의 집단무의식이 반영되어 있다고 보아야 할 것이다. 집단

무의식이란 이성과 논리로 설명할 수 없는 인간 경험의 총체다. 그리고 그것은 해당 문화 사람들에게 공유된 상징과 이미지로 드러난다. 한국인이 태몽을 비롯한 꿈에 민감하다는 것은 한국인의 마음이 인간 심리의 심층적인 영역에 가깝다는 것을 의미할 수 있다.

융은 '자기'가 신의 원형이라 주장했다. 융에 따르면 신을 그리며 신을 닮아가기를 원하는 종교는 결국 진정한 나를 찾아가는 여정이다. 문화심리학의 관점에서 볼 때 종교의 모습이 서로 다른 것은 서로 다른 지역에서 서로 다른 문화를 발전시켜온 사람들이 각자 다른 모습으로 '자기'를 형성했기 때문일 것이다.

02

고인돌은 왜 한국에 많을까

한국에 분포하는 고인돌은 약 3만 기로 전 세계 고인돌의 50%가 넘는 숫자다. 알다시피 한반도의 면적은 그리 크지 않다. 그럼에도 이 지역에서 발견되는 고인돌이 세계 고인돌의 반이 넘는다. 이는 과연 우연일까?

고인돌은 청동기시대 유력 부족장의 무덤으로 알려져 있다. 왜 '유력'이란 말이 붙느냐 하면 고인돌의 건설에는 많은 인력이 필요하기 때문이다. 전라북도 고창에는 덮개돌의 무게가 300t에 달하는 고인돌이 있다. 300t의 돌을 운반하기 위해서는 그만큼 많은 사람의 힘이 필요했다고 추정할 수 있다. 따라서 많은 사람

 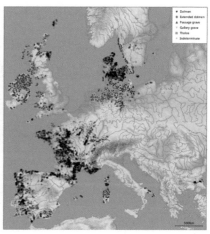

한국의 고인돌 분포도.

그림출처: 세계유산 화순고인돌유적

유럽의 고인돌 분포도.

ⓒ Johannes Müller, Clemens Kruckenberg, Ralph Großmann, Julia Luckner

을 동원할 수 있는 권력이 있는 이들(부족장, 군왕)만이 고인돌을 세울 수 있었을 것이다. 실제로 고인돌은 청동기의 사용을 바탕으로 인구가 늘어나고 사회가 조직화되었던 청동기시대의 유적이다. 그 증거로 고인돌 아래에서 군왕의 권력을 상징하는 검, 거울, 방울 등의 청동기들이 발견었다.

더욱 흥미로운 것은 이 고인돌의 개수다. 전 세계 고인돌의 50~60%가 한국에 있는데 그렇다면 이 말은 한국에 그 많은 고인돌을 세울 만한 세력들이 존재했다는 뜻일까? 청동기시대 한반도에는 그렇게나 많은 정치 집단이 있었던 것일까?

그럴 가능성도 없지는 않다. 고대 한반도가 세계 문명의 중심이 었고 수많은 사람이 모여 살았으며 이들이 전 세계로 퍼져나가 고인돌 문화를 전파했을 수도 있다. 한반도가 지금은 비교적 좁은 땅이지만 해안선이 지금과는 달랐던 1만 년 전에는 중국과 한반도 사이, 지금 황해가 있는 곳에 거대한 육지가 있었고 그곳에 우리가 모르는 거대한 문명이 존재했었는지도 모른다. 실제로 그런 주장도 있고 그렇게 믿는 이들도 많지만, 학계에서는 별로 받아들여지지 않고 있다. 실질적인 증거가 없기 때문이다. 따라서 다른 이유를 생각해볼 필요가 있다. 우선 한반도에 이토록 많은 고인돌이 존재한다는 것은 고대 한국인의 심성, 특히 종교성과 연관지어 생각해볼 수 있다.

적지 않은 수의 고인돌의 뚜껑돌에는 북두칠성 등의 별자리가 새겨져 있다. 이 성혈들은 고대인들이 하늘을 관측했다는 증거다. 계절에 따라 달라지는 별자리와 행성들의 움직임은 계절의 변화와 계절에 따른 기후를 알려주는 중요한 지표다. 고대인들은 별들의 움직임에 따라 변화하는 삼라만상을 보며 자연스레 신의 존재를 느끼게 되었을 것이다. 이러한 관점에서 괴베클리 테페를 비롯해서 스톤헨지와 카르나크 거석군 등 고대의 거석 문화는 종교의 탄생과 밀접한 관련이 있다.

같은 맥락에서 우리나라의 고인돌 또한 종교적 유적으로 볼 수 있다. 고인돌은 제정일치시대 제사장의 무덤이자 하늘에 제사를 지내던 곳이었다. 한반도에 고인돌이 많다는 사실은 고대 한반도에 살았던 이들이 그만큼 종교적이었다는 사실을 의미하는 것은 아닐까? 지금도 무속에는 일월성신과 북두칠성이 중요한 신들로 모셔진다.

고인돌을 종교 시설로 본다면 그 밀도와 개수를 이해할 수 있다. 종교 시설을 많이 짓는 것은 예로부터 한국의 유구한 전통이기 때문이다. 『삼국유사』에 "서라벌에 절은 하늘의 별처럼 펼쳐져 있고 탑은 기러기처럼 늘어서 있다[寺寺星張 塔塔雁行]"라는 구절이 나온다. 법흥왕 14년(AD 527) 이차돈의 순교로 불교가 국교가 된 이후로 신라에는 많은 절들이 지어졌다. 얼마나 많았길래 하늘의 별이라는 수식어가 붙었을까? 서라벌(경주)만 해도 이 정도이니 고구려, 백제 지역을 포함하면 얼마나 많은 절이 있었을지 상상할 수 있다.

이 많은 절을 누가, 왜 지은 것일까? 신라인은 집안의 안녕을 위해, 누군가를 추모하기 위해, 나라의 안위를 위해 그리고 그 외에 다양한 이유로 절을 지었다. 나라에서 세운 절도 있지만 대부분은 개인들이 개인적 목적을 위해 지어졌다. 일례로, 국보로 지정될 만큼 정교하고 아름다운 불국사와 석굴암은 신라 경덕왕 때의 재상 김대성이 개인적으로 지은 절이다. 전생의 부모를 위해 석굴암을 지었고 현생의 부모를 위해 불국사를 지었다는 이야기가 전해온다.

감은사지 석탑. 신라시대에는 불교의 번영과 함께 수많은 사찰들이 세워졌으며, 그 모습은 하늘의 별처럼 흩어져 있었다. 그중 감은사지 석탑은 신문왕이 아버지 문무왕의 염원을 기리기 위해 건립한 것으로, 문무왕이 바다의 용이 되어 외적을 막겠다는 뜻을 담고 있다. 이 석탑은 삼층 석탑 구조로, 통일신라의 석탑 양식을 잘 보여주며 당시의 건축 기술과 종교적 신념을 담고 있다. 사진출처: 국가유산청

　종교는 사람들에게 위로와 평안을, 때로는 희망과 용기를 준다. 사람들은 종교에 자신을 의탁하며 현세에서와 내세에서의 복을 기원한다. 그것이야말로 절과 탑을 지었던 사람들의 마음일 것이다.

　이러한 경향은 현대 한국에서도 발견된다. 한국에 오는 외국인들이 깜짝 놀란다는 교회 십자가의 숲이 그것이다. 다음 사진은

구글맵에서 서울 주변 교회 검색 결과.

서울 시내 교회의 분포도다.

　교회가 말 그대로 밤하늘의 별처럼, 날아가는 기러기 떼처럼 펼쳐져 있다. 서라벌의 절에 대한 『삼국유사』의 묘사가 결코 과장이 아님을 알 수 있다. 기독교가 한국에 전파된 이후로, 한국인은 평화와 안식, 희망과 용기는 물론 현세와 내세의 복을 위해 교회를 지었다. 한국 기독교가 매우 빠르게 성장했던 1990년대와 2000년대 초반, 한국 교회의 수는 8만 개를 넘었고 세계에서 가장 큰 교회는 물론 세계 10대 교회 중 7개가 한국에 있었다(서울 여의도순복음교회는 세계에서 가장 큰 교회로 알려져 있다).

　한국에 교회만 많은 것도 아니다. 큰길에서 골목 하나만 들어가

한국에 십자가 모양이 많은 현상은 기독교의 급속한 확산과 교회의 눈에 띄는 상징성 때문이다. 한국 전역의 교회들이 경쟁적으로 십자가를 높이 설치해 신앙의 존재감을 강조하고자 했다. 특히 도시의 스카이라인에서 붉은 네온 십자가는 기독교의 강한 영향력을 상징한다.

면 무당집들이 즐비하다. 현재 한국 무속인의 수는 80만 명에 이른다. 이들 중 반 만 신당이 있다고 해도 한국에는 40만 개의 신당이 있는 셈이다. 신라와 현대 한국뿐만이 아니다. 불교국가였던 고려의 절들이야 언급할 필요가 없을 정도이고 유교가 국시였던 조선에서조차 서원書院이 그만큼 많았다. 서원은 선비들이 학문을 논하던 곳이지만 유교의 성현들과 이름난 석학들을 모시고 제사를 지내는 등 엄연한 종교 시설이기도 했다. 조선 말에 흥선대원군이 철폐한 서원만 600개가 넘었다고 하니 얼마나 많았을지 짐작할 수 있다.

이러한 종교 시설의 밀집으로 알 수 있는 한국인의 심성은 무엇일까? 신앙심만으로 이해하기에는 부족하다. 한국 문화는 꽤 세속적인 측면이 있기 때문이다. 오히려 종교를 통해 성취하고자 하는 욕망이 보다 한국적인 속성이다. 한국인에게는 어떠한 욕망이 있고 종교는 그 욕망을 성취하기 위한 수단이었을지 모른다. 그 욕망을 이해하는 것이 한국의 종교 현상을 이해하는 지름길

일 것이다.

또한 문화심리학적 관점에서, 이런 현상은 한국인의 과시욕이나 경쟁심과도 관련 있어 보인다. 한국인들은 자신이 다른 사람들에게 영향력을 미치고 싶어 하는 주체성 자기subjective self가 우세한데, 이런 성향이 경쟁적인 고인돌(절, 서원, 교회) 건설을 불러오지 않았을까 하는 것이다.

"이웃 마을에서 100t짜리 고인돌을 세웠다고? 질 수 없지! 우리는 200t짜리를 세운다!"

비교에 민감하고 자기현시적인 한국인의 심리적 특성은 하루이틀 만에 만들어진 것이 아닌 듯하다.

03

신은 왜 내려오는가

한국 종교 현상의 가장 심층에 깔린 전제는 신이 인간 세상에 내려온다는 생각이다. 이러한 생각은 민족의 기원을 설명하는 단군신화에서부터 발견된다. 국조 단군은 환웅의 아들이다. 환웅은 천제 환인桓因의 아들인데 예전부터 인간 세상에 관심을 가지고 다스리고자 하였다. 환인이 아들의 뜻을 알고 천부인 3개를 주어 세상에 내려보내 인간 세상을 다스리도록 했다. 이에 환웅이 무리 3,000명을 이끌고 태백산 꼭대기에 있는 신단수 아래로 내려와 세상을 다스리고 사람들을 교화했다[在世理化].

하늘에 있는 신이 인간 세상으로 내려와 나라를 세운다는 이야기 구조는 고구려의 시조 주몽과 신라의 시조 박혁거세 등 고대 왕국의 시조 설화에 공통적으로 나타난다. 하지만 왕이 신의 후손이라는 내용의 시조 설화는 왕의 신성함과 권위를 돋보이도록 하기 위한 목적으로 우리나라에만 국한된 일은 아니다.

중요한 점은 신이 인간 세상에 내려온 목적에 있다. 환웅은 천제의 아들이었지만 사람들이 사는 것을 내려다보며 그들과 함께 살기를 원했다. 신으로서 하늘에서도 할 일이 많았을 텐데 굳이 아래 인간 세상으로 내려온 이유는 널리 인간을 이롭게 하기 위해서다[弘益人間]. 즉, 인간에게 도움이 되기 위해서 신이 내려왔다는 것이다.

이러한 인간중심적인 사고는 건국 신화뿐만 아니라 한국의 변신 설화에서도 발견된다. 한국의 변신 이야기들은 동물이 인간으로 변신하는 내용이 많은데, 동물들은 하나같이 '인간을 동경'하여 인간과 함께 살고자 인간이 되려 한다. 단군의 어머니가 된 웅녀부터가 그러하다. 그 외에도 『삼국유사』에 나오는 「김현감호」의 호랑이, 전래동화나 전설의 고향에서 많이 들어 봤을 우렁각시, 지네여인, 구미호, 손톱 먹은 쥐 등이 있다.

세부적인 전개나 결론은 조금씩 다르지만 이 이야기들에서 공통적으로 나타나는 것이 바로 '인간이 되고자 하는 욕망'이다. 사람과 가까이 살면서 사람들이 사는 모습을 봐온 동물들은 사람들이 부러웠고 그래서 사람이 되고 싶어 했다는 것이다. 사람 사는 게 거기서 거기일 텐데 그들은 왜 그렇게도 사람이 되고 싶었을까?

한국의 변신 이야기의 중요한 특징 또 하나는 변신한 존재는 사람을 해치지 않는다는 점이다. 물론 은혜 갚은 까치의 구렁이처럼 복수를 목적으로 한 변신도 있고 여우 누이처럼 본래 식성을 이기지 못한 경우도 있지만, 옛이야기에서 변신한 동물들은 기본적으로 사람을 해치지 않는다.

사랑하는 김현을 위해 자신의 목숨을 내어준 호랑이 처녀나 남편의 조급함과 배신에도 끝내 남편을 해치지 않은 구미호와 지네여인이 그렇다. 손톱을 먹고 사람이 된 쥐 역시 겉모습은 훔쳤을지언정 사람을 해치려는 의도는 크게 드러나지 않는다. 남편의

『삼국유사(신연활자본)』.「김현감호」는 신라의 김현이 사찰에서 기도 중 호랑이로 변신한 여인을 만나 인연을 맺고, 그녀가 자신을 희생해 그가 공을 세울 수 있도록 돕는 이야기다. 김현은 호랑이를 처치한 후 벼슬에 오르고, 그 은혜를 갚기 위해 사찰을 세워 그녀를 기렸다. 이 설화는 불교적 가치와 희생정신을 담고 있다. 사진출처: 국립중앙박물관.

복수를 하려던 구렁이도 약속은 약속이라며 선비를 풀어주지 않았던가?

한편 '사람이 아닌 존재가 사람을 사랑하여 사람의 모습으로 사람 세상에 산다'는 전통 변신물의 코드는 현대 한국의 문화콘텐츠에서도 반복된다. 드라마 〈별에서 온 그대〉나 〈도깨비〉가 대표적이다. 외계인이지만 사람의 모습으로 수백 년을 살면서 만난 한 여자를 사랑하는 '도민준'과 산 자도 죽은 자도 아니지만 사람들 틈에서 수백 년을 살아왔고 한 여자를 사랑하는 '김신'. 이 드라마들의 이야기 구조는 지금까지 살펴본 옛이야기들과 본질적으로 동일하다. 즉, 한국에서 변신의 의미란 '사람이 되고 싶다', '세상에 살고 싶다'는 욕망과 관계 있다는 것이다.

사람들이 만들어낸 모든 이야기에는 욕망이 배어 있다. 인간이 아닌 존재들이 사람이 되기를 간절히 원했다는 것은, 사람으로 사는 일이 그만큼 좋다는 생각이 있기에 가능한 생각이다. 자신이 사는 곳을 '헬조선'이라 부르며 매일을 지옥에서 살아가는 현대 한국인들은 조금 생소할 수 있지만, 한국인은 전통적으로 사람들과 사람 사는 세상에 대해 매우 긍정적인 생각을 갖고 있었다. 이른바 '개똥밭에 굴러도 이승이 좋다'는 것이 그것이다.

예로부터 한국인의 욕망은 이승, 즉 현세現世에 있었다. 한국 문화의 중요한 특징으로 꼽히는 '현세주의現世主義'는 오래전부터 한국인의 삶과 마음에 영향을 끼쳐온 무속에서 기인한다고 여겨진다. 환웅과 웅녀의 아들 단군은 제사장 겸 군왕으로 우리나라 무당의 시조라고도 일컬어지는 분이다. 널리 인간을 이롭게 하겠다는 단군의 이념처럼 한국의 종교는 전통적으로 인간의 문제를 직접적으로 다뤄왔다.

이 점에서 한국 무속과 북방 샤머니즘의 중요한 차이가 나타난다. 인간의 문제를 보다 직접적으로 다루길 원했던 한국인은 신을 '불러내렸'던 것이다. 샤먼(무당)이 천계로 올라가 신과 만나는 시베리아 샤먼과는 달리 한국의 무당은 하늘의 신을 인간 세상으로 '불러온다'. 굿의 중요한 절차인 청신請神은 굿이 벌어질 장소를 정화하고 신에게 굿을 한다는 사실을 고하는 한편, 의뢰인의 문제를 해결해줄 신을 정성을 다해 모셔오는 의식이다.

무당은 신을 부르는 부채와 방울을 흔들며 펄쩍펄쩍 뛰는 도무跳舞를 춘다. 신이 내리면 날카로운 칼로 목을 찌르거나 살에 대고 문지른다. 신의 능력을 보여주기 위해서다. 신의 신통력은 무당이 작두에 오름으로써 만천하에 펼쳐진다.

샤먼이 망아경으로 인해 신을 만나는 것은 주변 사람들은 알 수 없는 샤먼 개인의 경험이다. 한국에서 무당이 직접 신을 받는 강신무의 전통이 발달한 이유는, 한국인은 나를 도와 내 문제를 해결해줄 신이 내가 있는 곳으로 직접 내려오는 것을 보기 원했기 때문이다. 사람들은 시퍼렇게 날이 선 작두 위에 선 무당을 보며 신의 존재를 체감한다. '신이 실제로 내려오셨구나. 이제 내 문제

가 해결되겠구나.'

　이러한 강신의 과정에서 신과 인간의 관계에 대한 인식도 살펴볼 수 있다. 한국인의 심성에서 신은 인간이 '부르면 오고' '해달라면 해주는' 존재다. 물론 신을 모시기 위해서는 전문가(무당)와 많은 준비가 필요하긴 하지만 신은 분명히 오시며, 오시면 분명히 내 부탁을 들어주신다. 물론 이때도 쉽게 들어주시지는 않지만, 최선을 다해 정성精誠으로 모신다면 신이 인간의 부탁을 거절하는 일은 결코 없을 것이다.

〈작두신령도(斫刀神靈圖)〉 또는 <작두장군도(斫刀將軍圖)> 사진출처: 국립민속박물관.

　따라서 한국인의 종교 행위는 신을 감동시키는 것에 초점이 맞추어진다. 정성이 극에 달하면 하늘도 감동하기 마련이다(지성이면 감천이다). 철야예배, 금식기도, 산기도, 비싼 굿, 헌금, 절과 교회의 건축…. 때로는 경쟁적으로 보이기까지 하는 한국인의 신심信心은 '이렇게까지 하는데 날 외면하시겠어?'라는 마음에서 비롯된다.

04

한국의 모신 신앙과 기도하는 어머니

 우리는 '신'이라고 하면 왠지 남자의 모습을 한 신을 떠올리지만, 사람의 모습을 한 인격신이 등장한 이래 최초로 섬겨지던 신은 여신이었다. 여신은 대지와 어머니의 생산성을 상징한다. 모신 신앙이 등장한 것은 인류가 모계 중심 사회였을 때의 일로 추정된다. 미국의 인류학자 루이스 모건Lewis Morgan에 따르면 인류는 원시 난혼 단계에서 모계 사회로, 모계 사회에서 부계 사회로 발전해왔다.

 정해진 배우자 없이 성관계를 맺고 아이를 낳던 시기를 지나, 아직 구체적인 결혼 제도는 성립하지 않았지만 아이를 낳는 쪽

은 여성이었기에 구석기 말기의 어느 시기에는 모계를 중심으로
하는 사회가 형성되었을 것이다. 이후 농업이 본격화되고 전쟁이
많아지면서 남성의 역할이 강조되는 부계로 중심이 옮겨갔으리
라는 주장이다.

3만 년 전의 작품으로 추정되는 조각상 〈빌렌도르프의 비너스〉
는 이러한 고대 모신 신앙의 근거라 할 수 있다. 풍요와 생산이라
는 여성의 능력 때문인지 모신 신앙은 가부장적 사회 질서가 등
장한 뒤에도 꽤 오랫동안 그 자취를 남겼다. 『신통기』로 그리스
신들의 계보를 정리한 고대 그리스의 시인 헤시오도스는 제우스
를 중심으로 하는 남성 신 위주의 세계를 그리고 있지만 대지의
여신 가이아를 최초의 신으로 서술하고 있다.

그리스 문명권에서 발견되는 신상으로 추정되는 인물상 중에는
여성이 압도적으로 많다. 가장 유명한 여신 중 하나인 아르테미
스는 24개의 유방을 가진 것으로 묘사되기도 한다. 성경에 나오
는 에베소(Ephesus, 에페소스)의 아데미 신전이 바로 아르테미스
여신을 섬기던 곳이다.

모신 신앙은 남성 중심의 가부장적 질서가 나타나며 점차 잊혀
갔다. 유대교를 비롯한 유일신 계열의 종교에서 신은 남성의 모
습으로 나타나며, 조로아스터를 비롯해 예수, 부처, 무함마드 등
주요 종교의 창시자와 중요한 예언자들 역시 모두 남성이다. 하지
만 남성 중심의 종교에서도 모신 신앙의 흔적이 존재한다.

에베소의 아르테미스. 그리스와 로마시
대의 대표적 조각 중 하나로, 다산과 풍
요의 여신 아르테미스를 표현한다. 이
작품에서 아르테미스는 다산을 상징하
는 다수의 가슴(또는 황소의 음낭)으로
묘사되었으며, 사슴과 사자 등의 동물
장식으로 둘러싸여 있다. 이는 생명의
창조와 양육을 담당하는 모성적 신성을
강조한다.

　가톨릭의 성모 마리아가 대표적이며, 불교의 관세음보살 역
시 여성의 모습으로 그려진다. 이들은 남성 중심의 종교 체계에
서 결핍된 여성성의 균형을 맞추기 위한 존재로 민초들에게 널
리 신앙되었다. 예로부터 엄부자모嚴父慈母라고 하여, 엄격한 아버
지와 자애로운 어머니 이미지는 자녀의 균형 있는 양육을 위한
역할 분담의 결과였던 것처럼. 특히 미켈란젤로의 〈피에타〉에서
묘사된 것처럼 아들의 죽음을 슬퍼하는 성모 마리아나 김홍도의
〈남해관음〉에 그려진 선재동자를 데리고 있는 관세음보살은 어
머니의 모습 그 자체다.

힌두교의 여신 칼리Kāli와 도교의 서왕모西王母도 비슷한 역할을 했을 것으로 추정된다. 하지만 이 경우는 어머니의 자애로움보다는 남성성과 대등한 여성성의 상징으로 볼 수 있다. 심판과 전쟁의 여신 칼리는 창조(브라마)와 유지(비슈누), 파괴와 재창조(시바)에 영향을 미치는 '시간'을 의미하며, 서왕모는 도교적 세계관에서 옥황상제에 버금가는 존재로 그려진다.

그렇다면 한국의 경우는 어떨까? 한국 역시 청동기시대 이후로는 단군으로 대표되는 남성 신의 모습이 두드러지지만 모신 신앙의 전통 또한 만만치 않다. 오히려 가부장 제도의 정착 이후 남성 신들에게 종속되거나 남성성의 균형을 맞추기 위한 보조적인 역할이 강조되는 타 문화권의 여신보다 더욱 주체적인 모습이 발견된다.

대표적인 여신이 마고할미다. 마고할미는 신라 눌지왕 때 박제상이 쓴 『부도지』라는 책에 언급된 창세신, 즉 세상을 창조한 신으로 엄청

미켈란젤로, 〈피에타〉, 1498~1499. 어머니 성모 마리아는 깊은 슬픔과 평온함이 공존하는 표정으로 죽은 예수를 안고 있다. 그녀의 넓은 옷자락은 보호와 위로의 상징으로, 어머니의 희생적 사랑을 표현한다.

난 크기의 거인으로 묘사된다. 곳곳에 전해져오는 설화에 따르면, 마고할미는 하늘도 땅도 없는 혼돈의 세계에서 하늘을 밀어 하늘과 땅으로 나누고 땅을 긁어모아 산을 만들었으며 오줌을 누어 강을 만들었다. 비슷한 종류로 제주 설문대할망과 지리산 노고할미, 전북 부안 수성당의 개양할미 이야기 등이 있다. 이들은 모두 '산을 베고 자거나 바다를 건너다녀도 속옷이 젖지 않을 만큼' 거대한 몸집을 가진 거인으로 묘사되는 여신들이다.

이러한 여신들은 고대 모계사회의 흔적으로 추정된다. 여신들의 거대한 크기와 강력한 힘에서 당대 여성들의 지위와 권력을 짐작할 수 있다. 세계에 많은 창세신화들이 있으나 여신이 세상을 만든 사례는 흔치 않다는 점에서 고대 한국의 여성성을 짐작할 수 있다.

한국의 모신 신앙은 고조선이 등장하는 청동기시대 무렵부터 약화되는 것으로 보인다. 평양 구빈 마을에는 이와 관련해 흥미로운 전설이 전해져온다. 어느 날, 단군이 거느리는 박달족이 마고할미가 족장인 마고족을 공격했다. 싸움에서 진 마고할미는 단군이 자신의 부족에게 너무도 잘해주는 것을 보고 단군에게 진심으로 복종하지 않을 수 없었다. 단군은 투항한 마고할미와 그 아래 아홉 장수를 귀한 손님으로 맞아 극진히 대접했다. 아홉 손님을 맞아 대접한 곳이 구빈九賓 마을이라는 것이다. 이 이야기는 여성 부족장이 다스리던 집단들이 단군으로 대표되는 남성 중심의 사회로 편입되는 과정을 보여준다.

하지만 이후에도 모신 신앙이 완전히 사라진 것은 아니며 특히 토지신(산신)의 지위는 계속해서 유지됐던 것으로 추측된다. 산 이름 중에 노고산, 마고산, 대모산, 대고산, 할미산 등이 여신 숭배와 관련된 곳으로 추정되며, 노고단, 마고산성, 할미산성 등의 유적들과 노고당, 할미당 등의 이름이 붙은 신당들도 그러하다.

한국에는 고대 창세신과 산신 신앙 외에도 다양한 여신들이 존재한다. 아이를 점지하고 출산을 관장하는 삼신할매, 2월의 계절풍을 상징하며 풍농과 풍어를 주관하는 영등할매, 부엌과 불씨를 담당하는 조왕신(조왕각시), 뒷간에 있는 측신(측신각시) 등이 그들이다. 풍농과 풍어를 책임지는 자연신 영등할매도 그렇지만 임신과 출산, 음식과 배설 등 인간의 삶에 매우 중요한 부분을 여신이 담당한 셈이다.

마지막으로 한국의 여신 중 빼놓을 수 없는 이가 무조巫祖 바리데기다. 바리데기는 죽은 사람을 저승으로 보내는 망자천도굿(진오귀굿, 씻김굿, 오구굿)에서 불리는 무가巫歌의 주인공으로, 어려서 부모에게 버림을 받았으나 죽은 부모를 살리고자 모진 고초를 겪으며 저승에 다녀와 신이 된 인물이다. 죽은 이를 저승으로 인도하는 일을 맡았기 때문에 무당들의 조상으로 여겨지기도 한다.

바리데기 신화는 내용 자체도 주체적으로 운명을 개척하는 강인한 여성성을 보여주고 있으며, 태어나면 누구나 겪을 수밖에

작자 미상, 〈바리공주 민화〉, 조선시대.
그림출처: 영월민화박물관.

없는 죽음의 길을 인도한다는 측면에서 과거 한국 문화에서의 여성에 대한 인식을 읽을 수 있다.

이뿐만이 아니다. 대부분의 종교에서는 사제들이 남성인데 한국의 무당은 대부분 여성이며, 신앙 활동 면에서 여성들의 영향력 또한 강하다. 유교가 지배했던 조선시대에도 여성들은 절과 무당을 꾸준히 찾았으며 새벽에 정화수를 떠놓고 기도를 올렸다. 이러한 모습은 수능날 시험장 앞에서 기도하는 어머니들처럼 현대사회에 접어든 지금도 이어지고 있다.

한국인은 삼신할매의 점지로 태어나 어머니의 사랑과 기도를 받으며 자라 바리데기의 손에 이끌려 저승으로 향하는 여정을 따라간다 해도 과언이 아닐 것이다.

05

종교 갈등이 '거의' 없는 나라

한국의 종교 현상 중 가장 특이한 점은 종교 간의 관계다. 일부 성직자와 신도 간의 갈등이 있기는 하나 한국에는 종교 갈등이 놀랄 만큼 적다. 크리스마스에 절에서 성탄 법회가 열리고 부처님 오신 날에는 신부님이 축사를 하는 나라다. 1,500년이 넘는 역사의 불교, 유교 국가였던 조선의 전통이 있으나 딱히 국교라 할 만한 종교가 없으며 한 종교의 세력이 다른 종교보다 특별히 강하지도 않다.

2021년에 조사된 한국의 종교별 인구 비율은 무교가 절반이 넘었고, 개신교 20%, 불교 17%, 천주교 11%, 기타 종교 2%로 나타났다. 종교인 중에서는 개신교, 불교, 천주교가 대부분을 차지하지만, 이들 종교가 다른 소수 종교를 탄압하는 일은 거의 없다. 한국 종교계를 보통 5대 종단이라 하는데 여기에는 개신교, 불교, 천주교 외에도 원불교, 천도교가 포함되며 이 외에 유교, 대종교, 무속인 들도 참여한다.

또한 종교의 자유도 높은 수준에서 보장된다. 개인 수준의 신앙 활동에는 전혀 제한이 없으며 교단의 포교도 자유롭다. 한국의 번화가에서는 전통적인 개신교의 전도 활동 외에도 미국의 모르몬교, 일본의 천리교와 창가학회, 우리나라의 증산도, 대순진리회, 통일교 등 여러 나라에서 기원한 신흥종교들의 포교 활동도 흔히 볼 수 있다.

이러한 모습은 한국의 문화콘텐츠에서도 쉽게 발견된다. 2024년 상반기 큰 화제를 모은 영화 〈파묘〉에서는 잘못 쓴 묫자리에서 비롯된 문제를 해결하기 위해 MZ세대 무당(무속)과 지관(풍수사), 개신교 장로인 장례지도사가 협업하는 모습을 보였고, 같은 감독의 전작 〈사바하〉와 〈검은 사제들〉에서도 무속인, 신부, 목사, 스님 들의 협업이 매우 자연스럽게 나타났다.

실제로 한국의 종교계는 예로부터 나라에 중요한 일이 있으면 종교와 교파를 막론하고 한데 모여 한목소리를 내왔다. 저 멀리 임진왜란 때의 승병부터 일제강점기 독립운동, 현대사의 민주화 운동 과정에서도 그러했으며, 현재에도 중요한 이슈가 있으면 5

한국 종교는 다양한 종파가 공존하며, 중요한 국가적 사건이나 위기 상황에서는 종교적 경계를 넘어 협력하고 한목소리를 내는 전통이 있다. 이러한 통합적 행동은 공동체 의식이 강한 한국 종교의 특징을 보여준다.

대 종단에서 성명을 발표하거나 합동 기도회 등으로 여론을 이끈다.

이렇듯 한국인에게는 익숙한 다종교 공존은 사실 세계적으로 몹시 드문 일이다. 역사적으로 종교를 이유로 한 수많은 전쟁과 학살, 분쟁과 차별이 있었고 지금도 세계의 어떤 곳에서는 그런 일들이 계속되고 있다. 많은 나라에서 종교의 자유가 허용된다고는 하지만 소수 종교가 주류 종교와 같은 정도의 위상과 발언권을 갖는 경우는 찾아보기 힘들다.

이러한 종교의 어울림은 한국의 종교적 심성과 문화에서 그 원인을 찾을 수 있다.

예로부터 한국인들은 '하늘을 섬기고 풍요를 비는 것'으로 요약할 수 있는 전통적인 신앙 위에 외부에서 유입된 종교들을 융합해왔다. '하늘님'은 제석님이기도 했고 천주님이기도 했으며 한울님, 하느님/하나님이기도 하다. 어차피 본질은 하나요 그 모습은 달라질 수 있는 것이니, 나의 목적만 달성할 수 있다면 신앙의 대상과 형식은 크게 중요한 사항이 아니었던 것이다.

한국인의 이러한 생각을 잘 보여주는 예로 개신교가 전래되던 시기에 있었던 흥미로운 사건이 있다. 구한말 미국에서 온 선교사가 효과적인 선교를 위해 한국의 전통 종교를 연구한 끝에 무당을 전도하기로 마음먹었다. 한국의 민중에게 가장 깊이 뿌리내린 무속의 사제들이 예수를 믿으면 자연스럽게 한국에 개신교가 전파될 것이라 생각한 것이다. 선교사는 큰 무당을 찾아가 하나님과 예수님에 대해 설명했고 무당은 크게 감복해서 이내 예수를 믿기로 했다.

크게 기뻐하며 돌아간 선교사가 얼마 후 다시 무당을 찾아갔을 때 무당은 계속해서 무업을 이어가고 있었다. 실망한 선교사가 무당에게 왜 아직도 무업을 계속하느냐고 묻자 무당은 신당에 모셔놓은 예수님 사진을 보여주며 이렇게 대답했다고 한다.

"내가 이렇게 예수님도 믿소."

만신萬神이라 할 만큼 수많은 신들을 모시는 무당의 입장에서는 힘 있고 능력 있는 신을 한 분 더 모시는 것은 일도 아니었던 것이다.

또한 종교 간 화합에는 한국인의 집단에 대한 생각이 영향을 미쳤을 것으로 보인다. 사회범주화 이론에 따르면, 사람들은 자신

1904년에 미국의 한 선교사가 촬영한 무녀의 모습. 19세기 후반부터 서구의 선교사들이 들어오면서 기독교가 전파되기 시작했고, 이들은 한국 전통 신앙을 이교적이며 미신적인 것으로 바라보았다. 선교사들은 사진 촬영을 통해 한국 사회의 전통 신앙과 생활 방식을 기록했는데, 이는 한편으로 기독교적 관점에서 미개한 문화를 보여주려는 의도도 있었다.

이 범주화하는 집단에 대해 자신의 사회적 정체성을 형성한다. 다시 말해, 내가 남자라는 범주로 나를 인식하면 여자들과의 차별점이 강조되고, 충청도 사람이라는 범주로 나를 인식하면 타지역 사람들과 나의 차이를 찾는 것이다.

자신을 특정 종교의 신자로 범주화하는 순간 그 종교의 일원으로 자신을 인식하면서 자신의 집단에 대한 편향과 외집단에 대한 부정적 인식으로 이어지기 마련이다. 하지만 한국인들은 자신이 속한 집단의 범주를 자의적으로 쉽게 바꾸는 경향이 있다. 바로 '우리'라는 범주다. 한국인의 '우리'는 '확장된 자기extended self'

로서의 성격을 갖는다. 즉, 내가 속한 집단을 자기 자신이라 인식하는 것이다. 이것이 한국의 종교인들이 종교도 종파도 다르지만 중요한 사회적 이슈에 한목소리를 내는 이유다. 사회에서 일어나는 일들을 '남 일'이 아니라 '내 일'로 받아들이기 때문이다.

마지막으로 한국인의 어울림에 대한 생각을 들 수 있다. 한국인들이 생각하는 조화(어울림)는 서양의 조화harmony나 일본의 와わ, 和 개념과는 다르다. 'Harmony'는 서양음악의 화음처럼 각자의 개성을 가진 개인들이 어떤 목표를 위해 일시적으로 정해진 역할에 따르는 데서 나타난다. 따라서 화음에 개별적 악기의 자율성이 허용되지 않듯, 집단이 조화를 이루려면 개인은 자신의 표현을 통제해야 할 필요가 있다. 결국 멸사봉공滅私奉公의 가치로 이어지는 일본의 '와'도 마찬가지다.

하지만 한국의 어울림은 개인의 표현을 인정하는 조화다. 화음이 없이 악기의 개별적 연주가 어우러지는 한국의 음악, 강렬한 보색으로 이루어져 있지만 전체적인 조화를 만들어내는 단청이나 한복의 색감에서 한국식 어울림의 의미를 짐작할 수 있다.

한국인은 자기주장이 강하다. 아무리 미약한 개인이나 소수여도 자신의 목소리를 내려고 한다. 때로는 이러한 모습이 혼란스럽고 갈등이 끊이지 않는 것처럼 비칠 때도 있지만, 이는 모두가 자신의 목소리를 내고자 하고 힘없다고 무시당하기 싫은 한국인이 만들어낸 현상이다. 그러면서도 집단의 조화와 협력을 중요한 가치로 여기기 때문에 갈등을 줄이기 위해 노력한다.

　서로 다른 종교, 종파, 종단이 어우러진 한국의 종교계는 갈등과 혼란으로 점철된 이 다양성의 시대에서 어쩌면 우리가 추구해야 할 공존, 즉 함께 사는 세상의 모델이 되어줄는지 모른다.

06

기독교와 한국 문화

모든 외래 사상은 전래된 지역의 문화에 따라 변형된다. 해당 지역의 사람들이 바라는 것, 더 중요하게 생각하는 것 등이 영향을 미치기 때문이다. 외래 문화가 토착 문화와 만나 새로운 모습을 갖게 되는 현상을 전문용어로 습합習合, syncretism, 종교학에서는 종교혼합주의라 한다.

세계의 종교 중에는 이러한 습합 과정에서 기존의 여러 종교가 결합하여 만들어진 종교도 있다. 3세기경 이란의 마니가 창시한 마니교는 기독교, 조로아스터교, 불교가 혼합되어 있으며, 시크교는 16세기 무굴 제국의 구루 나나크가 이슬람교와 힌두교의 요소를 혼합하여 창시한 종교다.

우리에게 친숙한 종교도 그 종교가 처음 만들어질 때의 모습을 그대로 갖고 있는 것은 아니다. 유대교에 뿌리를 둔 기독교는 로마 제국의 국교가 되면서 유럽의 전통적인 문화와 융합하여 지금 우리가 알고 있는 모습(가톨릭)이 되었다. 성경 어디에도 성상을 만들라거나 신 아닌 사람들을 성인으로 섬기라는 말씀 같은 건 없다. 하지만 유럽의 가톨릭 국가들에는 수많은 성인聖人의 조각과 그림이 제작되었다.

멕시코의 산타 무에르테Santa Muerte처럼 외래 종교가 토착 신앙과 습합하여 아예 다른 신앙으로 변화한 경우도 있다. 죽음의 성녀 산타 무에르테는 가톨릭의 성모 마리아와 아즈텍인의 죽음에 대한 인식이 결합한 사례.

우리나라에 전래된 종교들도 전통의 사상 및 종교와 습합되는 양상을 보여왔다. 한국의 절에 있는 산신각山神閣, 칠성각七星閣, 삼성각三聖閣 같은 전각들이 그 증거다. 이러한 존재들은 불교가 전래되고 오랜 시간 동안 토착화되면서 불교의 테두리 안으로 들어오게 된 것으로 보인다. 바리데기 서사 등 무속에서 여러 신들의 기원을 설명하는 '본풀이'에 등장하는 석가(세존)나 미륵도 불교와의 습합을 잘 보여준다.

구한말에서 20세기 초반에 전래된 기독교도 당연히 한국의 전통 신앙과 습합되는 양상이 나타난다. 일단 신God의 번역어인 '하느님/하나님'은 '하느님이 보우하사'라는 애국가 가사에도 나오듯이 예로부터 한국인이 사용해왔던 개념이다. 하늘은 세상 만물을 비추는 해와 삶의 주기를 조절하는 달이 있는 곳이며, 농작물들을 비롯한 모든 생명을 살리는 비를 내려준다. 사람들은 하늘의 별을 보며 천기天氣를 읽고 운명을 점쳤다. 도교의 옥황상제玉皇上帝, 단군신화의 환인 등 하늘에서 세상 만물을 주관하는 존재에 대한 믿음은 여러 문화에서 나타난다.

신께 무언가를 구하는 기도祈禱라는 행위와 용어도 전통 신앙에서 비롯되었다. 정화수를 떠놓고 빌던 우리네 어머니의 기도처럼 한국인은 예로부터 기도에 익숙하다. 명산대천에는 예부터 여러 종교인들이 기도를 드리던 기도터들이 있으며, 딱히 종교인이 아니더라도 큰일을 앞둔 이들이 산이나 절을 찾아가 기도를 드리는 일은 과거나 현재나 흔하다. 불교에서는 하안거夏安居와 동안거冬安居 기간에 백일씩 올리는 백일기도가 있고, 이외에도 수능이나 승진, 사업 성공 등을 위해 드리는 백일기도도 있다. 특히 새벽에 올리는 새벽기도나 명

교회와 절에 걸린 기도회 현수막.

산대천을 찾아가 드리는 산기도는 무당들이 예전부터 해오던 일들이다. 어떤 기독교인은 무당에게 하듯이 목사에게 '기도를 부탁'하기도 하고 어떤 교회는 절에서 그리하듯이 'OO기도 기간'을 정해놓기도 한다.

기독교의 천국과 지옥에 대한 관념도 전통 신앙의 관념과 유사하다. 천국과 지옥에 대한 이해는 습합이라기보다는 유사한 기존 개념이 있어 쉽게 받아들여질 수 있었던 요인이다. 기쁨으로 가득한 신의 세계인 천국과 어둡고 고통스러운 세계인 지옥에 대한 관념은 고대 그리스로부터 북유럽 신화, 힌두교, 불교, 기독교 등 대다수의 종교에서 나타난다. 특히 죽은 후에 염라대왕閻羅大王을 비롯한 십대왕十大王의 심판을 받아 극락과 지옥행이 나뉜다는 불교 및 무속의 전통은 최후의 심판으로 천국과 지옥에 갈 사람이 갈린다는 기독교적 내세관과 거의 일치한다.

그 외에 한국 기독교에서 전통 신앙과의 습합에서 비롯되었으리라 여겨지는 가장 두드러진 특징은 기복적祈福的 측면이다. 많은 교회와 목회자들이 신(하느님/하나님)을 '복福 주시는 분'으로 규정하고 있으며, 신도들의 기도 제목 역시 '대학 합격', '사업 성공', '승진', '득남/득녀', '병의 완쾌' 등 매우 현실적이다.

대개 신의 뜻대로 사는 자들에게 주어질 마음의 평안과 내세에서의 행복 등을 의미하는 '복'은 한국인에게 현세적인 복으로 받아들여지는 듯하다. 한국에서 복은 전통적으로 오복五福이라 하여 수(壽, 장수), 귀(貴, 지위 및 명예), 부(富, 재산), 강녕(康寧, 건강하고 평안함), 자손중다(子孫衆多, 많은 자손)를 의미한다. 이러한 문화적 배경을 가지고 있는 한국인이 기독교에서 복을 추구하는 것은 당연하다고 볼 수 있다. 실제로 성경에는 '여호와는 네게 복을 주시고 너를 지키시기 원하시며(민수기 6:24)', '…한 자에게는 복이 있나니' 등의 구절들이 있다.

복의 추구는 먼저 무속에서 그 기원을 찾을 수 있다. 무속이라는 종교의 속성이 워낙 현세중심적이며 그에 따라 기복적인 요소가 강하기 때문이다. 하지만 이는 무속만의 특성이라기보다는 한국인이 종교를 대하는 기본적인 태도로 보인다. 한국인은 예로부터 '개똥밭에 굴러도 이승이 낫다'는 현세중심적 사고가 강했다. 죽어서 내세에서 받게 될 복보다는 이생에서 오래오래 살면서 부귀영화를 누리는 것이 더 중요하다고 생각하는 것이다.

습합은 전통 문화와 새롭게 유입된 문화가 융합하는 과정이고, 서양에서 전래된 기독교 역시 한국의 전통적인 신앙과 습합하여 고유한 특색을 갖게 되었다. 외래 종교에 한국의 전통적 요소와 신앙이 혼합되는 것에 대해 비판적 시각을 가진 이들이 있으나 '순수한 원형'이 변질되었다는 식의 이해는 옳지 않다.

07

한국 기독교는 어떻게
이토록 빨리 성장했을까
— 예수와 미륵의 관계

현대사회 들어 한국 기독교(개신교와 천주교를 모두 지칭함)의 성
장은 눈부시다. 구한말 미국의 선교사에 의해 전파된 한국 기독
교는 급격히 성장하여 한때는 신도 수가 1,000만 명을 넘기도 했
다. 최근에는 신도 수가 감소 중이라고는 하지만 여전히 천만 교
인이라는 수식어를 사용하는 한국 대표 종교다. 2024년 현재 한
국의 기독교 인구 비율은 27.6%로 세계 31위이며 아시아 국가
중에서는 단연 1위다. 38위인 중국이 3.5%이고 일본의 기독교인
은 1.1%에 불과하다. 전통적인 기독교 국가들을 제외하고 한국보
다 기독교 비중이 더 높은 국가는 별로 없다.

〈아이들 가운데에 있는 그리스도〉, 샤를 앙리 미셸, 1873

1,000년 동안 불교의 나라였고 500년 동안 유교가 지배했던 나라에서 기독교는 어떻게 이렇게 빨리 성장할 수 있었을까? 유교, 불교 등 비슷한 사상적 배경을 가지고 있는 아시아 주변국들의 기독교인 비율을 보면 매우 이례적이라 할 수 있는 한국 기독교의 성장에는 분명 한국만의 문화적인 이유가 있다.

한국인에게 기독교는 유교를 대체하여 새 시대를 열어갈 새로운 사상이었고, 기독교의 신은 뿌리 깊은 무속적 전통에서 현세의 복을 실현해줄 힘 있는 신령이기도 했다. 기독교사에 유례를 찾기 힘든 한국 기독교의 성장은 한국인의 새 시대에 대한 열망과 내 삶에서 실현될 복에 대한 욕구가 그만큼 컸다는 증거이며 한국 문화에서 종교가 갖는 의미를 짐작할 수 있게 한다.

그러나 한국인이 기독교를 거부감 없이 받아들일 수 있었던 중요한 이유가 더 있다. 바로 예수의 존재다. 예수는 기독교에서 하느님의 아들이자 구세주[christ, 基督]로 받아들여지고 있다. 기독교의 교리에 따르면, 예수는 신[聖父]이 직접 인간의 모습으로 세상에 온 신의 아들[聖子]로 인간의 죄를 대신해 십자가에 못 박혀 돌아가셨다. 죽은 뒤 3일 후 부활해서 승천하셨고 세상이 끝나는 날 다시 오셔서 그를 믿는 이들에게는 영생을 약속하신 분이다.

 예수에 대한 교리와 믿음, 즉 예수를 신이자 신의 아들이며 인류를 구원할 구세주로 인정하는가의 여부는 기독교(개신교와 가톨릭)를, 같은 뿌리에서 나온 다른 종교들(이슬람교나 유대교)과 구분하는 중요한 특징이다. 그런데 이러한 예수의 이미지는 한국인에게 친숙한 어떠한 존재와 매우 유사하다. 바로 미륵彌勒이다.

 미륵은 불교에서 신앙되는 여러 부처 중 한 분이다. 우리에게 익숙한 국보 83호 금동 미륵반가사유상과 국보 78호 반가사유상, 우리나라에서 만들었을 것으로 추정되는 일본 고류지廣隆寺 목조 반가사유상도 미륵이다. 금산사, 관촉사, 범어사 등의 절에서 볼 수 있는 미륵전이라는 전각은 이 미륵불을 모신 곳이다.

 미륵신앙은 삼국시대 후반 6~7세기경에 유행했던 불교의 한 흐름이다. 미륵전이 있는 절들 또한 대체로 그즈음에 건립된 절들이다. 미륵신앙은 상당히 폭넓게 퍼져나갔다. 절이 아니라 동네 어귀나 길가에 이름 없이 서 있는 돌부처들은 거의 예외없이 미륵불이다. 미륵불은 유난히 민초들의 사랑을 많이 받았다. 백성들은 길을 걷다가 들에서 일하는 짬짬이, 길가에, 논가에 서 있는 미륵님께 소소한 소망들을 빌곤 했다. 사람들이 이토록 미륵을 사랑한 이유는 미륵의 성격에 있다.

금동미륵보살반가사유상. 사진출처: 국가유산청.

미륵은 미래불이다. 불교 경전에 따르면 미륵은 석가모니가 열반에 든 뒤 56억 7,000만 년 뒤에 이 세상에 와서 사람들을 구원한다고 했다. 그때의 세계는, 땅은 유리와 같이 평평하고 깨끗하며 꽃과 향이 뒤덮여 있고 사람들은 지혜와 위덕을 갖추고 안온함과 기쁨이 가득 찬 낙원이다.

미륵신앙이 널리 전파되던 6~7세기경은 삼국의 대립이 격화되는 과정에서 민초들의 삶이 피폐해져갔던 시기다. 사람들은 암울한 현실에서 우리를 구원할 미륵을 기다리게 된 것이다. 삼국시대 이후에도 민초들의 삶이 힘들어지면 미륵신앙이 성행했고 이를 틈타 자신이 미륵이라고 주장하는 인물들이 나타났다. 그 대표적인 인물로 후고구려를 세운 궁예와 고려 우왕 때의 이금, 조선 숙종 때의 여환 등이 있다.

우리나라 사람들은 힘들고 어려운 세상에서 우리를 구원할 구세주로서 미륵을 믿어왔다. 그렇다. 미륵은 '구세주'인 것이다. 미륵의 위상만 그런 것이 아니라 구세주라는 뜻의 메시아Messiah와 미륵은 아예 같은 말에서 나왔을 가능성이 있다. 미륵彌勒은 인도어 마이트레야Maitreya를 한자로 옮긴 말이다. 마이트레야의 어원을 따라가다 보면 미트라Mitra가 나오는데, 미트라는 인도의 힌두교, 페르시아의 조로아스터 교에서 '빛의 신(태양신, Sol Invictus)'으로 섬기던 신의 이름이다. 메시아라는 말 역시 이 미트라에서 기원했다는 설이 있다.

태양은 매일 지고 매일 떠오른다. 어둠의 세력에 힘을 잃지만 이윽고 되살아나는 것이다. 태양의 이러한 속성은 죽었다가 살아나는 '부활'과 어두운 세상을 빛으로 구원할 '구세주'라는 상징으로 연결되어 종교적 의미를 갖게 된 것이다. 예수의 탄생을 기념하는 축제 크리스마스가 12월 25일인 이유도 여기에 있다. 12월 25일은 하루 중 낮이 가장 짧고 밤이 가장 긴 동지 직후로 어둠에 잠식되었던 태양의 부활을 상징하는 날이다. 오랜 시간 동안 페르시아, 이집트, 로마 등에서 태양신 축제가 열렸던 날이기도 하다.

또한 기독교의 핵심 교리인 '삼위일체' 역시 한국인에게는 친숙하다. 우리나라 절의 전각에는 주불主佛 한 분과 협시불 두 분이 모셔져 있는데 이를 삼존불三尊佛이라 한다. 이 삼존불은 대개 주불의 권능을 좌우 협시불의 능력으로 보완하는 형태인데, 근본적으로는 하나의 진리가 여러 모습으로 발현됨을 상징한다. 예를 들면, 대적광전大寂光殿의 주불 비로자나불은 우주의 본체인 진여실상眞如實相을 의미한다. 비로자나불의 협시불로 석가모니불과 노사나불이 있는데, 불교의 교조 석가모니불은 우주의 진리가 사람의 모습으로 나타난 것이며, 노사나불은 부처의 존재와 지혜가

부안 개암사 석가여래삼존불좌상(扶安 開巖寺 釋迦如來三尊佛坐像). 사진출처: 국가유산청.

세상에 가득참을 의미한다.

불교에서는 이를 삼신설三身設이라 하는데 그 원리 면에서 성부(聖父, 신)와 성자(聖子, 예수), 성령聖靈을 하나로 보는 기독교의 삼위일체설과 본질적으로 일치한다. 미래불인 미륵과 구세주 예수, 본질은 하나이지만 그 모습은 달리 나타날 수 있다는 불교적 세계관, 한국인은 옛날부터 익숙했던 그 신앙 체계가 있어 새롭게 전래된 기독교 교리를 쉽게 받아들일 수 있었던 것이다.

08

한국 천주교의 문화적 특징

가톨릭은 우리나라에서 절대자인 하느님God을 천주天主로 번역한 천주교天主敎라는 이름으로 알려져 있다. 그런데 한국의 천주교는 세계적으로 유례가 없는 독특한 역사를 갖고 있다.

첫째, 자생 천주교라는 점이다. 교황청이나 교단에서 파견된 선교사들에 의해 천주교가 전래된 대부분의 나라들과는 달리 조선은 자생적으로 천주교 신앙이 발생했다. 천주교는 17세기경 서학西學, 즉 서양의 학문으로서 조선에 들어왔다. 청나라에 사신으로 갔던 선비들이 천주교 신부들을 만나 성경과 교리서 등을 들여

와서 공부하기 시작한 것이다.

한동안 학문으로 연구되던 천주학은 18세기 말 신앙으로 변모한다. 한국 천주교에서는 1779년 경기도 광주 천진암에서 서학을 공부하던 유학자들의 모임을 한국 천주교의 기원으로 본다. 이 모임에는 이벽, 권철신, 이승훈, 정약용의 형 정약전과 정약종 형제 등이 있었고, 이승훈은 청나라에서 조선 최초로 세례를 받고 돌아와 1784년 조선천주교회를 설립한다.

조선천주교회는 주교와 신부 등을 임시로 정하고 예배와 강론을 하는 등의 신앙 활동을 하다가 부족함을 느끼고 교황청에 신부 파견을 요청했다. 이에 북경교구에서는 1795년에 중국인 주문모周文謨 신부를 파견한다. 이후 1845년에는 순교자의 아들 김대건이 조선 최초의 신부 서품을 받았다. 조정의 숱한 박해에도 한국 천주교는 꾸준히 명맥을 이어왔다.

한국의 천주교가 이렇게 스스로의 힘으로 일어설 수 있었던 것은 당대 한국인이 천주교를 종교가 아닌 새 시대

이승훈 베드로는 한국 최초의 천주교 세례자로, 1784년 중국 북경에서 세례를 받고 천주교 교리를 조선에 전파했다. 그는 이벽과 함께 조선 초기 천주교 공동체를 형성하며, 명례방 사건 등을 통해 비밀리에 신앙 모임을 이어갔다. 그러나 1801년 신유박해 때 체포되어 순교했다.

를 이끌어갈 새로운 사상으로 보았기 때문이다. 당시 세계는 서구 열강들이 적극적으로 세력을 확장하던 시기였지만 조선은 오랫동안 이어진 유교적 질서로 활력을 잃고 있었다. 천주교(가톨릭)를 신봉하는 서구 세력의 강대함과 신분제 폐지와 일부일처제 등 평등한 세상을 강조하는 천주교의 가르침은 조선의 문제를 인식하고 있었던 당대 지식인들에게 유교를 대체할 새 질서로 인식되었을 것이다. 서학 공부를 하며 천주교를 받아들였던 초기 인물들이 정치권력에서 소외된 남인 계열이었음은 이러한 사실을 방증한다.

둘째, 가혹한 박해에도 신앙을 끝까지 지켜냈다는 점이다. 조선은 초반에는 천주교를 큰 위협으로 보지 않았다. 천주교인의 활동도 신자들이 모여서 미사와 기도를 드리고 교리 공부를 하는 것에 불과했다. 그러나 1791년 천주교 신자 윤지충이 역시 신자였던 어머니의 유언에 따라 장례를 천주교식으로 치르면서 문제가 불거지기 시작했다. 윤지충은 장례에서 어머니의 신주神主를 세우지 않았을 뿐만 아니라 집안의 나머지 신주들도 불태웠다.

신주란 죽은 사람의 혼령이 깃든다고 여겨 제사 때 세우는 나무패를 말한다. '신줏단지 모시듯 한다'라는 말이 있을 정도로 소중히 여기던 위패를 불태운 행위는 유교 국가의 근간을 뒤흔드는 중대한 사건이었다. 결국 조정은 윤지충과 그의 외사촌 권상연을 참수했다. 이 사건을 신해박해(1791)라 한다.

천주교에 대해 비교적 관대했던 정조가 승하하자 본격적인 박해가 시작됐다. 정약종이 천주교 서적에 남긴 '무부무군無父無君'이라는 글귀와 박해를 멈추기 위해 프랑스에 원군을 요청하려 했던 황사영 백서 사건으로 천주교는 효孝와 왕권을 부정하고 국가를 전복시키려는 세력으로 받아들여졌다. 특히 황사영의 편지에는 조선이 천주교를 받아들이지 않을 시 조선을 청나라의 한 성省으로 편입시키자거나 서양 기독교 국가들의 군대를 불러들여 조선을 정복하게 하자는 등의 내용이 포함되어 큰 충격을 안겼다.

정약용의 형 정약종과 이승훈, 주문모 신부와 주문모 신부의 도피를 도운 강완숙, 황사영 등 처형당한 사람이 300여 명에 달하는 이 사건을 신유박해(1801)라 한다. 이때 살아남은 교인들은 경기도, 강원도, 충청도의 산간지방에 숨어들었는데 이는 도리어 천주교가 전국적으로 확산하는 계기가 되었다. 종래 지식인 중심의 조선천주교회가 서민사회로 뿌리를 내리게 된 것이다.

이후에도 1839년 정하상(바오로)을 비롯한 70여 명의 순교자들이 발생한 기해박해, 김대건 신부를 비롯한 신자 9명이 처형된 1846년의 병오박해, 1866년 병인년에 시작되어 1871년까지 지속되며 도합 8,000명 이상의 순교자를 낸 병인박해 등 천주교에 대한 가혹한 박해가 이어졌지만 한국 천주교인들은 끝까지 신앙을 지켰다.

셋째, 이 과정에서 많은 성인과 복자(福者, 성인 전 단계로 순교하거나 덕을 쌓아 신자들의 공경을 받는 사람)가 배출되었다. 한국에는 조선 최초의 신부 성 김대건 안드레아를 비롯한 103위의 성인과, 신해박해 때 처형당한 윤지충 등 124위의 복자가 있다. 또한 이들이 활동하고 순교했던 179곳은 성지로 지정되어 있다. 이는 애초에 가톨릭을 국교로 하는 유럽의 일부 국가들을 제외하면 최다이며 문화적 전통이 다르고 가톨릭의 뿌리가 없는 동양에서는 이례적인 일이다.

일본에서도 1549년 선교사가 천주교를 전파한 이래 신자들이 나타났고 빠르게 성장했다. 임진왜란 때 조선을 침공한 고니시 유키나가小西行長도 신자로 유명하다. 하지만 일본의 천주교도들은 천주교를 위협으로 인지한 도요토미 히데요시와 이후 막부의 가혹한 탄압을 받았다. 1614년 에도 막부에 의해서 천주교 금교령이 내려진 뒤 금교령이 해제된 1873년까지 수천 명의 희생자를 내며 박해가 계속되었고 이 중 26명은 1862년 성인으로 지정되었다. 하지만 오랜 박해 탓에 천주교는 일본에 뿌리내리지 못했다. 현재 일본 기독교 인구는 인구의 1.1%이며 그중 가톨릭 신자는 0.34%에 불과하다.

넷째, 사회참여의 전통이다. 가난하고 병든 이웃을 돕는 것은

1987년 6·10대회 이후 명동성당 앞 천주교정의구현사제단의 시위. 천주교정의구현 사제단은 함세웅 신부, 박홍 신부, 오태순 신부 등을 주축으로 1974년에 결성된 가톨 릭 계통 사회 운동 모임이다. 사진제공: 경향신문.

예로부터 종교가 수행해온 기능이다. 한국 천주교는 사회문제에 도 꾸준히 관심을 가지고 참여해왔다. 특히 1980년대 민주화 운 동 당시 성당은 시위대의 방패가 되어주었을 뿐만 아니라 천주 교정의구현사제단이 박종철 고문치사 사건의 전말을 공개하는 등 적극적으로 독재에 저항하는 모습을 보였다. 정의구현사제단 의 폭로는 결국 독재정권의 종식을 가져온 1987년 6월 항쟁의 기폭제가 되었다.

이는 삼국시대 이래로 사람들의 일에 적극적으로 개입해온 한 국 종교의 전통과 맥을 같이 한다. 고려시대의 대장경 조성, 임진왜란 때 활약한 승병 이후에도 구한말 동학농민혁명, 동학의 후예 천도교 역시 독립운동에 힘썼으며, 천주교와 개신교의 많은 신자들 또한 독립운동에 투신했다. 물론 교단에서는 이러한 사회 참여를 늘 찬성한 것은 아니었다. 하지만 국가와 민족의 명운이 걸린 큰일에 한국인은 종교를 초월하여 뜻을 모았던 것이다.

09

한국 불교의 문화적 특징

불교는 전래된 지 1,500년이 넘는 시간 동안 한국인과 함께해 왔다. 따라서 불교의 모습에는 한국 문화와 한국인의 심성이 곳 곳에 배어 있다. 한국인의 심성과 관련되었을 것으로 추정되는 한국 불교의 중요한 특징들이 있다.

첫째, 호국불교護國佛敎의 전통이다. 불교는 본래 깨달음을 중시 하는 종교다. 하지만 그 실천의 측면에서 개인의 깨달음을 강조 하는 소승불교와 모든 존재가 깨달아 부처가 될 수 있음을 강조 하는 대승불교로 나뉘는데, 한국을 비롯한 동아시아 일대에는 대승불교의 전통이 강하다. 따라서 대승불교에서는 어려운 사람을 돕고 깨우쳐 궁극적으로 부처의 경지에 이르게 하는 중생 구제가 중요한 실천의 방법이 된다.

대승불교뿐만 아니라 종교가 고아와 과부 등 어려운 이들을 돕고 병자를 치료하며 빈민을 구제하는 등 사회 유지의 한 축을 담당하는 것은 종교의 오래된 기능 중 하나다. 그런데 한국 불교는 여기에서 나아가 국가의 위기나 외적의 침입에 보다 적극적인 행동을 보인다. 고려시대 몽골의 침입을 막기 위해 대장경을 조성하거나 조선시대 임진왜란에서 불교 승려로 이루어진 군대 승병을 조직해 나라를 지켰다. 일제강점기에는 스님들과 신자들이 다양한 방식으로 항일운동에 적극 참여했다.

이러한 전통은 불교가 국교화된 삼국시대부터 시작된 것으로 보인다. 진흥왕은 불교의 이상적 군주 전륜성왕을 자처하였으며, 가족의 이름을 석가모니의 가계도에 따라 짓기도 했다. 왕이 곧 부처라는 왕즉불王卽佛 사상은 왕실의 권위를 세우기 위한 방편으로 6세기경 동아시아 고대국가에서 유행했다. 왕이 곧 부처이니만큼 불교가 왕실과 국가를 위한 일을 하는 것은 당연했을 것이다. 진평왕 때 원광법사가 지은 '세속오계'는 임금에게 충성하고[事君以忠] 싸움에 임하여 물러서지 말며[臨戰無退], 때에 따라서는 살생을 할 수 있음[殺生有擇]을 강조한다. 하지만 한국 불교의 호국적 성격을 왕실에 대한 충성으로만 볼 수는 없다. 한 글자를 새

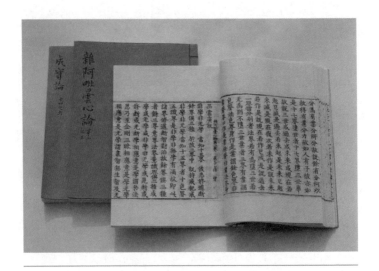

팔만대장경(八萬大藏經)은 고려시대에 몽골의 침입을 막기 위해 국가의 안녕을 기원하며 제작된 대규모 불교 경전으로, 이를 통해 불교 신앙이 국가의 안위와 연결되었다. 사진출처: 국가유산청.

길 때마다 부처님께 절을 세 번씩 했다는 8만여 장에 달하는 경판과 그렇게 만들어진 경판을 머리에 이고 강화도에서 해인사까지 날랐던 그 간절한 마음은, 종교의 힘으로 인간 세상의 문제를 해결하려 했던 한국인의 뿌리 깊은 심성과 관련 있다고 해야 할 것이다.

또한 어려움에 처한 이들을 '남 일 같지 않아서' 지나치지 못하는 한국인의 심리적 특성도 영향을 미쳤을 것이다. '오지랖'으로 요약할 수 있는 한국인의 관계 양상은 한국인의 전통적인 '우리'에 대한 인식에서 비롯된다. '우리'의 원형은 가족, 즉 피를 나눈

1차 집단이다. 종종 뉴스에 보도되듯이 한국인이 일면식도 없는 이들을 돕는 이유는 '남 일 같지 않아서', 다시 말해 '내 일', '내 가족의 일' 같아서다. 이것이야말로 속세의 인연을 끊고 산속에서 수도하던 스님들이 창칼을 들고 살생을 했던 진정한 이유일 것이다.

한국 불교의 두 번째 특징은 마음을 강조한다는 점이다. 일체유심조一切唯心造, 즉 모든 것은 마음이 만들어낸다는 생각은 유식론唯識論으로 요약되는 불교의 대표적인 철학이다. 불교는 번뇌와 고통에서 벗어나 윤회의 고리를 끊고 해탈하는 것을 목표로 한다. 그러기 위해서는 무엇보다 마음을 잘 이해해야 한다. 마음이야말로 번뇌와 고통의 원천이기 때문이다. 이러한 관점에서 불교는 마음에 대한 체계적인 이론 체계를 발달시켜왔다.

마음을 강조하는 것 자체는 불교의 본질적 속성이지만 한국 불교는 특히 스스로의 마음[自心]의 작용에 크게 관심을 가지고 마음을 수련하기 위한 다양한 방법과 전통을 발달시켜왔다. 이러한 전통은 원효대사에서 그 뿌리를 찾을 수 있다. '원효대사 해골물'로 잘 알려진 원효대사는 이론적으로나 실질적으로나 불교를 우리나라에 정착시킨 사람이다. 원효대사는 의상대사와 함께 유식학唯識學을 배우기 위해 당나라로 유학을 가던 중, 허물어진 무덤에서 해골에 고인 썩은 물을 마시고 '모든 것은 마음의 작용'이라

범어사 원효대사 진영(梵魚寺 元曉大師 眞影). 원효대사는 '일체유심조(一切唯心造)'라는 사상을 통해, 모든 것이 마음에서 비롯된다는 깨달음을 강조했다. 이 사상은 현실의 모든 경험과 현상이 마음의 작용임을 깨우쳐 번뇌에서 벗어나고자 하는 불교적 가르침이다.

는 유식학의 본질을 깨닫는다. 또한 원효대사는 당대까지 전해진 불교의 경전들을 정리하고 그러한 가르침을 민초들에게 매우 쉽게 전달하려고 노력했다. 『삼국유사』에는 원효대사가 길거리에서 표주박을 두드리며 『화엄경』의 내용을 풀어 만든 노래를 불러 백성들을 교화했다는 이야기가 전한다.

한국인은 자신의 주관적인 해석이 두드러지는 자의성恣意性이 강한 마음의 습관을 가지고 있다. 현대 한국인들도 비교로 인한 상대적 박탈감이나 여러 가지 인지적 오류로 고통받고 있으며 이는 한국인의 낮은 행복도와 높은 불안 및 우울 수준으로 드러난다. 물론 전쟁이나 질병, 경제적 상황 같은 외적인 요인들도 있지만 나를 옭아매고 괴롭게 하는 상당수가 마음에서 비롯된다는 깨달음은 한국인에게 커다란 위로로 다가왔을 것이다.

한국 불교가 다른 나라의 불교와 구별되는 세 번째 특징은 통불교通佛教적 전통이다. 통불교란 다양한 불교 전통과 교리를 하나로 통합하려는 시도로, 특정 지역이나 문화에 국한되지 않고 불교의 본질적 가르침을 강조하는 흐름을 말한다. 이러한 시도들은 우리 나라뿐만 아니라 역사적으로 중국과 일본 등에서도 있었다.

하지만 한국 불교의 통불교적 성격은 훨씬 더 유연하다. 한국 불교는 특정 종파의 교리에 국한하지 않고 부처의 모든 가르침을 포괄하며, 그 실천 방법에서도 특정 수행 방법만을 강조하지 않는다. 불교는 타 종교와의 관계나 과거의 관습에 얽매이지 않는 새로운 시도 등으로 현재에도 유연한 모습으로 유명하다. 2024년 4월에 열린 '2024서울국제불교박람회'나 '뉴진스님'으로 활동하는 개그맨도 MZ세대 혹은 현대의 새로운 문화를 받아들인 불교의 모습으로 큰 화제가 되었다. 이러한 전통 역시 화쟁 和諍 사상을 집대성한 원효대사에서 비롯된다.

화쟁이란 모순과 대립이 하나의 체계 속에 융합되어 있음을 일컫는 말이다. 원효대사가 살던 시기는 불교가 공인된 이후 100여 년의 시간이 흐른 때로, 다양한 교단과 종파의 이론이 대립하고 갈등하던 시기였다. 원효는 그 어느 교리나 학설을 고집하지도 버리지도 않으면서 보다 높은 차원에서 새로운 가치를 찾으려 했던 것이다.

이러한 화쟁의 원리는 한국인의 전통적 조화의 가치와 관련이 있다. 한국인은 오케스트라의 음악처럼 모든 개인이 빈틈없이 정해진 역할을 할 때 만들어지는 전체의 조화(하모니)보다는 개별적 요소가 각자의 고유성을 가진 채로 어우러지는 방식의 조화(어울림)를 더 선호해왔다.

한국인의 본래 심성이 불교에 영향을 미친 것인지, 불교가 한국인의 심성에 영향을 미친 것인지는 알 수 없으나, 한국 불교를 다른 나라의 불교와 구분 짓는 중요한 특징들이 한국인의 심리적 특성과 밀접한 관련이 있다는 사실은 부정할 수 없다.

10

불교와 무속의 상호 영향

기원전 5세기경 인도에서 창시된 불교는 기원후 4~5세기경 우리나라에 전래되었다. 거의 1,000년의 시간이 흐르는 동안 불교는 인도의 토착 신앙 및 중국의 전통과 융합하여 그 모습이 많이 바뀌었다. 깨달음을 얻어 해탈하여 부처가 된다는 불교의 본질적인 가르침은 그대로였지만 그것을 당대의 사람들이 이해할 수 있는 방식으로 전달하고 받아들이는 과정에서 기존의 수많은 종교와 사상이 결합하게 된 것이다.

불교가 발전하면서 인도 각지에 있었던 다양한 토착신들이 수용되었는데, 이들은 원래는 악신惡神이었으나 불법을 수호하는 수

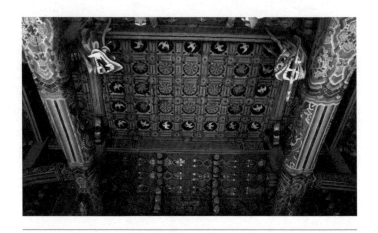

불회사 대웅전 천정 장식. 불회사는 앞면 3칸·옆면 3칸 크기에 지붕은 옆면이 여덟 팔
(八)자 모양의 팔작지붕이다. 또한 기둥에 화려한 장식을 했는데, 특히 중앙칸 양 기둥
사이로 여의주를 물고 있는 2마리의 용 장식은 건물을 더욱 화려하게 한다. 대들보 사
이에도 중앙을 마주보고 있는 2마리의 용을 조각했다. 사진출처: 국가유산청.

호신 격이 되었다. 절에 들어가는 입구에서 만날 수 있는 금강역
사와 사천왕이 대표적이며, 중요한 전각의 대들보에 장식된 용
또한 힌두교의 뱀신인 나가Naga가 중국을 지나며 용으로 바뀐 것
이다.

　명부전冥府殿에서 만날 수 있는 염라대왕과 지옥에서 죄인들을
괴롭히는 야차夜叉 역시 힌두교 명계冥界의 신 야마Yama와 하급신
야크샤Yaksa에서 왔다. 제왕복 또는 판관복을 입고 죽은 이의 죄를
심판하는 염라대왕의 이미지는 관료제가 정착된 중국을 지나며
더해진 이미지로 추정되며, 역시 관료제 전통이 강한 우리나라에

공주에 소재한 갑사(甲寺)의 삼성각 (三聖閣) 내부 전경. 사진출처: 국가유산청.

서 저승을 대표하는 무섭지만 친근한(?) 존재로 자리 잡았다.

불교는 한국에 전래된 이후에도 다양한 전통 신앙과 융합되는데 그 증거는 절에 있는 산신각, 칠성각, 삼성각 등의 전각에서 찾을 수 있다. 이들은 보통 절의 외진 곳이나 높은 곳에 위치하는데, 산신각에는 절이 있는 산의 산신이, 칠성각에는 북두칠성을 상징하는 치성광여래熾盛光如來가, 삼성각에는 산신과 치성광여래 그리고 부처님이 오시기 전 홀로 깨달음을 얻었다는 독성獨聖이 모셔져 있다.

국토의 70%가 산인 한국의 웬만한 산에는 한 분씩 계신 산신은, 단군이 산신이 되었다는 이야기가 있을 정도로 우리나라 전통 신앙의 대표적인 신이다. 『삼국유사』의 선도성모 이야기는 고유의 산신신앙이 불교로 들어오는 과정을 잘 보여준다. 신라 진평왕(579~632) 때 안흥사의 한 비구니가 꿈을 꾸었는데, 선도산 신모神母가 나타나 금 10근을 주며 부처와 함께 천신과 오악신군(오악의 산신들)을 그려서 봉안하고 중생들을 위한 법회를 열라고 지시했다는 것이다. 선도산 신모는 신라의 시조 박혁거세의 어머니로 일컬어지는 신라 고유의 여신으로 불교 전래 이전의 신앙 형태를 짐작할 수 있게 하는 존재다.

칠성각에 모셔진 북두칠성과 일월성신은 도교의 영향이라고 하지만 더 멀리 고인돌이 만들어지던 때부터 신앙되던 존재들이며, 독성은 나반존자那畔尊者라고도 하는데 불교적 전통에서는 발견되지 않는 이름이다. 최남선은 독성이 종래의 단군 신앙이 불교로 받아들여진 것이라 주장했다.

건축이나 조각 등 유형물로 확인할 수 있는 것들 외에도 불교와 전통 신앙, 특히 무속이 융합한 사례는 많다. 굿에서 부르는 무가에 〈천수경〉이나 〈반야심경〉, 〈관음경〉 등이 들어가기도 하고, 무당이 승려의 복색을 하고 굿을 하는 경우도 있다. 대표적으로 서울지역 재수굿 중 '불사거리'에서는 무당이 흰 장삼에 흰 고깔을 쓰고 백팔 염주를 두르며, 무가의 내용도 '불공', '부처님', '시주', '극락' 등 불교적 색채가 강하다.

무당을 칭하는 호칭 중 하나인 보살菩薩부터가 불교 용어
다. 보살은 '깨달음을 구하는 자'라는 뜻으로 산스크리트어
'Bodhisattava'를 한자로 옮긴 말이다. 부처님의 다양한 속성을
상징하며, 형상화되어 관세음보살, 지장보살 등 별도로 신앙의
대상이 되기도 하였다. 불교에서는 보살을 여성 재가신자, 즉 출
가한 스님(비구니)이 아닌 여성 신도를 부르는 말로 쓰기도 하는
데 무당을 보살로 부르는 것은 이러한 전통에서 온 것으로 추측
된다.

또한 무속신의 계보를 노래하는 '본풀이'류의 무가에는 석가,
미륵 등 불교에서 기원한 신들이 등장하기도 한다. 하지만 이름
만 불교식이지 불교하고는 큰 상관이 없다. 일례로 '제석본풀이'
에 등장하는 석가는 미륵과 인간 세상을 차지하기 위한 싸움을
벌이고, 스님의 모습으로 당금애기를 찾아가 아이를 갖게 하는
존재로 묘사된다. 이들은 우리나라 고유의 신이 불교 전래 과정
에서 이름이 바뀐 것으로 추정된다.

제석본풀이의 제석이란 말에는 한국의 전통 신앙이 불교를 만
나 어떤 식으로 변모해왔는지 잘 드러난다. 제석본풀이는 제석帝釋
의 기원에 대한 무가인데, 제석 또는 제석천은 인드라라는 힌두교
천상의 신이 불교로 들어온 존재로, 도리천忉利天의 왕이다. 불법의
수호신이자 석가제환인다라釋迦提桓因陀羅 또는 제석환인帝釋桓因으로
도 불리는 이 제석은 우리나라에서 매우 복잡한 위상을 갖는다.

예로부터 하늘을 숭배해 온 한국인들은 이 제석을 단군의 아버지 환인과 동일시했다. 『삼국유사』, 『제왕운기』 등 고려시대에 기록된 단군신화에서 환웅의 아버지 환인은 바로 제석환인이다.

또한 무속에서 제석은 삼불三佛제석으로도 불리는데 이는 우리나라 고유의 삼신三神 신앙과 관련 있어 보인다. 삼신이란 환인, 환웅, 단군으로 이어지는 세 분의 신격을 말한다. 한국인은 이들 삼신이 사람들을 보호하고 복을 준다는 인식이 있어 안방이나 부엌에 삼신단지나 삼신주머니를 두고 복을 빌었는데 이 삼신신앙이 삼불제석으로 이어졌을 가능성이 크다.

제석본풀이의 이야기에 따르면 당금애기가 낳은 석가의 아들 삼형제가 삼불제석이 되었는데, 삼불제석은 보통 흰 고깔을 쓴 남자 스님 세 명으로 묘사된다. 또한 삼불제석은 삼신할머니와 혼동되기도 한다. 삼불제석이 집안 사람들의 수명, 자손, 풍요를 맡은 가신으로서 생산과 수명을 담당하다 보니 나타난 현상으로 보인다.

삼신할머니의 삼신 또한 환인, 환웅, 단군의 삼신에서 비롯된 전통적 신앙이며, 삼신을 '할머니'라 부른 것은 임신과 출산이 의미하는 여성성에 고대 여신 신앙이 결합한 것일 가능성이 있다. 삼신할머니는 일부 지역에서는 제석을 제석할머니라 부르기도 하며, 삼불제석을 그린 그림에는 삼신이 여자 세 명으로 그려진 경우도 있다.

삼불제석(三佛帝釋)은 불교와 무속이 결합된 신앙 형태로, 한국 무속에서 불교 신령을 받아들인 대표적인 예다. 이들은 보통 세 명의 고깔을 쓴 승려의 모습으로 묘사되며, 인간의 수명, 재복, 잉태 등을 관장하는 신으로 숭배된다. 사진출처: 국가유산청.

다소 체계가 없어 보이는 이러한 융합은 한국 무속의 특징이기도 하다. 제석본풀이는 지역마다 무당마다 무수히 다른 버전이 있으며 등장하는 신들의 이름과 내용도 조금씩 다르다. 예로부터 이 땅에 살아온 이들에게 중요한 것은 현실에서의 안녕과 복이었다. 한국인은 예로부터 내게 복을 줄 수 있다면 누구를 어떻게 믿느냐는 크게 중요하지 않았던 것이다.

도교와 한국 문화

도참圖讖이란 황하黃河에서 도圖가, 낙수洛水에서 서書가 나왔다는 데서 비롯된 말로, 미래에 일어날 일에 대한 예언 혹은 징조를 통칭하는 말이다. 중국의 고대 전설에 따르면 복희씨伏羲氏는 황하에서 얻은 그림으로 역易의 팔괘八卦를 만들었다고 하며, 우夏왕은 낙수에서 얻은 글로 천하를 다스리는 홍범구주洪範九疇를 만들었다고 한다. 따라서 도참은 크고 중요한 일이 일어나기 전에 하늘이 징조를 보인다는 의미로, 어떠한 징조를 해석하여 하늘의 뜻을 미리 짐작하는 일을 말한다.

도참은 중국 역대의 역성혁명이 있을 때마다 널리 유포되곤 했다. 대표적으로 『삼국지』의 배경이 되는 황건적의 난이나 청나라의 쇠퇴를 가져온 백련교의 난 등이 도참설과 관련이 있다. 일찍이 중국과 교류해온 우리나라의 역사에서도 왕조의 변혁기에는 늘 도참이 있었다. 고구려와 백제의 멸망에 대한 예언이나 신라말 도선의 사례가 있으며 조선 건국에서도 '십팔자위왕十八子爲王', '목자득국木子得國' 등 이李 씨가 왕이 된다는 도참설이 퍼져 있었다.

십팔자위왕(十八子爲王)

이씨가 왕이 된다는 뜻으로, 한자 이(李)를 해체하면 십팔자(十八子)로 나뉜다. 이자겸은 도참설을 믿고, 인종의 비가 된 그의 네 번째 딸을 시켜 독약으로 인종을 시해하려고도 하였으며, 척준경(拓俊京)과 더불어 변란을 획책하기도 했으나 결국 실패했다.

목자득국(木子得國)

고려 중기의 동요. '목자'는 '이'의 파자(破字)로서 이 씨가 장차 왕이 될 것임을 예언한 노래이다. 『고려사』에 전하며 작자와 가사는 알 수 없다.

이 외에도 중국의 예언서 『추배도推背圖』, 우리나라의 『송하비결』, 『격암유록』, 『정감록』 등 난세가 되면 어김없이 미래에 대한 예언이 담겨 있다는 도참서들이 떠돌았다. 홍경래는 『정감록』의 예언을 바탕으로 난을 일으켰으며 동학 농민군이 미륵불의 배꼽에서 찾으려 했다는 『비기秘記』도 도참서다.

이러한 도참은 미래에 대한 예언이라는 측면에서 무당의 예언과 혼동되는 측면이 있으나 엄밀히 보자면 도참과 무속의 예언은 뿌리가 다르다. 무당은 신의 선택을 받아 신의 뜻을 전하는 사람이다. 따라서 무당의 예언은 신의 말을 옮기는 것이다. 도참서는 과거에 쓰인 어떤 예언서에 뿌리를 두고 있으며 그것을 쓴 사람들은 도력이나 법력, 공력이 매우 높은 인물이다.

도참설의 바탕이 되는 예언서들은 도교道敎의 전통에서 그 기원을 찾을 수 있다. 도교는 본래 중국의 민간 신앙을 기반으로 하는 종교다. 정령 숭배를 기반으로 하여 신선사상神仙思想을 중심으로 삼고, 거기에 도가道家, 역易, 음양오행陰陽五行, 복서卜筮, 점성占星의 사상과 이론이 가미되었으며, 그 위에 다시 불교의 체제와 조직이 결합되었다. 도교는 인간의 육체를 초월하여 소멸되지 않고 불로장생하는 데 목적이 있으며 이를 위해 영약을 제조하거나 신체를 단련하는 등 다양한 기술과 방법을 개발하고 연마해왔다.

이에 비해 우리나라에서는 도교가 일반 백성들의 종교적 심성에까지는 스며들지 못했고 국가 중심의 의식이 이루어지는 데 그쳤다. 도교에서 행하는 제사 및 기도 의식을 재초齋醮라고 하는데, 고려에서는 정사색淨事色이라는 관청이 있어서 여기에서 재초를 관장했다. 조선에서는 도교 의식이 이루어지던 여러 장소를 폐지하고 경복궁 북쪽에 소격서昭格署 한 군데만 두었다. 지금의 삼청동三淸洞, 성제정星祭井, 소격동昭格洞 등은 당시의 도교 의식과 관련된 지역이다.

그럼에도 도교가 한국인의 생활과 무의식에 적지 않은 영향을 미친 것은 사실이다. 1908년을 살고 산신이 된 단군이나 신라의

충남 청양군 정산면 남천리에 설치된 '바둑 두는 신선' 조형물. 청양군 남천리는 바둑
골, 안무동, 고양골, 원신대리, 새울 등 자연마을로 구성돼 있는데, 그중 바둑골(기곡)
에는 신선이 내려와 바둑을 두며 쉬어가곤 했다는 설화가 전해진다.

선도성모 등 오랜 신앙의 대상이었던 국조신들이 신선으로 이해
되면서 전통 신앙과 융합되기도 하였고, 전설과 전래동화에 등장
하는 옥황상제, 선녀, 바둑 두는 신선들, 도술을 쓰는 홍길동이나
전우치 같은 도사들처럼 도교와 관련된 친숙한 이미지들도 많다.
또한 무속의 천신, 신장들과 무당들이 쓰는 부적, 충청도 지역의
독경무들이 외는 일부 주문 등도 도교의 영향을 받은 것으로 추
정된다.

　무엇보다 동양의 전통적인 사상이자 우리에게 익숙한 관상, 풍

수, 역술 등이 이 도교 계열의 전통이다. 음양오행설을 바탕으로 구축된 이 이론들은 도교의 수행자들이 수련 과정에서 그 묘를 깨우치기도 하고, 도교와 관계없는 이들도 오랜 시간의 공부를 통해 깨달음을 얻기도 한다. '도를 닦는다'로 통칭되는 신체적·정신적 수련과 기술의 연마를 통해 도道를 깨우치면[道通], 천지 만물과 우주의 이치를 이해할 수 있다는 것이 도교의 믿음이다.

따라서 도참, 즉 미래에 대한 예언은 주로 종교와 관계없이 우주의 이치를 깨친 이들에 의해 이루어져왔다. 풍수로 나라의 앞날을 살폈던 『도선비기』의 도선국사와 미래 예언으로 유명한 탄허스님은 불교의 스님이고, 조선시대의 대표적 예언서 『격암유록』의 격암 남사고와 『토정비결』의 토정 이지함은 유학자이며, 구한말의 백운학, 현대의 도사로 일컬어지는 몇몇 인물들 역시 포괄적으로 한학자로 분류되며 무속과는 크게 관련이 없다.

최근 유튜브 등에 국운을 예언하는 무당들이 보이긴 하지만, 앞서 말한 것처럼 그들은 신들의 이야기를 전하는 이들이며 그렇기 때문에 특정 인물 또는 사건에 대해 자세한 내용이 언급된다.

『도선비기(道詵秘記)』
통일신라 후기의 승려 도선(道詵, 827~898)이 지었다고 전하는 풍수서로 현재 원본은 전해지지 않고 『고려사』에 언급된 것이 있을 뿐이다. 풍수지리설(風水地理說)과 음양도참설(陰陽圖讖說)을 기초로 하여 쓰여진 『도선비기』는 고려의 정치·사회에 많은 영향을 주었다.

그리고 몇 개월 또는 몇 년 단위의 예언이 주를 이룬다는 점에서 전통적 도참과는 차이가 있다.

역사가 증명하듯이 예언과 도참설이 유행하는 것은 불안한 시대라는 방증이다. 한 치 앞을 알 수 없는 현실에서 미래에 대한 예언은 불안을 해소하고 통제감을 채워준다. 어떠한 위험이 다가오고 어떻게 하면 위험을 피할 수 있는지 안다는 사실은 다른 이들에 비해 생존에 유리한 위치를 점하게 해줄 것이다. 한국에 도참을 비롯한 예언이 넘쳐난다는 사실은 한국인들이 그만큼 생존에 민감하며 위기를 피하고 잘살고자 하는 의지가 강하다는 것을 의미한다. 현생에 대한 강한 욕구야말로 한국인의 기본적 심성이며 우리를 여기까지 오게 한 원동력임이 틀림없다.

하지만 특정 예언에 대한 지나친 의존은 사회에 있어서도 개인에 있어서도 바람직하지 않다. 도참은 대개 과거에 쓰인 모호한 글귀로 이루어져 있다. 모호한 표현은 모호한 해석을 낳을 수밖에 없으며 그 과정에서 해석자의 바람 또는 의도를 포함하게 된다. 예언이 이루어지기를 바라는 이들의 바람은 사람들의 행동에 어떠한 방향성을 만들고, 그 과정에서 예측하기 어려운 수많은 문제를 낳게 된다.

그리고 그러한 문제를 해결하는 데 들어갈 자원과 노력은 차치하더라도, 가장 큰 문제는 결과와 관계없이 자기 삶에서 주체성을 잃어갈 것이라는 점이다. 따라서 무당의 점사든 도참이든 내 삶의 중심을 지킬 수 있는 선에서만 참고해야 하며 지나친 의존 은 바람직하지 않다.

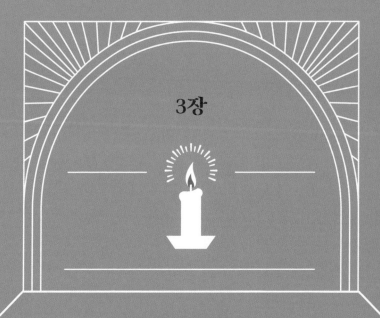

3장

무속과
한국인

01

무당은 누구인가

무당은 우리나라의 토속 종교 무속의 사제를 일컫는 말이다. 무속은 동북아시아 샤머니즘의 한 갈래로 주로 한국에서 오랫동안 이어져온 신앙을 말한다. 샤먼은 샤머니즘의 사제로서 '하늘과 땅을 잇는 사람'이라는 뜻을 가지고 있다. '무당'이라고 하면 보통 신내림을 받아 굿을 하는 강신무降神巫를 떠올리지만, 한국에는 신을 받지 않고 대대로 무업을 이어 온 세습무世襲巫와 독경쟁이, 판수 등으로 불려온 독경무讀經巫 등의 전통도 존재한다. 이중 강신무가 북방 샤머니즘의 전통이며 세습무와 독경무는 남방 주술사 계통으로 추정된다.

그럼 이 무당들은 도대체 뭘 하는 사람들일까? 먼 옛날 제정일 치시대, 무당은 곧 군왕이었다. 국조 단군왕검의 단군은 몽골, 터키, 중앙아시아 일대에서 쓰이던 탱그리Tengri라는 말을 한자로 음차한 말로 탱그리는 '하늘'을 의미한다. 따라서 단군이란 하늘에 제사를 지내는 이, 즉 제사장을 뜻하는 말이며, 왕검은 군왕이란 뜻으로 단군왕검은 제사장 겸 군왕, 다시 말해 제정일치의 군주를 칭하는 말이다.

단군은 우리말의 '당골'로 이어진다. 당골은 곧 무당을 이르며, 지역에 따라서는 무당의 의뢰인client을 의미하기도 한다. 자주 가는 가게를 '단골' 가게라고 하는데 이 말도 여기서 온 표현이다. 시대가 지나면서 종교와 정치가 분리되고, 불교 등의 외래 종교가 전래되면서 무속은 중앙에서 밀려나 점차 민초들 사이로 내려오게 된다.

유교를 숭상하던 조선시대에 무속은 공공연한 배척의 대상이 되었다. 유교는 지극히 현실적인 가르침이다. 공자

조선시대 채용신이 그린 단군상. 단군 왕검은 한국 건국 신화에 등장하는 인물로, 고조선을 기원전 2333년에 건국 했다고 전해진다. 그는 하늘의 신 환인의 서자인 환웅과 곰이 변신한 여인 웅녀 사이에서 태어나 고조선의 초대 왕이 되었다. 사진출처: 국가유산청.

(BC 551~BC 479)는 "사람도 제대로 섬기지 못하는데 어찌 귀신을 섬기겠는가?"라며 현실에 충실할 것을 강조했다. 하지만 현실에서 해결되지 않는 인간의 욕구와 사연들은 어찌할까?

무격巫覡을 금기시했던 조선조차도 국무당을 두고 왕실의 대소사와 나라의 큰일이 있을 때 하늘에 빌도록 하였다. 한창 나라의 기틀을 다지던 태종과 세종 때에도 왕실에서 굿을 한 기록이 남아 있으며 연산군, 중종, 광해군, 숙종 때에도 국무당을 비롯한 무녀들이 궁중을 드나들며 굿을 했다고 전해진다. 구한말에도 명성황후의 총애를 등에 업은 진령군眞靈君이라는 무당이 유명하다.

왕실도 이러했을진대 일반 민초들 사이에서 무속의 영향력이야 짐작하고도 남는다. 괴력난신怪力亂神이라 하여 괴이하고 어지러운 것들 일체에 알레르기 반응을 보이던 사대부들도 집안에 큰일이 있으면 뒷구멍으로 무당을 찾았으니 말이다.

일제강점기에 들어서면서 무속은 조선의 모든 것을 말살하려는 일제에 의해 엄청난 탄압을 받는다. 일제는 우리의 전통 신앙을 금지하고 일본 전통 신앙인 신토를 강요했는데(신사참배), 특히 많은 사람이 모이는 무속의 굿은 조선인들이 모이는 것을 극도로 꺼렸던 일본인들에게 눈엣가시였다.

무속에 대한 인식이 더욱 나빠진 것은 박정희 전 대통령의 미신 타파 운동 때문이었다. 일제강점기를 거치며 거의 명맥이 끊어진 한국 무속은 이제 근대화에 방해가 되는 미신으로 폄하되어 철저히 파괴되고 망가졌다. 신당은 무너지고 신도들도 떠나갔다. 무당들은 직업을 바꾸거나 자신이 무당이라는 것을 숨기고 살 수밖에 없었다. 근대화의 물결 속에서 무속은 미개한 것이나 비과학적인 것으로 여겨졌고, 무당은 사람들을 현혹해 제 잇속이나 채우는 탐욕스러운 존재 혹은 나쁜 의도를 갖고 남에게 저주를 거는 존재로 알려지게 되었다.

그런데 무당은 정말 그렇게 나쁜 사람일까? 문화에는 문화가 그 문화 구성원들에게 수행하는 역할이나 기능이 있다. 무당 역시 한국 문화에서 수행했던 기능이 있었다.

첫째, 무당은 제관祭官이었다. 여러 가지 이유로 인간이 초자연적 존재에게 지내는 제사가 중요했던 고대에 제관은 매우 중요한 인물이었다. 무당은 제사의 형식, 내용, 순서 등을 알고 있으며 무엇보다 신과 직접 소통하는 존재였다. 마을(나라)의 길흉화복을 점치고 신의 도움을 구할 수 있는 존재가 가까이 있다는 것은 옛날 사람들에게 말로 할 수 없는 안도감을 주었을 것이다.

둘째, 무당은 컨설턴트consultant였다. 컨설턴트란 고문 또는 자문을 맡은 사람이다. 제관으로서의 역할 중에는 마을(혹은 개개인)의 대소사에 대한 조언이 있다. 무당의 조언은 신에게서 온다. 무당에게 조언을 구하는 이들은 자신의 일을 신이 돕는다는 데서 엄청난 자신감을 얻었을 것이다. 확신에 찬 태도는 불가능도 가능하게 하는 법이니까.

셋째, 무당은 상담가였다. 이 기능은 지금도 대단히 중요한데, 사람들이 무당을 찾는 이유 중에는 자신의 처지나 상황을 하소연하고 감정을 토로하기 위한 것이 빠질 수 없기 때문이다. 또한 인간에게 통제감의 욕구need for control는 대단히 중요하다. 신이 전해주는 무당의 조언은 자식의 장래, 취업의 시기, 사업의 전망 등 미래의 불안에 대한 통제감을 제공한다.

넷째, 무당은 의사였다. 의학이 발달하지 않았던, 그리고 모든 사람이 의학의 혜택을 받기 어려웠던 과거에 무당은 병을 예방하고 치료하는 역할을 했다. 무서운 전염병이었던 마마(媽媽, 천연두)를 막기 위한 '마마배송굿'과 더불어 다양한 병을 치료하기 위한 치병治病굿들이 있었다. 마음의 힘은 생각보다 훨씬 크다. 병이 나을 것이라는 믿음만으로도 웬만한 병은 눈에 띄게 호전될 수 있었을 것이다.

다섯째, 무당은 연예인이었다. 지금처럼 볼거리나 놀거리가 많지 않았던 옛날, 무당의 굿은 하나의 놀이판이었다. 실제로 축제 의미의 굿도 있었고, 치병이나 씻김 등의 이유로 하던 굿에도 노래, 음악, 춤은 필수 요소였다. 당시 일반인들이 입기 힘든 화려한 색깔의 옷을 입고 고운 화장을 한 채로 노래와 춤을 선보이는 무당들은 요즘 시대의 아이브, 에스파, 뉴진스 같은 존재로 여겨졌을 것이다.

그래도 여전히 무속은 미신이라는 인식이 강하다. 무속은 비과

굿하는 무당은 한국 전통 문화에서 초자연적 존재와 소통하고 굿판을 이끄는 역할을 한다. 무당은 굿을 통해 관객의 참여를 유도하며, 축제적 분위기를 조성해 마치 연예인처럼 사람들의 감정과 에너지를 모아 치유와 화합을 돕는 역할을 한다. 사진출처: 국가유산청.

학적이지 않냐고 묻는다면 그 말이 맞다. 엔터테이너의 역할을 제외하면 무당의 컨설팅이나 상담, 의료 효과에 대한 과학적인 증거는 없다. 하지만 무당의 행위에 대한 심리적 효과는 우리의 상상을 뛰어넘는 것이었다.

물론 지금은 과학의 시대이니만큼 무당의 조언을 새겨듣는 지혜가 필요할 것이다. 하지만 무당의 존재는 그 잠재적 기능과 관련하여 이해해야 한다. 무속을 미신이라 폄하만 한다면 우리는 한국 사람들이 어떻게 살아왔고, 어떤 마음을 가지고 있으며, 어떠한 경우에 어떻게 행동할 것인지는 영원히 이해할 수 없을 것이다.

무당의 종류와 하는 일

사람들은 흔히 '무당'이라고 하면 여러 매체를 통해 그려지듯이 원색의 알록달록한 옷을 입고 신칼을 들고 춤추는 모습을 떠올린다. 이러한 무당은 강신무라 하여 신내림을 받는 무당의 전형이다. 이들은 무당이 되기 전에는 보통 사람이었으나 신병이 걸려 내림굿을 받고 무당이 된다. 굿을 할 때는 몸에 신을 받아 신의 말을 전하며, 신이 내린 것을 확인하기 위해 날카로운 칼을 몸에 긋거나 작두를 타는 등의 퍼포먼스를 하기도 한다. 강신무는 시베리아 샤먼의 전통에서 비롯되었으며 과거에는 주로 한강 이북에서 성행하였다. 특히 황해도 무당이 유명하다.

황해도 만구대탁굿. 강신무는 신내림을 받아 신과 소통하는 무당으로, 굿을 통해 신이 내리는 예언과 치유를 수행한다. 황해도 무당은 주로 강신무로서 활동하며, 황해도 지역의 독특한 굿인 만구대탁굿을 통해 강렬한 신내림 의식을 중심으로 지역 전통을 이어가고 있다. 사진출처: 국가유산청.

그러나 한국에는 강신무가 아닌 무당도 있다. 바로 해안 도서島嶼 지역에 분포하는 세습무인데 이들은 언제인지도 모를 옛날부터 무업을 해오던 집안으로 씻김굿(죽은 이의 영혼을 깨끗이 씻어주어 이승에서 맺힌 원한을 풀고 극락왕생하기를 비는 굿)이나 별신굿(풍농이나 풍어를 비는 마을굿)을 담당한다. 또한 이들은 제천 의식을 집전하던 고대 제사장의 후예이며, 특히 남해안 지역은 고대 남방 해양 문화가 전해지던 곳으로, 이 지역의 세습무는 남방 주술사 계열이라는 설도 있다. 바다에 생명을 의지해야 했던 해안 도서 지역의 특성상 오랫동안 전통적인 신앙이 유지되었을 가능성이 크다.

세습무는 신병을 앓지 않고 혈연으로 무당이 되며 굿 중에서도 신내림 없이 과거로부터 전해지는 굿의 순서에 따라 노래와 춤 등을 연행한다. 세습무는 신을 직접 받지는 않지만 그럼에도 굿에서 신을 모시는 절차는 중요한데, 이때는 마을 사람이나 제관 중 신기가 있는 사람이 신대를 들고 신을 받는다. 진도 씻김굿, 남해안 별신굿, 동해안 별신굿, 제주 큰굿 등이 무형문화재로 지정되어 있으며 지금은 전통 예술의 한 분야로 인정받고 있다.

조선시대만 해도 한강을 경계로 하여 이북에는 강신무, 이남에는 세습무가 주로 분포하였으나 한국전쟁으로 많은 이북 사람이 남쪽으로 피난하면서 이러한 지역적 구분이 사라졌고, 근대화 과정에서 무속을 미신이라 탄압하면서 세습무의 전승이 많이 끊어졌다. 현재는 무당이라 하면 대개 강신무를 말하고 세습무들은 거의 전통 예술인으로 여겨진다.

무속이 오랫동안 한국의 문화였던 만큼 한국에는 무당을 이르는 말도 많다. 무당은 보통 여자 무당을 일컫는 말이고, 남자 무당은 격覡이라 하는데 지역에 따라 박수, 박사, 광대, 화랭이, 양중이라고 부르기도 한다. 주로 박수무당으로 알려져 있다. 황해도 등 강신무 계열의 무당은 만 가지 신을 모신다 하여 특히 '만신'이라고도 한다. 세습무를 이르는 말은 진도에서는 당골, 제주도

남해안별신굿. 남해안별신굿은 주로 세습무가 행하는 굿으로, 대를 이어 무당이 된 이들이 지역 사회의 안녕과 풍어를 기원하는 의식을 집행한다. 사진출처: 국가유산청

에는 심방 등 지역에 따라 다양하다.

심방은 제주도에서 무당을 일컫는 말로 남녀를 가리지 않는다. 실제로 제주도 심방은 남자의 비율이 타 지역에 비해 높다. 양중은 세습무 집안의 남자들을 부르는 말인데 특히 동해안 지역의 세습무 악사들은 화랭이라고 한다. 화랭이는 신라시대 화랑에서 유래되었다는 설이 있다.

한편 무당 중에는 독경讀經을 전문으로 하는 독경무라는 부류가 있다. 독경은 주로 불경을 소리내서 읽거나 외우는 것을 말하는데, 무녀들이 행하는 굿과는 달리 독경자가 앉아서 경문을 낭송

하므로 '좌경坐經' 또는 '앉은굿'이라고도 한다. 주로 경전에 담긴 주술적인 힘을 빌어 악귀를 쫓아내고 복을 비는 의례로 굿과는 구분된다. 부적을 사용하여 방액防厄이나 제액除厄을 하기도 하며, 한학에 조예가 깊은 사람은 풍수지리까지 공부하여 지관 노릇을 하기도 한다. 독경무는 특히 충청도 지역에 많았다고 하는데, 은퇴한 양반들이 많이 살았던 충청도의 특성상 무당들의 굿을 꺼렸던 분위기가 영향을 미쳤을 것으로 추정된다.

독경무는 경장이, 판수, 법사法師, 복사卜師 등 여러 명칭이 있으며 지역에 따라 호칭이 다르다. 여자보다는 남자가 많으며, 특히 앞을 못 보는 맹인이 많았다. 옛날에는 맹인들은 세상은 보지 못하지만 신계나 영계의 존재들은 더 민감하게 감지할 수 있다는 믿음이 있었으며, 이에 따라 맹인들이 독경을 배워 독경무로 활동하기도 했다.

독경무들은 『불설용호모경佛說龍虎模經』, 『불설북두연명경佛說北斗延命經』, 『불설산왕경佛說山王經』 등의 경전들을 외우는데, 불설佛說, 즉 부처님 말씀이라는 말이 붙지만 불교와는 별 관계가 없고 오히려 도교적인 요소가 강하다. '용호', '북두연명' 등은 도교에서 사용하는 개념이며 천존天尊, 대제大帝, 진인眞人, 천군天君, 신장神將 등의 도교적인 신격을 주로 섬긴다는 측면에서 독경무는 도교적 전통을 잇는 도사들의 후예로 추정된다.

독경무는 강신무처럼 신내림을 받고 독경무가 되기도 하고 나

조선시대에 서울의 4대문 안에는 무당이 살 수 없었고 굿도 도성 밖에서만 했으며 승려들의 출입이 금지되었었으나, 맹인의 독경의례는 17세기 후반까지 국행기우제로 열렸고, 궁중과 양반층, 민간의 대표적인 의례로 이어져 왔다. 사진출처: 국가유산청.

중에 독경과 제의절차를 배워 독경무가 되기도 했는데, 주로 맹인들은 학습을 통해 독경무가 되었다고 한다. 대체로 독경무들도 신당을 모시고 있으며, 독경 이외에도 침술이나 점복 등을 겸하고 있다. 이러한 독경무들은 마을굿 같은 제의에는 참여하지 않는 것이 원칙이나 축귀나 재복을 비는 굿에서는 무당들과 협업하거나 독자적인 의례를 집전한다.

무당들은 주로 점사와 굿으로 사람들의 문제를 해결해준다. 무당집 앞에는 대나무 장대에 흰색과 빨간색의 깃발이 걸려 있는데, 흰색은 점사를 빨간색은 굿을 의미한다. 과거에는 독경무 등

굿을 하지 않는 무당들은 흰색 깃발을, 굿을 하는 무당들은 빨간 깃발을 걸었지만, 요즘에는 딱히 구분하지 않고 둘 다 걸거나 청색 깃발을 포함한 삼색기를 걸기도 한다. 천왕기天王旗 또는 서낭기(성황기, 城隍旗)라 하는 이 깃발은 고대 소도에 꽂혀 있던 깃발[旄]에서 유래되었다는 설이 있다.

점사 또는 점복은 미래에 일어날 일을 알려주는 것으로 무당들은 자신이 모시는 신의 힘으로 앞날을 알려준다[神占]. 역술인이 주역이나 사주 이론으로 보는 점은 무당이 보는 신점과는 구분된다. 무당도 의뢰인에게 사주를 물어보고 기본적인 내용은 사주 이론으로 풀어내지만, 중요한 내용은 신이 이야기해준다는 차이가 있다.

하지만 무당 본연의 일은 뭐니 뭐니 해도 굿이다. 신의 힘이 필요한 이들의 의뢰를 받아 무당이 집전하는 제사나 의식을 말하는 굿은 그 목적과 주체, 규모 등에 따라 매우 다양한 방식으로 분류된다.

03

누가, 왜 무당이 되는가

신병은 무당이 될 사람들이 무당이 되기 전에 앓는 병이다. 신이며 무당이며 비과학적이라고 생각하는 이들도 많지만, 신병은 'shin-byung'이라는 우리말 그대로 임상심리학의 진단분류체계인 『DSM 4판The DSM-IV (Diagnostic and Statistical Manual of Mental Disorders, Fourth Edition』에도 올랐던 엄연한 한국의 문화적 증후군이다. 귀신이나 초자연적 존재에 대한 믿음과는 별개로 분명히 경험되는 증상을 가진 정신적 현상이라는 뜻이다.

신병은 무당이 될 사람들에게 찾아온다. 이유 없이 몸이 떨리고 아프거나 시름시름 앓고, 헛것이 보이거나 환청을 듣는 등의 증상이 나타난다. 정상적인 생활이 어려울 만큼 몸과 마음에 변화가 생기지만 병원에 가도 딱히 원인을 찾을 수 없다. 병을 낫게 하려는 온갖 노력이 허사로 돌아가고 병자가 최후에 찾아가는 곳은 무당이다. 무당은 이러한 증상이 '신을 받아야' 나을 수 있다고 하는데, 신을 받는 대가는 무당이 되는 것이다. 신을 받아야 낫는 병, 신병의 실체는 과연 무엇일까?

이 물음의 답을 찾기 위해 우선 무당이 누구인지 알 필요가 있다. 요약하자면 무당은 신과 인간을 중개하여 인간의 문제를 해결해주는 존재다. 그런데 무당이 되기 위해서는 왜 병을 앓아야 하는 것일까?

신병이 정신장애의 하나라는 전제에서 그 환자, 즉 신병을 앓는 이들에 대한 이해로부터 시작해보자. 예부터 무당은 대개 여성들이었다. 지역에 따라 남자 무당이 있는 곳도 있으나 대다수는 여성이었고 지금도 그렇다. 과거 여성은 사회적 진출이 제한되어 있었고 배움에서도 소외되어 있었기 때문에 억울하고 답답한 일이 생겨도 이를 해결할 방법이 요원했다. 게다가 남성 위주의 사회적 질서에서 여성은 지켜야 할 도리도 많았고 해서는 안 될 금기도 많았다.

지금도 그렇지만 이러한 상황은 정신건강에 매우 해롭다. 억울함과 분노가 표출되지 못하고 오래 지속되면 몸과 마음이 병들게 된다. 화병이다. 신병과 마찬가지로 『DSM 4판』에 올랐던 화병은 현재는 분노를 동반한 우울증의 한국적 형태로 이해되고 있다. 분노와 우울이 지속되면 신체적으로도 반응이 나타난다. 가슴이 뛰고 열감이 올라오는 등 심혈관계의 증상이나 답답하고 소화가 안 되는 증상 등이 뒤따른다.

사람들은 이러한 증상들을 다스리기 위해 들끓는 감정을 삭여도 보고 자기 탓을 해보는 등 최대한 마음을 다스렸을 것이다. 하지만 모든 화를 다스릴 수 있는 것은 아니다. 삭일 수 없는 억울함과 분노가 한 사람의 정신에서 감당하기 어려워질 정도가 되면 인간의 마음은 놀라운 현상을 만들어낸다. 감당할 수 없는 마음의 일부를 자신의 마음에서 분리해버리는 것이다. 해리 dissociation라는 현상이다.

신병에 걸린 사람들은 신의 모습을 보거나 신의 목소리를 듣는다. 때로는 신이 들린 채로 원래의 모습과는 전혀 다른 행동들을 하기도 한다. 해리는 기억상실증이나 다중성격장애 등의 예로 알려져 있지만, 초자연적 현상인 빙의憑依, possession 또한 해리로 해석될 수 있다. 예로부터 신병이나 귀신 들림 등 초자연적 존재가 사람의 몸에 씌는 사례들은 많이 보고되어 왔다. 과학적 설명 방법이 없었던 시기, 한 사람에게 나타난 그 사람이 아닌 전혀 다른 인격을 신이나 귀신이라는 존재로 이해하는 것은 당연해 보인다.

이러한 관점에서 신병을 앓는 이에게 실린 신은 해리된 정신의 일부라는 설명이 가능하다. 신은 인간이 알지 못하는 것을 알고 있는 존재, 인간보다 훨씬 강하고 많은 힘을 가지고 있는 존재다. 배우지 못했고 의사 표현을 억압당했던 이들의 정신이 반대 방향으로 극대화되어 분리된 것이 신의 실체가 아닐까?

정신의 일부가 해리된 상태는 결코 정상이라 할 수 없다. 통합되어 있어야 할 정신이 말 그대로 분열된 것이다. 환각과 환청, 현실 인식의 어려움 등은 조현병의 전형적 증상이다. 사람이 이 상태로 살아갈 수는 없다. 이때 무당은 해리된 정신으로 자신을 찾아온 '환자'에게 신을 받아야 한다고 말한다. 신병을 앓는 이들은 내림굿을 통해 자신에게 들어온 신을 받아들여 무당이 되는데, 이 과정은 해리된 정신이 어떻게 다시 통합되어 '병'이 낫고 환자의 정체성을 바꾸는지를 잘 설명한다.

내림굿은 찾아온 신을 정식으로 받는 의식이다. 즉, 해리된 정신을 분열된 상태로 방치하는 것이 아니라 환자의 정신으로 통합하는 것이다. 물론 다시 합쳐진다는 단순한 통합이 아니라 정신의 해리된 부분을 내 것으로 인정하고 그 존재와 함께할 것을 받아들인다는 뜻에서의 통합이다. 해리된 정신을 통합한 환자는 더 이상 환자가 아니다. 그는 무당이라는 새로운 정체성을 갖고 이전과는 전혀 다른 인생을 살게 된다. 무당은 자신이 모신 신의 능력으로 다른 사람들을 돕는 사명을 받는다. 병든 이를 낫게 하고 마음 아픈 이를 어루만지며 슬픈 이를 달래는 이가 바로 무당이다.

무당은 견딜 수 없을 만큼의 큰 상처를 딛고 일어나 분열된 자아를 통합한 존재다. 아직 과학적으로 규명되지 못했지만, 그들의 신비한 능력은 분열된 자아를 통합하는 과정에서 발현된 인간 정신의 한 영역일지도 모른다. 뇌과학이 엄청나게 발달한 현재도 인간 마음의 비밀이 다 밝혀진 것은 아니다.

우리는 우연한 계기로 하루아침에 외국어를 통달했다는 사람이나 사물을 투시하거나 미래를 예견하는 등 초능력을 가진 사람들을 목격한다. 최면이나 명상을 통해 이러한 능력을 발견하거나 훈련한다는 이야기도 있다. 신실하다 못해 실로 처절한 무당의 기도는(물론 제대로 된 무당에 한해서) 인간의 정신을 고도로 집중시키고 미처 발견되지 않은 뇌의 어떤 부분을 활성화시키는 방법일 수도 있다.

중요한 것은 무당의 역할이다. 무당은 자신에게 생긴 능력을 결코 자신의 부귀를 위해 쓰지 않는다. 과거의 자신처럼 상처 입고 아픈 중생들을 돌보는 데 사용한다. 무당은 신과 인간을 중재하고 모든 맺힌 것(갈등)을 풀어내고 화해를 이루어내는 존재다. 물론 무당 중에는 신의 능력을 이용해 사리사욕을 채우거나 남에게 해를 끼치는 경우도 있으나 이런 옳지 못한 종교인의 행동은 어느 종교에서나 나타난다.

미신을 조장하고 사람들을 등쳐먹는다고 비난받던 무당은 현대에도 여전히 존재한다. 무속의 신념 체계와 그 행위가 21세기 한국에 분명히 기능하는 측면이 있기 때문일 것이다. 지금도 계속 늘어나는 무당들은 이 땅에서 우리와 함께 숨 쉬고 살아가는 이들이라는 점을 명심해야 한다.

04

굿의 종류와 구조

 대개 사람들은 굿 하면 무당이 알록달록한 옷을 입고 부채와 방울을 들고 펄쩍펄쩍 뛰는 단편적인 장면만을 연상하지만, 굿의 종류는 그보다 훨씬 다양하다. 우선 굿은 굿을 여는 주체에 따라 나라굿, 지역굿, 가정굿으로 분류할 수 있다.

 국가적으로 행해졌던 나라굿으로 별기은別祈恩이 있다. 국가의 안녕을 위하여 명산대천에서 지냈던 굿으로 부여夫餘의 영고迎鼓, 고구려高句麗의 동맹東盟, 동예東濊의 무천舞天, 삼한三韓의 시월제十月祭 등과 같은 고대 제천행사가 그 기원일 것으로 추정된다. 국무당들이 이를 주관하였으며 무격을 배척했던 조선시대에도 말기까지 덕적산, 송악산, 감악산 등지에서 별기은제가 열렸다.

성수청星宿廳이나 활인서活人署 등에 소속된 국무당들은 이 외에도 기우제나 천재지변을 막기 위한 굿(천존굿)들, 왕가의 병굿 등을 담당했고, 왕실 여인들의 궁중암투에 동원되기도 했다.

다음으로, 공동체의 안녕과 풍농, 풍어를 기원하는 지역의 굿들이 있다. 이러한 굿들은 지역에 따라 그 이름이 다른데, 남해안과 동해안 지역에서는 별신굿(別神굿), 경기도 일대에서는 도당굿(都堂굿), 황해도에서는 대동굿(大同굿), 남도 지방에서는 당산굿(堂山굿)이라 한다. 역시 고대의 제천행사에서 비롯되었을 것으로 생각되며 지역의 큰 무당들이 이를 주관했다. 조선시대에는 유교의 영향을 받아 유교식 의례와 융합된 형식의 굿들이 행해지기도 하였다.

나라나 지역 단위의 대규모 굿들은 사람들의 공동체의 안녕과 풍요를 기원하고 집단의식을 다지는 역할을 해왔다. 그 외에도 굿에는 화려한 볼거리와 맛있는 음식, 굿 사이사이의 다양한 놀이 등이 벌어진다. 많은

동해안별신굿(東海岸別神굿). 동해안별신굿은 동해안의 어촌 마을에서 마을의 수호신을 모시고 마을의 평화와 안녕, 풍요와 다산, 배를 타는 선원들의 안전을 빌기 위해 무당들을 청해다가 벌이는 대규모 굿이다. 사진출처: 국가유산청.

사람들이 모이는 굿판 주변에는 시장이 열리기도 했다. 이러한 문화적 기능을 갖는 제의들은 동서고금을 막론하고 어느 종교에서나 그 모습을 볼 수 있다.

한국 무속과 무당의 역할은 개인들의 의뢰를 받아 이루어지는 개인굿(가정굿)에서 보다 잘 드러난다. 굿에는 이 땅에서 살아왔고 또 살고 있는 개인들의 회로애락과 욕망, 심층심리가 담겨 있기 때문이다. 개인굿은 그 목적에 따라 크게 재수굿, 우환굿, 천도굿으로 나눌 수 있다.

재수굿은 집안의 안녕과 재복, 무병장수 등을 비는 굿으로 천신굿 또는 경사굿이라고도 한다. 앞서 언급한 나라굿이나 마을굿의 가정 버전이라 볼 수 있다. 주로 정초나 봄에 행해지며 경제적 여유가 있는 집에서 일가친척과 이웃사람들을 모아 잔치처럼 치러지는 경우가 많았으나 최근에는 잘 행해지지 않는다.

우환굿은 병굿, 치병굿이라고도 하며 주로 병을 치료하기 위해 하는 굿이다. 병이 부정이나 살, 잡귀, 신의 뜻에 의해 걸린다고 믿었던 과거에 병 치료는 무당의 핵심 업무 중 하나였다. 무속의 치병굿은 병의 원인이 된 존재를 잘 달래어 떠나보내는 방식으로 이루어지며, 천연두를 예방하거나 치료하기 위한 손님굿, 마마배송굿 등이 대표적이다. 의학이 발달한 현재에는 거의 찾아볼 수 없는 굿이지만 병의 원인이 귀신이나 조상령 등으로 특정되는 경우에는 지금도 많이 행해진다. (3장 '06 귀신들림은 무엇인가'

참고.)

죽은 사람을 저승으로 보내는 천도굿은 예나 지금이나 많이 행해지는 굿이다. 대개 죽은 가족을 위해 이루어지는데 조상이 후손에게 복을 준다는 인식과 한은 죽어서도 풀어야 한다는 생각 때문에 한국인들은 이 천도굿을 중요하게 생각해왔다. 불교적 전통에서도 또는 딱히 종교가 없는 사람들도 천도재는 중요하게 생각하는 경우가 많다.

천도굿은 전국에서 매우 일반적으로 행해지던 굿으로 지역에 따라 오구굿, 진오기굿(지노귀굿), 새남굿, 시왕굿, 씻김굿 등의 이름으로 불리며, 특히 진도 씻김굿은 고유의 형식과 예술성으로 유명하다. (3장 '05 천도굿의 심리적 기능' 참고.)

그 외에, 무당이 스스로를 위해 하는 굿을 신령기자굿이라고 하는데 이 신령기자굿에는 무당이 되기 위해 신내림을 받는 내림굿과 무당이 자신을 위해서 하던 재수굿의 일종인 진적굿 등이 있다. 그리고 굿처럼 대규모는 아니지만 독경무가 행한 앉은굿, 소소한 소원이나 치성을 드리는 비손, 감기나 두통, 급체 등 잔병의 치료를 위한 푸닥거리 등도 한국인의 삶과 함께해왔던 무속의례의 일종이다.

굿은 보통 열두 거리로 이루어지는 큰 의식이다. 그러나 반드시 12개의 거리가 행해지는 것은 아니고 생략되거나 더해지기도 한다. 이름난 큰 굿들은 16, 19, 24거리까지 있는 경우도 있다. 그러

앉은굿이란 법사(經客, 정각, 정각쟁이, 독경자)가 의관을 정제하고 앉아서 북과 꽹과리를 두드리면서 독경을 진행하는 의례다. 사진출처: 국가유산청.

나 모든 굿들은 크게 세 단계를 따라 진행되는데, 신을 청해 모시는 청신請神, 차린 음식과 가무로써 신을 즐겁게 하는 오신娛神, 인간의 부탁을 들어준 신을 배웅하는 송신送神이 그것이다.

이러한 굿의 구조에는 신과 인간에 대한 한국인의 전통적인 인식이 잘 드러난다. 첫째, 신을 부를 수 있다는 생각이다. 인간은 자신의 목적을 이루기 위해 신계에 있는 신을 인간계로 불러온다. 물론 성대한 상차림에 매우 공손한 태도로 모시긴 하지만 기본적으로 신을 '오라 가라'하는 태도는 매우 인간중심적이고 현세적이다.

둘째, 신을 접대한다는 생각이다. 천상의 신이라도 산해진미와 좋은 술, 흥겨운 음악과 구성진 소리, 꽃 같은 무녀들의 화려한 춤에는 마음이 약해지지 않을 도리가 없다. 신은 '이렇게까지 차린' 정성이 갸륵해서라도 의뢰인의 부탁을 들어줄 것이다. 이러한 생각은 고대로부터 권력자에 대한 인식과 태도, 문제가 생겼을 때 그것을 해결하는 방식 등이 반영된 것으로 보인다.

셋째, 중요한 신 외에도 악신, 잡귀 잡신까지 챙겨 먹인다는 점이다. 한국 무속에는 원래 축귀逐鬼라는 개념이 희박하다. 지독한 문제를 일으킨 나쁜 귀신이라도 그 사연을 잘 듣고 달래어 보내야 하고, 굿과 별 상관없는 잡귀라고 할지라도 기왕 왔으니 잘 먹여 보내야 한다. 한국의 잔치에는 거지나 인근의 장애인도 한 상씩 받을 수 있었다. 굿의 말미에 행해지는 창부거리나 뒷전거리의 의미가 이것이며, 한국인이 잔치나 술자리를 1차로 끝내지 않으려는 이유(뒤풀이 문화)도 여기서 찾을 수 있다.

무서운 모습으로 삶은 돼지를 창으로 찌르거나 닭 피를 입에 바르고 시퍼런 칼날을 몸에 가져다 대는 것이 굿의 전부는 아니다. 무당이, 굿이 우리의 역사와 삶 속에서 해왔던 일의 의미를 제대로 바라볼 필요가 있다.

05

천도굿의 심리적 기능

무속에서 굿은 신을 불러 인간의 여러 문제를 해결하는 제의다. 고래로부터 제의는 신의 존재 여부와 별개로 인간의 삶에 일정한 역할을 해왔다. 연초나 추수 후에 지내는 제천행사는 한 해의 안녕과 풍요를 기원하는 것 외에도 공동체의 단합을 촉진하고 생활의 주기를 되새기는 기능을 했고, 가뭄이나 홍수, 역병 등 천재지변에 행해지는 굿은 사람들의 불안을 가라앉히고 재난에 대처할 의지를 불러일으켰다.

개인적인 목적으로 열렸던 굿도 마찬가지다. 집안의 안녕과 재물운을 기원하는 재수굿을 하고 나면 일이 술술 잘 풀려나갈 거

진도씻김굿. 죽은 이의 영혼이 이승에서 풀지 못한 원한을 풀고서 즐겁고 편안한 세계로 갈 수 있도록 기원하는 진도 지역의 굿으로, 망자(亡者)의 한을 씻어준다고 해서 씻김굿이라 한다. 사진출처: 국가유산청.

라는 기대가 생기고, 그러한 기대는 삶의 자세를 긍정적으로 바꾸어 한 해 동안 겪게 되는 일들을 긍정적인 쪽으로 받아들이게 한다. 일종의 자기실현적 예언의 효과다.

병이 걸렸을 때 하는 병굿 역시 병의 원인을 가시화하여 이를 소멸시킴으로써 마음을 편안하게 만드는 효과가 있다. 마음은 여러 가지 병의 원인이다. 의학이 발달한 현재도 웬만한 병들은 마음이 편해지는 것만으로도 차도를 보인다. 그 때문에 과거 무당들은 활인서(조선시대에 도성 내 병인을 구료하는 업무를 관장했던 관서)에 소속되어 병자를 치료하기도 했다.

굿의 심리적 효과를 잘 보여주는 또 하나의 굿이 있다. 오구굿, 진오기굿, 새남굿, 씻김굿 등으로 불리는 천도굿, 즉 망자를 저승으로 보내는 굿이다. 천도굿은 가장 많이 행해지는 굿이다. 재수굿은 형편이 안 되는 집에서는 하기 어려웠고, 아픈 사람이 없으면 병굿을 할 일이 없지만, 사람은 누구나 한번 태어났으면 반드시 죽기 때문이다.

천도굿을 의뢰하는 이들은 대개 망자의 가족이다. 그리고 망자는 확률적으로 나이가 많은 노인, 다시 말해 부모인 경우가 많다. 예나 지금이나 사람들의 심리적 문제는 상당 부분 가족, 구체적으로 부모-자식 관계에서 비롯된다. 전근대시대에 대부분의 사람들은 자신의 심리적 문제가 어디서 기인했는지 인식하지 못하거나, 인식하더라도 그 대상이 부모이기 때문에 별다른 해결책을 찾기 어려웠다.

더욱이 효를 중시했던 한국 문화에서 부모-자식의 문제는 공론화하여 해결하기가 참으로 어려운 문제였을 것이다. 그것은 부모에게 받은 상처일 수도 있고 부모의 은혜를 다 갚지 못한 안타까움일 수도 있다. 그러한 문제들은 부모가 돌아가시기라도 하면 해결할 방법 자체가 사라져버린다. 그러면 남은 자식은 남은 평생을 해결되지 못한 문제를 마음에 품고 살아야 한다.

남은 이들의 상처는 망자의 나이가 어린 경우에도 다를 것이 없다. 예로부터 자식을 잃으면 가슴에 묻는다 했던가? '더 잘해줄 것을…. 더 잘 먹이고 더 잘 입힐 것을…' 하는 애통함으로, 어린 나이에 떠난 자식은 부모에게 평생 지워지지 않는 흔적을 남긴다. 천도굿은 이미 세상을 떠난 망자를 불러내어 남은 가족과 남은 문제를 해결할 기회를 제공하여 남은 자들을 위로하는 의식이다.

여기에서는 대표적 천도굿인 경기지역 진오기굿의 절차를 예로 천도굿의 심리적 효과와 의미를 살펴볼 것이다. 진오기굿은 세부적으로 하면 총 20개의 거리로 이루어져 있는데, 이 중, 초영실,

진오기굿은 망자의 영혼을 위로하여 저승으로 보내는 망자천도(亡者天道)굿을 말한다. 전국 각지에 망자천도굿이 있는데 서울에서는 이를 진오기굿이라 하며, 규모가 큰 경우는 새남굿이라 부른다. 호남에서는 씻김굿이라 칭한다. 사진출처: 국가유산청

원영실, 뒷영실이라는 거리에서 망자의 영혼이 등장한다. '영실'
은 망자를 의미하며 망자의 저고리를 입은 무당은 접신 상태에
서 망자의 말을 옮긴다.

무당의 몸에 실린 망자는 가족 및 일가친척에게 인사를 전하고
그간 하지 못했던 말들이나 가족에 대한 당부 등을 전한다. 이때
망자는 무당의 입을 빌어 생전에 원통했던 일이나 하지 못했던
말을 하기도 하는데, 가족은 무당을 껴안고 눈물을 흘리거나 망
자의 당부를 되새기며 이별의 슬픔을 보듬고 생전에 풀지 못한
앙금들을 씻어낸다.

여러 신령들과 망자가 가게 될 저승의 시왕들, 그리고 망자를
저승으로 인도할 바리데기에 대한 사설이 끝나고 무당은 무명과
베로 된 헝겊을 몸으로 찢어내며 저승으로 가는 길을 연다(베째거
리). 마지막 뒷영실 거리에서 무당의 몸에 실린 망자는 가족에게
마지막 인사를 남기고, 망자의 가족과 구경꾼들은 울음바다가
된다.

이러한 천도굿의 과정은 내담자(프로타)와 연기자에게 지금 이
자리에 없는 중요한 인물과의 관계를 연기하게 하여 과거의 심
리적 상처를 떠올리게 하고 치료하는 심리학의 사이코드라마 기
법과 매우 유사하다. 사이코드라마는 1921년 제이컵 레비 모레노
Jacob Levy Moreno에 의해 시작된, 연극적 기법을 활용한 심리치료 방
법이다.

사이코드라마는 자신의 문제를 풀어갈 주인공(프로타/프로타고 니스트)와 극을 이끌어갈 연출자(감독), 주인공의 상대역을 해줄 보조 자아auxiliary ego와 관객, 무대라는 다섯 개의 요소로 이루어진 다. 진오기굿(천도굿)에서 망자의 가족은 심리적 문제를 안고 있 는 주인공(프로타)이며 무당은 극을 이끌어가는 감독이자 주인공 의 상대역(망자)인 보조 자아의 역할을 맡는다. 때로 망자의 혼은 다른 가족 친지나 다른 무당에게 실리기도 하는데 이때는 망자 의 혼이 실린 이가 보조 자아가 된다.

사이코드라마에서 관객은 주인공과 보조 자아의 언행에 반응하 며 공감대를 형성하는데 이들의 반응은 주인공이 자신의 행동을 객관적으로 돌아볼 수 있는 계기를 제공하며 결과적으로 자기이 해를 돕는다. 진오기굿에서 관객의 역할도 이와 정확히 일치한 다. 굿이 벌어지는 장소(대개 망자의 집 마당) 역시 의도적으로 꾸 며진 공간이 아니라 망자와 가족들이 평소에 생활하던 곳이어서 주인공들의 몰입을 돕는다.

무당은 분명 망자가 아니지만 굿의 절차들을 통해 상황에 몰입 한 망자의 가족(주인공)은 자연스럽게 무당의 몸에 실린 망자와 상호작용하며 그간의 상처를 드러내고 어루만지며 치유하게 된 다. 그 과정을 통해 자신들의 문제를 좀더 잘 이해하게 되고 억압 했던 감정들을 분출함으로써 감정을 정화할 수도 있다.

망자의 영혼은 실제로 무당의 몸에 실릴 수도 있고 그렇지 않을 수도 있다. 그것을 믿는 것은 신앙의 문제다. 하지만 천도굿의 심리적 효과와 의미는 분명하다. 천도굿은 망자를 떠나 보내는 굿이지만 결국 산 사람들의 마음을 편하게 하기 위한 제의다. 한국인들은 죽은 가족과 작별하며 그간의 묵은 감정들을 해소하고 새롭게 살아갈 힘을 얻을 수 있었던 것이다.

천도굿은 삶은 힘들었어도 죽음은 편안해야 한다는 생각과 망자가 이승에 한을 남겨서는 안 된다는 인식, 그리고 조상이 좋은 곳을 가야 후손을 보호하고 복을 준다는 믿음과 합쳐져 한국인의 삶에 매우 큰 비중을 차지하는 행사로 오랫동안 자리 잡아왔다.

06

귀신들림은 무엇인가

빙의는 사람의 몸에 귀신이 들어갔다는 뜻이다. 동서고금에 빙의에 대한 이야기는 많이 전해진다. 빙의가 되는 이유는 여러 가지가 있는데, 대개 귀신의 어떤 목적에 의해 선택된 사람의 몸에 귀신이 들어오는 경우가 많다. 즉, 사람이 자발적으로 귀신을 받아들이는 경우는 무당 또는 영매와 같은 영능력자가 아니면 드물다는 것이다. 귀신이 들리는 사람들은 마음의 상처를 입었거나 호기심 때문에 귀신들이 많은 곳에 갔거나 악령에 의해 선택받은 사람들이다.

그렇기 때문에 예로부터 사람들은 빙의가 되면 귀신을 쫓아내

려 애썼다. 대부분의 보통 사람들에게 빙의는 대단히 이례적이고
비정상적인 일이었기 때문이다. 성경에도 예수께서 귀신들린 자
에게서 귀신을 쫓아냈다는 말씀이 있고(마가복음 1:21~28, 누가복음
8:26~39 등) 가톨릭에는 과거부터 엑소시즘을 행하는 구마 사제
들이 있었다.

프랜시스 고야, <죽어가는 불치병 환자를 돕는
성 프란치스 보르자(St. Francis Borgia Helping a
Dying Impenitent)>, 1788.

우리나라에도 귀신들림에
대한 풍부한 자료가 있다.
무속의 사제인 무당들부터
가 자신의 몸에 신을 받아
인간사의 문제들을 해결하
는 존재다. 무당은 한국 역
사 속에서 컨설팅, 상담, 치
병, 엔터테인먼트 등 다양한
역할을 수행해왔는데, 그중
빠질 수 없는 부분이 치료
및 치유다.

특히 의술로도 어찌할 수
없는 병의 치료는 최종적으
로 무당에게 맡겨졌었는데
그러한 병의 대표가 바로
귀신들림, 즉 빙의다. 빙의

가 된 사람들은 전혀 딴 사람처럼 말하고 행동하며 건강도 심각하게 나빠진다. 이들을 치료하기 위해 무당은 귀신을 쫓는 굿을 한다. 즉, 여러 종교에서 전해오는 구마驅魔, 퇴마退魔, 축귀逐鬼, 제령除靈 등의 의식은 이러한 빙의환자들을 치료하는 과정이다.

그렇다면 빙의란 과연 어떤 병일까? 실제 존재하는 귀신이나 악령이 사람의 몸에 들어오는 것일까? 사실 귀신의 존재 여부는 중요한 것이 아니다. 그렇게 믿는 사람들에게 있어서 어떠한 존재는 이미 현실이다. 여기서는 귀신의 실재 여부가 아닌, 빙의라는 현상과 그 치료의 심리학적 기제와 기능을 이해해보자.

마음에 견디기 힘든, 감당하기 어려운 고통이 찾아오면, 인간의 마음은 감당할 수 없는 마음의 일부를 자신의 마음에서 분리해 버린다[해리, dissociation]. 귀신이 들려 다른 사람이 된 것처럼 말하고 행동하는 빙의는 다중성격장애와 대단히 유사하다. 다시 말해, 사람에게 들린 귀신은 그 사람의 해리된 정신의 일부일 가능성이 있다.

그렇다면 해리를 치료하는 방법은 무엇일까? 현대 정신의학에서도 해리성 장애를 치료하기란 어려운 일이다. 일단 환자가 본인의 상태를 이해할 수 있어야 하는데 자신이 기억할 수도 없는 상태에서 다른 사람의 말투로 본래 자신은 하지 않는 행동을 하는 것을 이해하기가 쉽지 않다. 따라서 과거의 사람들은 이를 귀신이나 악령의 존재로 설명해왔다.

구마 의식이나 굿의 과정을 보면 사제(무당)가 사람에게 들린 귀신을 불러내고 여러 의식을 거쳐 귀신을 쫓아내는 방식으로 이루어진다. 귀신의 존재 여부를 떠나 이러한 의식의 기능은 환자에게 분열된 정신을 인식시키고, 그것들을 소멸시키는 과정을 시각화함으로써 환자에게 문제의 원인이 제거되었다는 것을 확인하게 만든다는 것이다.

인간의 마음이 작용하는 방식은 매우 복잡하고 이해하기 어렵다. 과거에 비해 과학이 비약적으로 발달한 지금도 아직 다 밝혀지지 않은 부분이 있다. 마음에 대한 이해가 부족했던 과거의 사람들이 자신이 경험하고 있는 심리적 문제를 정확히 파악하여 그것에 직면하고 또 합리적으로 해결하는 것은 현실적으로 어려웠을 것이다.

마음에 입은 큰 상처나 해결되지 않은 감정의 찌꺼기들은 사람의 몸과 마음에 지속적인 영향을 준다. 이유 없이 몸이 근질근질하기도 하고 뭔가가 가슴을 꽉 누르고 있는 것처럼 느껴지기도 한다. 떠올리기 싫은, 혹은 떠올릴 수 없는 기억이나 감정이 자신도 모르게 의식을 스쳐가기도 한다. 그러한 기억이나 감정은 우리가 떠올릴 수 없는 어린 시절의 기억이거나 그 기억이 떠오르는 것을 막기 위한 무의식적 억제가 작용하는 종류다.

그러한 상태가 지속되면 내가 내가 아닌 듯한 느낌을 받게 된다. 내 안의 어떤 존재가 슬퍼서 울부짖는 것 같기도 하고 분노로 가득 차 어쩔 줄 모르는 것 같기도 하다. 귀신이나 악령 등의 초자연적 존재는 그러한 상태를 설명해준다. 무당들은 말한다.

"당신의 마음을 답답하게 하는 것은 아버지가 잡아 죽인 뱀이다. 자식이 시름시름 아픈 이유는 악령이 씌었기 때문이다. 이유도 없이 어깨가 아픈 것은 억울하게 죽은 누군가가 어깨에 앉아 있기 때문이다. 일이 잘 안 풀리는 것은 조상의 묘를 돌보지 않았기 때문이다."

무당이 하는 설명을 듣고 나면 일단 마음이 놓인다. 불확실성이 크게 해소된 것이다. 아무것도 모르고 불안과 고통에 시달리던 때에 비하면 많은 것이 분명해진 상태다. 원인이 밝혀졌으니 이제 그 원인을 해소하면 된다.

엑소시스트, 무당, 사제, 주술사…. 누가 됐든 귀신을 쫓는 사람은 이제 귀신을 형상화하고 그것을 쫓아내는 의식을 시작한다. 사제의 말은 환자(빙의된 사람)에게는 일종의 암시로 작용한다. 이제 귀신이 모습을 드러낼 것이고 그것이 몸 밖으로 나갈 것이라는 사실이 구마자의 말, 의식의 절차, 분위기 속에서 점차 구체화되는 것이다.

의식이 끝나고 구마자가 환자의 몸 밖으로 나온 귀신을 무언가에(그릇이나 용기) 봉인하여 묻거나 태워 소멸시키면 환자는 자신의 문제가 이제 자신 밖으로 빠져나가 소멸되었다고 믿게 된다. 즉, 퇴마 의식은 내면의 문제가 실체화되어 사라지는 모든 과정을 환자에게 시각화하여 보여주는 기능을 갖는다.

문제가 사라졌다는 것을 직접 눈으로 봤으니 이제 마음이 한결 편해진다. 자신의 생활로 돌아간 환자는 가벼운 마음으로 거리낌 없이 자기 일을 할 수 있게 되는 것이다. 인간의 병은 대부분 마음에서 온다. 그 마음을 편하게 하면 대부분의 병은 치료 효과를 발휘할 수 있다.

한편, 무속에서는 퇴마 혹은 구마라는 말을 잘 쓰지 않는다. 대신 귀신을 '달래어 보낸다'고 표현한다. 한국인은 아무리 못된 귀신이라도 나름의 사연이 있다고 생각한다. 무당은 그 사연을 다 듣고 달래주는 사람이다. 한 상 잘 얻어먹고 억울했던 사연마저 쏟아놓고 나면 한국 귀신은 가야 할 곳으로 떠난다. 한국 무속의 문제 해결 방식이 '화해'라는 이야기가 여기에서 나왔다.

가끔 방송에서 본인을 퇴마사라고 소개하는 이들이 있는데, 하는 일은 본질적으로 같지만 이들은 도교 계열의 도사나 주술사라고 봐야 한다. 무당과 도사나 주술사는 신과 인간의 관계나 사용하는 기술(?) 면에서 각기 다른 전통에 속한다.

07

무속의 신들은 누구인가

　무속의 신들은 여타 종교의 신과는 큰 차이가 있다. 유일신 계열 종교와 비교하자면 일단 그 수가 많다. 무속학자 김태곤 교수는 총 273종의 무속신을 소개하고 있다. 800만 신이 있다는 일본 신토에는 미치지 못하지만, 무속에는 보통의 다신교 계열 종교 이상의 신들이 있다는 것을 알 수 있다. 또한 무속의 신들은 유일신 계열 종교의 신처럼 완전무결한 모습으로 인간 위에 군림하는 존재가 아니다. 그들은 인간보다 우월한 능력은 가졌지만 인간과 같이 희로애락을 느끼며 무당의 청에 따라 인간의 부탁을 들어주는 존재다.

3장 무속과 한국인　221

무속신들의 계통과 위계는 학자에 따라 그 기준이 조금씩 다르다. 김태곤 교수가 분류한 273종의 무속신은 계통상 자연신 63.6%, 인간신 33.3%, 기타 3.1%로 분류된다. 비율 면에서는 자연신 계통의 경우, 일상생활과 가장 밀접한 자연물인 땅, 물, 산, 하늘의 순이었고, 인간신 계통은 장군신, 왕신, 불교신, 도교신, 무조신의 순으로, 인간 세상의 영웅이 종교적 인물보다 더 신앙되고 있음을 알 수 있다.

문화인류학자 조흥윤 교수는 무속의 신들을 선관, 보살 계급, 전내 계급, 박수, 만신 계급, 뒷전 무당 계급, 넋대신 계급, 태주방 계급, 명도 계급 등 7가지로 분류하고 있으며, 종교학자 박일영 교수는 천신 계통, 외래신 계통, 국내신 계통, 잡귀·잡신 계통의 4가지로, 민속학자 이용범 교수는 영역신, 인물신, 비의인화된 기운 등으로 분류하고 있다.

무속신은 그 종류와 수도 많고 학자들에 따라 분류하는 방식도 각각 다르지만, 사람들과 밀접한 관계를 맺고 있으며 더 큰 영향력을 가져왔던 신들은 단연 인간신 계통이다. 이 점에서 무속은 창조나 소멸 등의 우주 원리를 형상화한 주신들의 힘이 강한 여타 다신교 계열의 종교와 구분된다. 특히 지역 수호신인 골맥이신이나 조상신은 마을이나 가문의 시조에 해당하는 인물이 섬겨지고 있으며, 재복災福을 관장하는 장군신이나 대감은 전통적으로 일반 백성들에게 큰 영향력을 가졌던 장군이나 관리의 모습으로 형상화되고 있다.

서울지역 재수굿의 절차를 살펴보면, 무속에서 가장 중요하게 여기는 신이 어떤 성격을 갖는가를 짐작할 수 있다. 재수굿은 집 안의 안녕과 재복 그리고 자손의 창성, 가족의 수복을 위해 행하는 굿으로 열두 거리로 대표되는 무속의 모든 굿의 기본 형태를 갖춘 굿이다. 재수굿의 전체과정은 ① 주당물림 ⇒ ② 부정거리 ⇒ ③ 천궁맞이 ⇒ ④ 도당거리 ⇒ ⑤ 조상거리 ⇒ ⑥ 상산거리 ⇒ ⑦ 별상거리 ⇒ ⑧ 신장거리 ⇒ ⑨ 대감거리 ⇒ ⑩ 성주거리 ⇒ ⑪ 창부거리 ⇒ ⑫ 뒷전으로 이루어진다.

주당물림과 부정거리는 굿판을 정화하기 위한 의식이며, 천궁 맞이, 도당거리, 조상거리는 자연과 지역 그리고 조상신에게 굿이 벌어진다는 사실을 알리는 성격을 갖고 있다. 자연신은 그 힘의 영향력은 넓으나 구체성이 부족하며, 지역신 역시 세세한 인간사에 밀접한 영향을 주지는 못한다. 조상신은 해당 가정에만 영향을 주는 존재다.

후반부의 창부거리와 뒷전은 잡귀나 잡신을 거두어 먹이는 굿의 뒤풀이 격인 절차이고, 그 거리에 등장하는 신들은 인간의 문제를 해결해주는 신이 아니라, 해를 끼치지 않도록 참여시키는 존재에 불과하다.

즉, 굿의 중심이 되며 여러 가지 재액을 막아주고 재복을 가져다줄 힘과 권능을 지닌 신은 상산거리, 별상거리, 신장거리에 등장하는 장군신, 영웅신 그리고 대감이다. 이는 제상의 중심이 되는 상이 장군신, 별상, 신장에게 돌아가는 상임을 보아도 알 수 있다. 장군신은 김유신, 최영, 남이, 임경업 등 역사적으로 실존했던 우리나라 무장武將들이 섬겨지고 있으며 강력한 무력武力으로 삿된 기운을 막는 수호신 역할을 하는 신들이다. 별상은 국가의 안녕을 책임지는 신들로 역시 무장으로 묘사된다. 서울·경기 지역에서는 사도세자, 광해군, 연산군 등 왕이 되지 못하고 억울한 죽음을 맞은 인물들이 별상으로 모셔지고 있다.

신장은 방위를 상징하는 오방신과 중국의 관우 등 중국 또는 도교적 전통의 신들로 잡귀·잡신과 제반 살殺들을 물리치며, 대감은 여러 신격에 쓰이는 호칭이지만 대감거리에서는 주로 터를 다스리고 집의 재운을 관장하는 터줏대감을 모신다.

신령의 위계상으로 이들은 분명 천신 계열의 신들의 아래에 있으나 보다 직접적으로 인간 세상에 영향을 미치는 존재다. 바로 이 지점이 한국 무속의 중요한 특징이다. 시베리아나 타 지역의 샤머니즘에서는 자연신이나 동물신의 영향력이 강하다. 그러나 일찍이 사회가 체계화된 한반도 지역에서는 사람들의 삶에 직접적인 영향을 미쳤던 장군이나 고위 관리(대감)들이 신으로 섬겨졌다. 장군신과 대감 외에도 한국인들의 저승에 대한 인식에서도 이러한 측면이 두드러지는데, 절의 명부전 안에는 염라대왕을 비롯해서 10대 지옥을 다스리는 십대왕과 그 아래에서 일하는 판관 및 시종(공무원) 등이 묘사되어 있으며 죽은 사람의 영혼을 데리러 오는 저승사자 역시 저승의 공무원이다.

통일신라시대부터 지방관이 파견되기 시작한 한국의 역사에서, 중앙 정부의 행정력은 민초들의 삶에 매우 가까이 존재하는 것이었다. 이는 강력한 중앙 정부가 있었으나 넓은 국토로 인해 모든 사람에게 영향력을 미치기 어려웠던 중국이나 통일 정부가 늦게 등장한 데다가 통일 이후에도 지방 분권적인 모습이 강했던 일본 등 주변국들과는 큰 차이가 있다. 상당히 오래전부터 중앙에서 파견된 관료와 관원들에게 익숙했던 한국인은 자신의 삶을 신계에 투사하게 된 것이다.

물론 중국도 워낙 오래전부터 국가의 행정이 작동하고 있었기 때문에 이와 같은 모습이 어느 정도 나타난다. 예를 들면 우리나라나 중국의 도사들이 주문 말미에 붙이는 급급여율령急急如律令이라는 말은 '법(율령)에 따라 급히 처리해달라'는 뜻으로, 전한시대의 공문서 양식에서 유래한 표현이다. 신계에 인간 세상을 투사하는 이러한 전통은 중국과 우리나라처럼 관료제가 일찌감치 정착한 국가들의 특징이지만 국토가 워낙 넓었던 중국에서는 이러한 모습이 제한적으로 나타나는 반면, 한국의 경우에는 귀신들이 직접 관청으로 가서 민원을 넣거나 개인이 죽을 때도 일일이 공무원(저승사자)이 나올 만큼 공권력이 친숙한 모습이다.

08

사람이 신이 되기 위한 조건

무속에는 많은 신들이 있다. 무속의 신들은 어떤 과정을 거쳐 신이 되었을까?

일월성신과 북두칠성 등의 천체는 인류의 오랜 천문 관찰을 통해 신격화되었을 것이고, 하늘, 산, 강, 바다, 바람 같은 자연물역시 사람들이 환경에 적응하며 생업을 발달시키는 과정에서 신의 지위를 얻었으리라 짐작된다. 자연신은 신의 위계에서는 상위에 자리하고 무가 등에서도 반드시 언급되지만, 산신제나 용왕제등 마을의 안녕, 풍농, 풍어를 비는 몇몇 경우를 제외하면, 높은분들이니까 예의상 보고를 올리는 정도로 그치는 경우가 많다.

다음은 옥황상제, 석가(세존), 염라대왕 등의 외래신들이다. 옥황상제는 도교에서 전래되었으며, 석가와 염라대왕은 불교에서 비롯되었다. 석가는 제석굿의 '제석본풀이'에 등장하는데 이름은 분명 불교에서 왔으나 제석본풀이의 석가(세존/시준)는 해동 땅의 당금애기를 임신시켜 아들 셋을 낳게 한 존재다. 제석본풀이는 무속 신들의 탄생에 대한 이야기로,

봉녕사 불화. 신중탱화의 상단부에는 제석과 범천이 천부중(天部衆)을 거느리고 있고, 하단에는 위태천을 중심으로 팔부신장과 용왕, 금강상 등이 그려져 있어 19세기 신중탱화의 일반적인 구성을 보여준다. 사진출처: 국가유산청.

나중에 이 세 아들은 삼불제석이 되고 당금애기는 삼신할머니가 된다는 내용을 담고 있다. 불교가 토착화되면서 무속과 융합되는 과정을 보여준다. 외래신들 역시 위계는 높지만 신의 계보를 언급하는 맥락에서 등장하는 정도에 그친다.

사람들에게 가장 큰 영향을 미치는 신은 인격신이다. 원래 사람이었던 이 신은 특별한 과정을 거쳐 신격을 부여받는데, 무속학에서는 사람이 신이 되는 5가지 경로가 있다고 본다. 첫째, 왕조의 창건(예: 이성계), 둘째, 영웅적 생애(예: 최영), 셋째, 왕조의 비극적 운명(예: 사도세자), 넷째, 기존 신령과의 관계(예: 옥천대사-관

우의 스승), 다섯째, 무조巫祖(예: 바리데기)가 그것이다.

　보통 사람은 상상하기조차 어려운 위대한 업적을 남긴 인물들이나 말할 수 없는 고난을 겪고 대단히 의미 있는 일을 이룬 인물 등이 무속의 신격을 부여받는데, 핵심적인 과정은 '죽음과 재생'이다. 지극히 귀하거나 존엄한 존재(왕, 왕족, 장군 등)는 어떤 계기로 가장 비천한 존재가 되어 이 세상의 온갖 간난, 고초, 부조리, 고통을 몸소 겪고(죽음), 존귀한 본래의 자리로 되돌아간다(재생). 그런데 이렇게 고통의 상황을 극복하고 되돌아온 영웅은 이전과는 달리 구원 능력을 갖게 되는 것이다.

고려 말기의 명장인 최영(崔瑩, 1316~1388)의 초상. 사진출처: 국가유산청.

　이러한 무속신의 속성을 가장 잘 보여주는 것이 무당들의 조상이라 일컬어지는 바리데기다. 죽은 사람을 천도하는 진오기굿의 말미에 불리는 바리데기의 이야기를 요약하면 다음과 같다.

　옛날에 오구대왕이라는 왕이 있었는데, 혼례를 1년 미루어야 아들을 낳는다는 예언을 무시하고 결혼한 탓에

아들을 낳지 못하고 딸만 여섯을 낳았다. 일곱째도 딸로 태어나자 왕은 공주를 버렸고, 버려진 공주는 한 노부부에 의해 구해져 자랐다. 공주에게는 버려진 아이라는 뜻의 바리데기라는 이름이 붙었다. 바리데기가 열다섯 살이 되던 해에 왕과 왕비가 죽을병이 걸렸는데, 고승이 말하길 저승의 생명수로만 구할 수 있다고 하였다. 신하들은 물론 여섯 공주 모두가 부모를 위해 저승에 가길 거부했지만 바리데기는 "나를 버렸어도 부모는 부모"라며 자신을 버린 부모를 구하기 위해 기꺼이 저승길에 나섰다.

우여곡절 끝에 바리데기가 저승으로 가 약수가 있는 곳에 도착하자, 저승의 수문장이 바리데기에게 자신과 일곱 해를 살고 일곱 아들을 낳아야 약을 주겠다고 하는 게 아닌가? 바리데기는 7년 동안 수문장과 살며 일곱 아들을 낳았다. 마침내 약을 갖고 이승에 돌아오는데 그동안 왕과 왕비는 이미 죽어 장례를 치르는 중이었다. 바리데기는 궁에서 나오는 왕과 왕비의 상여를 만나 가져온 영약으로 아버지와 어머니를 되살렸다.

그 공으로 바리데기는 사람이 죽으면 그 영혼을 저승으로 보내는 일을 하게 되었다. 이러한 연유로 바리데기의 서사가 진오기 굿에서 불리고 무당들이 바리데기를 무당의 조상으로 생각하는 것이다. 무속화에서 바리데기는 부채와 방울을 든 부인의 모습으로 그려진다.

따라서 존귀한 신분, 고난과 고통, 재생이야말로 무속신의 조건이라 할 수 있다. 후대에 무속신의 반열에 오른 인물은 거의 이러한 조건을 충족한다. 하지만 고난의 시간이 끝나고 복권이 되거나 더 큰 능력을 얻는 재생의 과정은 죽은 다음의 일이거나 신이 되어 그러한 능력을 갖게 되었으리라는 사람들의 바람에 의해 이루어진다.

즉, 신이 되기 위해서는 당대 사람들의 공감이 반드시 필요하다. 그냥 잘 나고 능력이 뛰어난 것에서 그치는 것이 아니라 그가 겪은 어려움과 고통이 사람들의 마음을 움직일 수 있어야 하고, 그러한 고통에도 불구하고 그가 이뤄낸 일들이 대단하고 의미가 있어야 신이 되어 사람들의 문제를 해결해줄 수 있다는 믿음으로 연결될 수 있다.

원나라에서도 위세를 떨칠 만큼 커다란 전공을 세웠지만 고려가 망하는 과정에서 비극적 죽음을 맞았던 최영 장군이나 왕자로 태어나 그 능력도 뛰어났지만 결국 아버지의 손에 죽음을 당한 사도세자가 대표적이다. 최영 장군은 멸망한 고려 백성들의 원한으로 신이 되었고, 고려의 영역이었던 황해도 일대에서 널리 신앙되었다. 개성 덕물산에서 행해지던 최영장군 굿에서는 성계육成桂肉, 즉 조선 태조 이성계의 고기라 하여 돼지고기를 씹는 의식이 있다. 사도세자는 그의 죽음을 불쌍히 여긴 당대 사람들에 의해 신(별상)이 되어 백성들의 태평과 수복을 관장하고 있다.

세계사에서 유래를 찾기 힘든 한국 기독교의 성장에도 이러한 무속신의 관념과 영향이 발견된다. 예수는 지극히 존귀한 신분(신의 아들)으로 태어났지만 인류의 죄를 대신 짊어지고 가혹한 고난을 겪다가 죽는다(죽음). 그러나 사흘 만에 부활하여 다시 올 것을 약속하고 하늘로 올라갔다(재생)는 이야기는 인간이 신격을 얻는 무속신앙의 신념 체계와 정확히 일치한다.

　이러한 관점에서 한국에서 최근에 신의 반열에 오른 인물이 박정희 전 대통령이다. 박정희는 실제 장군 출신에 대통령이었기도 하고(존귀한 신분), 경제 개발정책을 통해 사람들에게 잘살 수 있다는 희망을 안겨준 공적이 있으며, 부하의 손에 비극적 죽음을 당했다(죽음)는 측면에서 무속신의 조건을 충족한다. 실제로 박정희 전 대통령을 모신 신당들이 존재하며 그의 추종자들 중에는 그를 반신反神이라 부르는 이들도 있다는 점에서, 한국 사회 박정희 신드롬 저변에 존재하는 한국인의 심층 심리를 읽을 수 있다.

09

한국 신과 귀신의 성격

신과 인간을 연결해주는 무당은 의뢰인의 상황과 일의 경중에 따라 다양한 신의 도움을 받는다. 앞에서 살펴본 바와 같이 무속에는 자연신, 인격신, 조상신 계열의 수많은 신이 있다.

그 외에 무당과 특별한 관계를 맺는 신이 있는데 몸주신主神이라 하여 무당이 주로 모시는 신이다. 대신大神이라고도 하는 몸주신은 다양한 신격이 있는데 이 신의 종류에 따라 무당의 주 업무와 능력이 달라진다. 이를테면, 대신할머니를 모셨다면 질병, 천도, 명운 등을, 명도대신, 즉 동자신을 모셨다면 길흉화복에 대한 점사를 주로 담당한다. 무당 하면 떠오르는 작두 타는 무당은 장군

대신을 몸주로 모신 무당이다.

몸주신은 무당이 보통 사람이었을 때부터 점찍고 눈여겨보다가 신병을 앓게 하는 등의 과정을 통해 무당과 직접적인 관계를 맺는다. 무당은 자신을 신의 제자라 부르므로 신은 무당의 스승으로서의 위상을 갖는다. 그런데 이 신과 무당의 관계가 매우 이채롭다. 대다수의 종교에서 성직자들은 '신의 부름을 받은 자'로 지칭되지만 무속의 신들은 자신의 '제자'를 매우 일방적이고, 어찌 보면 폭력적인 방식으로 선택한다.

신병이 그것이다. 신병은 신체적인 증상으로도 나타나지만 주변인의 고통으로 이어지기도 한다. 신병을 앓는 사람은 죽을 것 같은 고통과 원인을 알 수 없는 사고, 주변인의 죽음 등을 경험하며 자신이 신의 선택을 받은 몸이라는 사실을 자각한다. 사는 게 사는 게 아닌 것 같은 듯한 시간을 지내며 자신의 정체성을 포기하고 무당으로서의 삶을 받아들여야 신병에서 벗어날 수 있다. 심지어 끝까지 신의 부름을 거부하면 신과의 인연은 그 자식 대ₐ로 이어진다. 무당이 되지 않으려고 끝까지 버티던 이들도 여기서 무너진다.

잔인하다는 생각이 들 정도인 무속신의 이러한 집착은 어디서 기인했을까? 물론 지역과 관계없이 샤먼은 신의 선택과 신병이라는 공통적인 과정을 거친다. 하지만 인간의 신에 대한 생각에는 인간 사회와 인간 사이의 역동이 투사되어 있다는 관점에서,

한국의 신과 무당과의 관계를 이해해보고자 한다.

집착이라는 표현이 가능한 인간관계로 부모-자식 관계를 들 수 있다. 부모는 자식을 이 세상에 태어나게 하고 살아갈 수 있게 해주는 존재다. 적어도 어떤 시기까지 자식은 부모에게 복종하고 의존해야만 삶을 유지할 수 있다. 기본적으로 부모는 자식을 사랑하고 자식은 부모를 존경하지만 이 관계는 여러 가지 이유에 의해 왜곡되기도 쉽다. 자식에게 부모의 영향력은 절대적이기 때문이다. 따라서 정신역동이론가들은 성격 형성과 정신병리 등에 부모와의 관계가 지대한 영향을 미친다고 주장한다.

한국의 부모는 자식을 끔찍이 여기는 것으로 유명하다. 부모는 내 자식을 위해서라면 뭐든지 하려 한다. 자식은 부모의 무조건적인 사랑과 지원을 받으며 세상을 살아갈 힘과 용기를 얻는다. 그러나 때로 이 끔찍함은 다른 의미의 끔찍함이 될 수도 있다. 사랑이 집착으로 변하는 것이다.

부모는 사랑이라는 이름으로 자식을 통제하고 자식의 주체성을 빼앗는다. 부모와의 분리-개별화를 통해 독립적 개인으로서의 정체성을 획득하는 것을 강조하는 서구 문화에 비해, 한국 문화는 성인기 이후에도 부모-자식 관계가 상당 부분 밀착되어 있다. 과거 동반자살이라 불렸던 승낙살인, 즉 자녀와 함께 목숨을 끊는 일은 그 극단적인 사례다.

사랑으로 포장된 부모의 집착은 자식의 삶에 갈등과 균열을 일으키지만 사회 유지를 위해 효를 강조했던 한국 문화에서 자식이 부모를 등질 수는 없는 노릇이었다. 프랑스의 정신역동이론가이자 철학자 자크 라캉Jacques Lacan은 신경증(정신병리)을 '존재에 대한 질문'이라고 정의했다. 신병은 존재에 대한 물음이며 무당은 개인으로서의 자신과 '신의 제자'라는 정체성 중 후자를 선택함으로써 그 답을 찾는다.

무당이 되는 길은 자신을 사랑하지만 끊임없이 상처 주고 힘들게 했던 부모에게 돌아가는 과정이다. 부모에게 버려졌지만 자신을 버린 부모를 살리기 위해 지옥을 드나들며 갖은 고생을 다 한 바리데기가 그랬던 것처럼 말이다. 바리데기가 무당의 조상으로 여겨지는 이유도 여기에 있다.

같은 맥락에서 한국의 귀신은 자식으로서의 한국인 자신이 투영되어 있다. 귀신은 사람이 죽어서 되는 존재다. 누가 귀신이 되고 왜 나타나는가에 대한 설명에는 해당 문화 사람들의 욕구가 스며들어 있다.

한국의 귀신이 인간에게 나타나는 이유는 크게 두 가지로 요약할 수 있다. 하나는 한을 풀기 위한 것이고, 또 하나는 자신의 존재를 알아달라는 것이다. 밀양의 아랑이나 철산의 장화홍련처럼 억울함을 호소하며 사또의 집무실을 찾아가는 민원형 귀신이 전자의 대표적 사례이며, 자신을 알아봐주길 바라고 누군가 알아보면 좋아하며 따라붙는 후자의 관종형 귀신은 〈이야기 속으로〉나

〈심야괴담회〉 등 현대 귀신 이야기에서 흔히 접할 수 있다.

두 이유는 본질적으로 같다. 한이란 자기가치의 손상과 관련된 경험이다. 한을 풀어달라는 것은 손상된 자신의 가치를 회복시켜 달라는 의미이며, 자신을 알아달라는 것 역시 자신의 가치를 알아봐 달라는 요구다. 다시 말해, 한국의 귀신들은 다른 이들이 자신을, 자신의 사정을 알아주기를 바라는 것이다.

자녀가 잘되길 바라며 무조건적인 헌신을 다하는 한국 부모의 아이들은 높은 자기가치를 지닌 사람으로 성장한다. 높은 자기가치감은 높은 자존감과 자기탄력성으로 이어지기도 하지만, 부모의 적절한 인정이 따르지 않으면 밑도 끝도 없는 특권의식과 끝없는 인정욕구를 낳기도 한다. 건강하게 자신의 욕구를 조절하며 성숙한 삶을 사는 사람들도 많지만, 남들보다 잘나고 싶고 그러지 못하면 허세라도 부려야 할 만큼 늘 누군가의 인정을 바라는 사람들도 한국 문화에서 비롯된 대표적인 인간형이라 할 수 있다.

그 밖에도 굿에서 무당에 실려 나타나는 정 많고 눈물 많은 신들, 때로는 무서운 표정으로 으름장을 놓지만 금방 기분이 풀어져서 부탁을 들어주는 신들의 모습은 친근한 우리네 어르신들을 연상케 한다. 또한 그러한 신들에게 떼도 쓰고 재롱도 부리는 무당과 그 옆에서 울고 웃으며 하염없이 빌고 있는 의뢰인들은 영락없는 동네 아이들이다.

사회가 변하고 문화가 달라지면 신과 인간의 관계도 달라질까? 한국 사회는 과거에 비해 상당 부분 개인주의 문화가 정착하였으며 삶의 방식과 욕구도 크게 변화했다. 그러나 무속의 형식과 내용은 아직도 과거와 큰 차이를 보이지 않는다. 집단무의식이 바뀔 만큼 긴 시간이 흐르지 않았기 때문일까, 아니면 신과 영의 세계는 사회와 문화의 변화와 관계없이 존재하기 때문일까?

10

신명의 뿌리를 찾아서

한과 더불어 한국의 대표적 문화적 정서로 꼽히는 신명神明. 현대사회가 되면서 신명은 일상적으로는 잘 쓰지 않는 표현이 되었다. 하지만 '신난다', '신바람난다'는 표현은 종종 들을 수 있는데, '신'이라는 말에서 알 수 있듯이 '신명 난다'와 본질적으로 같은 표현이다.

'신', 또는 '신바람'으로도 불리는 '신명'은 사실 무속에서 유래한 말이다. 신명은 천지신명天地神明의 신명에서 왔는데 천지신명이란 하늘과 땅의 신들을 일컫는 말이다. 신명이라는 정서는 보통 '신명이 난다' 또는 '신명이 오른다'라고 표현하는데 이 말은

'몸 안에서 신명이 나온다', '몸에 신명이 올랐다'는 뜻이다.

오래전부터 신명이 오른 무당들을 보아왔던 한국인은 무당이 아닌 경우에도 '몹시 기분이 좋고 힘이 넘치며, 이전의 나와는 다른 어떤 느낌'이 드는 것을 '신명이 난다', '신명이 오른다'고 표현해왔다. 그렇다면 과연 신명이 나고 신명이 오르는 상태는 어떤 것일까?

연구자들이 말하는 신명의 상태는 다음과 같다.

첫째, 신명은 강렬한 정서적 경험이다. 신명에는 흥분, 도취, 환희 등의 정서와 함께 극대화된 직관 및 통찰력 등 변형된 인지 상태가 포함된다. 이러한 정서들은 평소에 경험하는 기쁨이나 즐거움과는 질적인 면에서 매우 다르다. 신명은 매우 긍정적인 정서에 속하지만 어떤 단일한 사건에 대한 반응으로서의 정서가 아니라 다양한 맥락에 대한 인지가 개입된 복합적인 정서다.

전통무용의 무용수 개인의 경험을 질적으로 분석한 분야의 연구에 따르면, 신명 경험은 '쾌락', '일체감', '몰입', '용해', '초월' 등으로 요약되는데, '쾌락'은 신명이라는 정서의 일차적인 차원을 의미한다. 다음, 일체감과 용해, 초월이 신명의 문화적 성격을 규정하는데, 이는 개인으로서의 인식이 사라지고 전체 또는 더 높은 차원으로 합일되는 느낌을 뜻하는 것으로 보인다. 내가 아닌 초월적인 어떤 존재와 일체가 된 느낌이 바로 신명이다.

신명의 두 번째 특징은 신명의 정서가 주변의 사람들에게 빠르게 전이된다는 점이다. 국문학자 김열규는 이러한 전이를 '신명의 감염 현상'이라 말하기도 했다. 신명을 '신바람'이라고 부르는 이유다. 이 같은 감염 현상은 풍물놀이 현장이나 마을굿에서 발견할 수 있으며, 이러한 전이의 결과로 신명은 보통 집단적으로 경험된다. 신명이 집단적 양상을 보이는 이유는 우선 한국의 역사, 문화적 배경에 기인한다고 할 수 있다.

신명 현상의 세 번째 특징은 '난장성'이다. '난장亂場'이란 여러 사람이 이리저리 뒤섞여 마구 떠들어대거나 덤비어서 뒤죽박죽이 된 곳, 또는 그러한 현상을 일컫는 말이다. 이상일은 저서 『굿과 놀이』에서 '한국인들은 아무리 즐거운 놀이라 해도 난장을 벌이지 않으면 신명이 나지 않으며, 따라서 의도적으로 난장을 벌이고 기존의 질서를 무너뜨린 다음, 혼돈 속에서 신명을 찾으려 한다'고 주장했다.

전 이화여대 한국학과 교수 최준식은 전통예술 전반에서 발견할 수 있는 한국인의 미의식은 어떤 틀이나 격식을 거부하는 자유분방함이라고 주장하며, 그 원인을 한국인의 토속 종교인 무속에서 찾았다. 신명 역시 무교의 종교적 체험에 그 기원이 있는 만큼, 난장성은 신명 현상의 중요한 특징이라 할 수 있을 것이다.

난장을 벌이고 난장판을 피우는 것으로 신명은 걷잡을 수 없이 폭발, 즉 증폭된다. 신명의 상태에서 사람들은 평소에는 감히 할 수 없었던 일, 일상생활의 질서에 의해 억눌려 있던 일들을 하게

2002년 이후 월드컵 거리 응원은 문화가 되었다. 2014년 월드컵 당시 많은 사람들이 서울 광화문에 모여 대형 스크린 앞에서 거리 응원를 하는 모습. 하나가 되어 열정적으로 팀을 응원면 강한 공동체 의식을 느끼게 되고, 흥에 겨워 즐거움을 나누면 '신명'이라는 정서도 자연스럽게 발현된다. ⓒ코리아넷/해외문화홍보원

된다. 신명 상황에서 사람들은 평소 가슴에 맺힌 것들, 억눌려 응어리진 것들을 어떠한 틀이나 격식에 얽매임 없이 일시에 발산한다. 2002년 월드컵 당시 거리 응원에 나선 이들은 큰 소리로 노래를 부르고 함성을 지르며, 처음 보는 사람들과 거리낌 없이 어울리고, 차량 위에 올라서는 등 평소에는 하기 힘든 행동들을 보였는데, 이러한 행동들이 바로 신명의 중요한 특징인 난장성을 구성한다고 할 수 있다.

난장이라는 말처럼, 신명 경험 중에 있는 사람은 대단히 자유로운 표현 행동을 보인다. 그러면서 평소에는 할 수 없었던 다양한

감정을 표출하게 되는데 여기에 신명의 기능이 있다. 신명에서의 난장은 아노미적인 혼돈이 아니라 문화적으로 약속된 무질서orgy로 일상생활에서 쉽게 할 수 없는 감정표현과 행동들이 허용되는 현장이다.

이러한 문화적 무질서 상태는 이전의 삶에서 일어났던 여러 갈등 때문에 빚어졌을 욕구불만의 훌륭한 배출구로 작용한다. 그것은 핍박과 억눌림에서의 해방을 뜻하며, 한이 맺힌 상태에서 풀려나 자유의 상황으로 전환하게 되는 계기이기도 하다. 이어령은 한국의 문화를 '푸는 문화'로 규정하면서, 한국 문화에서 한이 '맺히는' 것이라면 신명은 맺힌 것을 '푸는 것'이라 주장한 바 있다. 이러한 한풀이야말로 신명이 갖는 첫 번째 기능이라 할 수 있다.

신명의 두 번째 기능은 일차적인 신명 경험에서 비롯된다. 다시 말해, 신명으로 인해 응어리진 갈등들을 풀어낸 뒤 도달하게 되는, 생명 에너지가 그득하게 충전된 상태, 창조적 에너지가 거칠 것 없이 분출하는, 억눌려 있던 잠재력이 극대화되어 나타나는 순간이다. 이 느낌이 바로 내 몸에 오른 '신명'이 아닐까?

실제로 무당의 이야기를 들어보면 신이 실리는 순간의 느낌을 같은 방식으로 묘사한다. 2007년 〈SBS 스페셜-푸른 눈에 내린 신령〉으로 국내에 소개되었던 안드레아 칼프는 신병을 앓다가 신내림을 받아 무당이 된 독일 여성이다. 그녀는 내림굿 당시 신명이 실렸을 때의 느낌을 다음과 같이 말한다.

"어디에 갇혔던 느낌이 확 사라져 버렸어요. 좋아졌어요. 더 평화롭고 … 해방된 느낌이에요. 아무것도 신경 쓰지 않고 자기 느낌을 그대로 표현하는 것이 … 참 독특한 느낌이었어요."

신명은 잃어버리고 상처 입었던 나의 가치가 온전히 풀려나와 밖으로 표출되어 밝게 빛나는 마음이다. 억울하고 분하고 원통함은 사라지고 즐겁고 흥겹고 신이 나다 못해 가슴이 터질 것 같이 흥분되고, 너와 내가 구별되지 않고 나와 세계가 하나가 되어(몰입/일체감/무아지경) 밝고 긍정적인 에너지가 끝없이 넘쳐 나오는 감정이다. 한국인들은 그러한 경험을 신과 관련하여 이해해왔던 것이다.

11

무속에는 저주가 없다고?

최근에는 비교적 나아졌지만 과거의 무당에 대한 인상은 그다지 좋지 않았다. 〈전설의 고향〉이나 〈조선왕조 오백년〉 같은 사극에 나오는 무당은 눈을 치켜뜨고 사람들에게 험한 말을 하거나 누군가의 초상화에다 화살을 쏘면서 저주를 해댔기 때문에 부정적이고 단편적인 이미지가 퍼져 있었다. 그러나 사실 저주는 한국 무속에서 흔한 것은 아니었다.

한국인은 예로부터 복을 받고 잘되기를 바래서 무당을 찾고 굿을 했다. 그래서 한국 무속은 기복의 속성이 강하다. 지금도 무당을 찾는 이들의 주요 주제는 언제부터 일이 잘 풀릴지, 나쁜 일을 피하고 좋은 일이 생기려면 무엇을 해야 할지 등이다. 누군가를 해치거나 나쁜 일이 생기게 해달라고 하지는 않는다.

오히려 저주 산업이 성행할 만큼 저주가 일반적인 곳은 일본인데, 생각보다 많은 수의 저주대행업체들이 있고 저주대행업체의 홈페이지에서 누구나 손쉽게(?) 저주를 신청할 수 있다. 저주 항목은 배우자의 불륜 상대나 자신을 괴롭히는 사람 등이며, 짝사랑하는 상대의 연인을 저주하는 경우도 있다고 한다.

한국 무속은 남을 저주하고 해하는 행위를 근본적으로 금하고 있다. 무당은 신의 선택을 받아 남들을 돕기 위한 존재이기 때문이다. 신들도 때로는 엄하고 까탈스럽긴 하지만 기본적으로는 선한 의도로 인간사에 개입한다. 따라서 무당들은 스스로를 신의 제자라 부르며 신의 뜻에 어긋나는 일은 하지 않으려 한다. 남을 속이고 해치는 일에 신의 능력을 함부로 사용하는 무당은 벌전罰箭을 받는다. 무당이 벌전을 받는 장면은 드라마 〈더 글로리〉에 묘사된 바 있다.

하지만 일본은 우리와 다르다. 일본에도 무녀巫女들이 있긴 하지만 신토의 신관들을 보조하는 역할 정도이며 실제로 신을 받지도 않는다. 일본은 북방 샤머니즘 계열인 한국 무속과는 달리 남방 주술사 계열의 전통이 강하다. 따라서 무당처럼 신과 직접적인 관계를 맺기보다는 음양사陰陽師들처럼 주술을 통해 그때그때 영적 존재를 불러 문제를 해결해주는 것이 일반적이다. 일본의

스즈키 하루노부, 〈소의 시간에 신
사 방문하기〉, 1765. 에도시대의 예
술가 스즈키 하루노부가 만든 목
판화로, 밤중에 저주를 거는 여성
의 모습을 묘사하고 있다. 이는 전
통적으로 '소의 시간(丑時, 새벽 2시
경)'에 진행되는 저주 의식을 보여
주며, 일반적으로 경쟁자나 불성실
한 애인을 저주하는 의식을 의미한
다.

저주 문화는 이러한 측면에서 기인한 것으로 보인다.

하지만 한국 무속에 저주의 전통이 없는 것은 아니다. 저주는
기복의 또 다른 방향이라 할 수 있다. 내가 잘되기를 바라는 만
큼, 남이 잘못되기를 바랄 수 있는 것이다. 샤머니즘의 관점에서
'저주를 전문으로 하는 샤먼bewitching shaman'은 여러 문화에 존재
해왔다. 우리 문화에서 무당은 기본적으로는 병을 치료하고 복을
빌어주는 존재였지만 어둠 속에서 누군가를 해하려는 비방을 사
용한 이들도 분명히 있었다. 그들이 사용했던 저주의 방법들과
효과(?)들을 살펴보도록 하자.

고독蠱毒

고독은 뱀이나 독충의 독으로 다른 사람을 해치려는 저주의 기술로 만드는 법은 다음과 같다.

많은 벌레나 뱀과 같은 것들을 잡아 그릇에 채워두고 서로 잡아먹도록 내버려둔다. 마지막까지 남은 한 마리가 고蠱가 되는데 이것이 조화를 부리는 것이다. 고독이 섞인 음식을 먹으면 병이 생기고, 고독술을 행한 주체에게는 이로움이 있다.

중국의 수나라 때부터 사용되었다는 기록이 있으며, 뱀을 이용한 사고蛇蠱 외에도 동물의 종류에 따라 묘고(猫蠱, 고양이), 견고(犬蠱, 개), 금잠고(金蠶蠱, 누에), 당랑고(螳螂蠱, 사마귀) 등 다양한 고독이 제조되었다. 6진 개척 시기 김종서를 해하려고 야인(여진족)들이 고독을 시도했던 기록, 임진왜란 때 왜장 가토 기요마사를 해하기 위해 고독술을 행했다는 기록이 있다. 제조 방식이 고독과 일치하지 않더라도 독이 있는 동물을 저주의 매개체로 이용하는 주술은 외국에도 많다. 조선시대 궁중 암투에서 종종 등장하는, 쥐나 개, 고양이 등의 사체를 은밀히 묻는 매흉埋兇도 그 일종이다.

귀매鬼魅

사람이나 동물을 죽여 귀신을 만든 후 저주에 이용하는 방법이다. 염매厭魅라고도 한다. 드라마 〈악귀〉에 등장한 술법으로 이렇게 만들어진 귀신이 태자귀太子鬼다. 태자귀를 만드는 방법이 이익의 『성호사설』에 기록되어 있다.

남의 집 어린애를 훔쳐다가 굶기면서 죽지 않을 정도로만 먹인다. 아이가 바짝 말라서 거의 죽게 될 정도가 되면 대나무 통竹筒에다가 맛있는 음식을 넣어 아이가 들어가게 한다. 아이가 음식을 먹으려고 좁은 죽통에 기어들어가다가 끼어 움직이지 못하게 되면 날카로운 칼로 아이를 찔러 죽인다. 그런 다음 죽통 주둥이를 막아 혼이 나오지 못하게 한다. 이 죽통을 가지고 부잣집을 찾아다니면서 병이 생기게 하고 병을 치료해준다며 돈을 받아 챙긴다.

아이의 영혼뿐만 아니라 동물의 혼령을 이용하는 방법도 있다. 일본의 견신犬神이라는 요괴가 이러한 방식으로 만들어진다. 개를 머리만 내놓고 땅에 묻은 후 머리 앞에 개가 좋아하는 음식을 두었다가 개의 식욕이 극에 달했을 때 머리를 자르고 그것을 태워 사람들이 많이 다니는 길에 묻는다. 여기에 술법을 걸어 견신을 만드는데 이를 이용하여 타인을 저주했다고 한다.

염승厭勝

염승은 모방적인 이미지와 상징적 행위로 타인을 저주하는 방식이다. 사람의 형상을 그리거나 만들어 심장과 눈 등 여기저기를 찌르거나 못을 박음으로써 저주의 대상에게도 유사한 일이 일어나게끔 하는 것이다. 우리나라에도 제웅(액막이용 짚 인형)을 이용한 저주 방법이 전해져 내려온다.

또한 석천射天이라 하여 저주의 대상을 그린 그림에다 화살을 쏘면서 상대를 저주하는 방법이 있다. 장희빈이 무당 오례五禮를 시켜 인현왕후를 저주했던 방법으로 유명하다. 그 외에도 정조 때 은전군 이찬을 추대하려던 역도들이 정조를 저주하기 위해 석천을 행했다고 한다. 은나라 때부터 있었다는 기록이 있으며 중남미 지역에도 화살로 저주하는 술법이 있었다.

조선시대에는 고독과 염매를 만들어 남을 저주하거나 이를 사주한 이들을 엄하게 처벌했다. 하지만 처벌받는 이들이 있었다는 것은 저주에 가담한 사람이 있었다는 뜻이다. 왕실에서도 저주의 술법들이 행해졌다는 기록이 있는 것으로 보아 민간에서도 빈번하게 행해졌다고 할 수 있을 것이다.

지금도 남을 저주하는 무당이 전혀 없다고 확언할 수는 없다. 인간의 욕망은 다양하고 그것을 이루려는 방법 역시 다양하기 때문이다. 하지만 문화심리학적 관점에서 한국인의 심성에 저주는 그다지 맞지 않아 보인다. 성격이 급한 한국인은 시간이 오래 걸리고 그 효과도 불명확한 저주보다는 직접 행동할 가능성이 크다.

HOMO FIDELIS

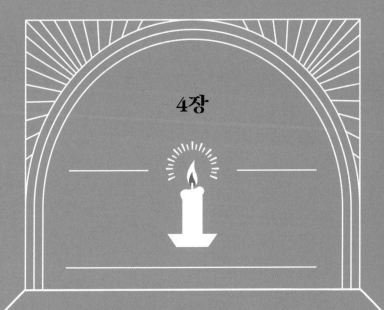

4장

비뚤어지기 쉬운
신앙

한국 개신교의 무속적 특징

◆ ◆ ◆

나는 모태 신앙으로 태어나 기억이 닿는 한 개신교인으로 살았고,

어렸을 때부터 교회를 다니며 여러 신앙 형태를 목격하였다.

이 글은 나의 경험에 근거하였음을 밝힌다.

교황청이 있어 중앙 교단의 통제를 받는 가톨릭(천주교)과는 달리 교단도 많고 목사-신도의 관계가 비교적 자율적인 개신교에서는 전통 신앙에서 비롯된 것으로 보이는 특징이 많이 나타난다. 가장 두드러지는 것은 신앙 행위의 형태다. 설교 시간이나 찬송은 다른 나라의 일반적인 예배와 비슷하지만, 한국 개신교의 기도에는 상당한 수준의 몰입이 발견된다. 예배 시간에 목사, 전도사, 신도 중 하나가 대표로 기도를 하기도 하지만 소위 통성기도 시간에는 저마다 소리 높여 신과 소통하는 이들의 기도 소리가 예배당을 메운다.

통성기도 중 방언方言을 하는 이들도 있는데, 방언이란 성령이 임하여 자신도 모르는 고대 언어나 외국어로 말하는 것을 뜻한다. 방언은 성경(사도행전)에도 언급되는 성령의 은사로 외국인들의 영혼을 구원하기 위해 신이 부여하는 능력으로 이해된다. 일부 개신교인들은 이 방언을 하는 것을 큰 축복으로 여겨 방언을 하기 위해 더욱 열심히 기도하기도 한다. 나는 기도 중 방언을 하는 많은 이들을 목격하였는데, 방언은 상당한 종교적 몰입상태, 즉 트랜스trance 상태에서 이루어진다.

트랜스 상태란 어떤 행위나 생각에 몰입할 때 나타나는 의식의 상태로 최면이나 암시에 의해서도 나타날 수 있다. 트랜스 상태에서는 일상적이지 않은 경험을 하게 되는데, 영적 존재의 음성을 듣거나 모습을 보기도 하며 원래 몰랐거나 평소에 하지 않는 언행을 하기도 한다. 시베리아의 샤먼들이 신을 만나는 몰아沒我의 경지(엑스터시)가 트랜스 상태이며, 무속에서 말하는 접신接神의 순간이다.

즉, 한국인은 기도를 통해서 신을 직접적으로 만나고 있는 것이다. 기독교 전통, 적어도 제도화된 종교의 전통에서는 신도 개인이 신과 직접적으로 소통하는 행위가 거의 발견되지 않는다. 이는 사실 여부를 떠나 한국인의 신과의 소통 욕구가 여타 문화와는 다르다는 것을 의미한다. 한국인은 성직자의 설교나 경전에 기록된 신을 만나기보다는 자신이 직접 신과 소통하기를 원한다.

이러한 욕구는 뭐니 뭐니 해도 무속의 신내림과 밀접한 관련이 있다.

신심이 깊은 신도들은 주일 예배에서의 기도로는 부족함을 느껴 매일 새벽기도를 다니기도 하고 밤을 새우거나(철야기도) 며칠씩 금식을 하며 기도하는 경우도 있다. 어떤 때는 깊은 산속에 있는 기도원에 장기간 기도를 드리러 가기도 한다. 그중에는 구약 시대의 모세처럼 기도 중에 신을 만나거나 신의 말씀을 들었다는 이들도 있다.

예배에서도 한국인은 꽤나 역동적인 모습을 보인다. 성가대가 신도들과 함께 춤을 추며 노래를 부르는 모습, 드림, 기타, 키보드 등이 동원된 밴드가 반주하는 모습, 찬양 인도자가 신도들의 호응을 이끌어내며 종교적 황홀경으로 이끄는 장면 등은 한국 교회의 특징적인 모습으로 국내뿐 아니라 해외에 있는 한인 교회에서도 흔히 볼 수 있다. 이러한 형태의 찬양은 흑인 공동체 고유의 분위기를 유지하고 있는 미국 남부의 교회에서나 볼 수 있는 풍경이며, 신과 개인의 관계를 중시하는 서구권 종교에서는 좀처럼 볼 수 없는 모습이다.

이러한 분위기가 극대화될 때는 특히 부흥회復興會다. 부흥회는 구한말, 일제강점기의 신앙부흥운동에서 시작된 한국 개신교의 고유한 신앙의 형태로 한국인들의 고유한 민족적 심성과 깊은 관련이 있다고 여겨진다. 일제의 기독교 탄압과 한국전쟁으로 인

한국 교회 예배의 역동적인 분위기는 한국 문화에서 공동체적 열정과 흥을 중요하게
여기는 특성과도 관련이 있다. ⓒ Foto by KKK

한 남북 교회의 분단 등 특수한 역사적 상황에서 교회의 통합과
안정을 위해 시작된 부흥운동은 그 초기부터 '성령강림' 등 무속
적 전통을 강조하고 있었다.

기독교에는 오순절五旬節이라 하는 성령 강림 대축일Πεντηκοστή,
Pentecost이 있다. 예수가 부활한 후 40일째에 승천하며 제자들에
게 성령을 기다리라고 말했고 열흘 후 성령이 강림한 사건을 기
념하기 위한 날이다. 성령이란 성부, 성자와 일체로 간주되는 신
의 위상의 하나로, 신의 뜻이 있는 어디에나 임하는 신의 본체다.

이러한 성령과 성령강림은 신이 인간 세상에 내려온다[降神]
는 무속의 기본 전제과 그대로 일치한다. 신앙부흥운동을 이끌었던 목회자들 역시 한국의 문화적 배경에서 성장한 이들로 오순절과 성령강림을 어떻게 받아들였는지 알 수 있다. 부흥회는 1970~1980년대가 되면서 교세의 확장을 위한 수단으로 활용되었는데, 이 시기 부흥회의 풍경은 거의 굿에서 접신이 이루어지는 순간이라 할 만하다.

당시 초등학생이었던 나는 몇 차례 부흥회를 경험한 적이 있는데, 북소리가 울려 퍼지는 가운데 수십 명의 신도들이 목이 쉬도록 신을 부르는 장면을 아직도 생생하게 기억하고 있다. 부흥회에서는 간혹 기적이 이루어지기도 한다. 같은 시기(1980년대) 급성장한 대형 교회들의 목사들은 예배 중에 병자들을 낫게 한다는 소문이 돌았고 이후 더욱 많은 신도들이 교회를 찾았다.

일부 목사들은 병을 고치고 귀신을 쫓는 능력이 있다고 알려졌었는데, 이러한 역할은 전통적으로 무당이 해왔던 것이다. 또한 실제로 예수가 행한 일들로 성경에도 많이 기록되어 있다. 내가 목격한 바에 따르면, 그 목사들은 환자의 머리에 손을 얹거나(안수, 按手) 몸 여기저기를 때리고 두들기며(안찰, 按擦) 기도하는 방식으로 사람들을 치료했다.

그 외에도 목사를 비롯한 관계자들이 신도들의 집을 방문하여 간단한 예배를 드리는 심방尋訪도 무당과 단골 사이에서 흔히 있던 일이며, 성도들이 헌금이나 쌀을 조금씩 모아(성미, 聖米) 교회 살림에 보태는 것 역시 무당들이 생계를 유지하던 방식이었다.

에스타케 르 소에르(Eustache Le Sueur), 〈눈먼자를 치유하는 그리스도(Christ Healing the Blind Man)〉, 1645. 안수 기도는 성경에서 예수와 제자들이 손을 얹어 축복하고 병을 치유하는 행위에서 유래했으며, 초기 기독교에서부터 신성한 의식으로 이어졌다. 한국 개신교에서는 안수 기도를 통해 신자의 치유와 회복을 기도하며, 성직자의 권위를 상징적으로 나타내는 중요한 의식으로 자리 잡고 있다.

무당은 신의 사제로서 신과 인간을 연결하고 인간의 문제를 해결해주는 존재였다. 목사를 비롯한 성직자들의 역할이 이와 같다면 무당과 같은 일을 한다고 불쾌해할 까닭이 없다.

신의 아들이라는 고귀한 신분이었으나 인간의 모습으로 세상에 와서 온갖 고초를 겪다가 결국 죽음을 당한 후 곧 부활하여 신이 된 예수는 무속신의 위상을 그대로 갖고 있다. 신의 영험함에 기대어 자신의 문제를 해결하려 했던 한국인의 심성이 현대 개신교로 상당 부분 이어질 수 있었던 이유다.

그 외에도 예배의 형태나 신앙의 방식 등 여러 측면에서도 한국 개신교는 무속이 차지하던 위치를 그대로 점유한 것으로 보인다. 이는 개신교를 비하하는 말이 아니라 한국 개신교가 그만큼 민초들의 삶에 가깝게 다가갔다는 증거가 된다.

한국 개신교의 긍정적 기능

기독, 즉 크리스트에 대한 신앙이 중심이 되는 기독교基督教는 가톨릭과 개신교改新教로 나뉜다. 천주교天主教라고도 하는 가톨릭은 로마 제국에서 기독교를 공인한 이래 현재까지 이어져 오는 기독교의 가장 큰 분파다. 개신교는 16세기 마르틴 루터의 종교개혁 이후, 가톨릭에서 분화된 교파들의 총칭이다. 로마 가톨릭에 저항한 이들이라는 의미로 프로테스탄트protestant라 한다.

가톨릭과 개신교는 신앙의 대상과 주요 교리 등 많은 부분을 공유하지만, 그 운영 방식에 있어 근본적인 차이를 보인다. 로마 교황청이 세계 각지 성당과 성직자들을 통제하는 가톨릭이 '직영

점' 방식이라면, 각각의 교단과 교회가 개별적으로 활동하는 개신교는 '자영업'에 가깝다.

　개신교는 네덜란드 선교회 소속 선교사 카를 귀츨라프가 충청남도 보령의 고대도에 상륙해 성서를 전한 1832년 우리나라에 처음 전해졌다고 알려져 있다. 이후 구한말의 선교사들, 특히 미국 선교사들에 의해 본격적으로 전파되었다. 이후 개신교의 교세는 크게 확장되어 현재 종교 인구 중 1위를 차지할 만큼 큰 종교로 자리 잡았다.

　사람들은 '기독교'라고 하면 개신교를 먼저 떠올릴 정도로 개신교는 근현대 한국 사회와 한국인의 삶에 많은 영향을 미쳤다. 그러나 역설적이게도 개신교는 한국인이 가장 부정적으로 인식하는 종교다. 그동안 한국 사회에서 개신교가 보여온 모습에 대한 반응일 것이다. 하지만 한국 개신교가 현대 한국에 미친 긍정적인 영향은 결코 적지 않다.

　첫 번째는 교육이다. 1882년 조미수호통상조약이 체결된 이후 미국 선교사의 선교활동이 본격화되었는데, 이들은 구한말 조선의 교육, 의료 측면에서 많이 기여했다. 조선 최초의 선교사 호러스 뉴턴 알렌Horace Newton Allen은 광혜원(제중원)을 설립하였으며, 이후 언더우드(연희전문학교), 아펜젤러(배재학당), 스크랜튼(이화여대) 등 수많은 선교사가 각지에 학교를 세웠다. 이들이 키워낸 인

배재학당 역사박물관 건물. 헨리 아펜젤러(Henry Gerhard Appenzeller, 1858~1902)는 구한 말 조선에 파견된 미국의 개신교 선교사로, 1885년 한국 최초의 서구식 학교인 배재학당을 설립했다. 배재학당은 현대식 교육을 통해 학생들에게 신학, 과학, 영어 등 새로운 지식을 전달했고, 많은 개화 인재를 배출했다. 사진출처: 국가유산청.

재들은 구한말에서 일제강점기를 지나며 독립운동과 민족자강 운동 등에 투신했고, 이후 근대화 과정에도 많은 역할을 했다. 이 시기 한국인은 기독교(개신교+천주교)를 유교를 대체할 새 시대의 새로운 사상으로 인식했으며, 신 앞에서 평등을 강조하는 기독교 의 사상은 오랜 신분제 사회에서 소외되었던 계층의 지지를 받 았다. 한국인은 선교사가 세운 학교에서 근대적 학문을 배우며 불안한 현실에서 미래를 설계할 수 있었다.

두 번째는 커뮤니티로서의 역할이다. 우선 교회는 한국전쟁과 분단으로 고향을 떠나온 실향민들이 모일 수 있는 곳이었다. 개신교는 천주교의 전파가 늦었던 황해도, 평안도, 함경도 등 서북 지방의 전도에 힘썼는데, 이 지역은 조선시대에 차별의 역사가 뿌리 깊었기에 개신교가 더 빨리 성장할 수 있었다. 북한에 공산당 정권이 들어서고 종교 탄압이 시작되자 북한 지역의 개신교인은 대거 남하할 수밖에 없었고, 이들은 남한에 교회를 세워 신앙 활동을 이어가는 한편 실향의 아픔을 달래고 고향을 그리워했다.

또한 한국(남한)은 산업화 과정에서 빠른 속도로 전통적인 공동체가 붕괴한 사회다. 1960~1970년대는 젊은이들이 일자리를 찾아 도시로 떠나는 이촌향도 현상이 급격하게 발생했던 시기다. 고향을 떠나 타지에서 살아야 하는 이들은 마음 둘 곳이 필요했고 교회는 그런 이들에게 좋은 의지처가 되어주었다. 교회는 주일 예배 외에도 수요예배와 새벽 기도회 등 사람들이 만날 수 있는 장소와 기회를 제공했고, 사람들은 예배 후 이어지는 식사 및 교류의 시간, 성경 공부, 성가대 활동 등으로 소속 및 애정의 욕구와 정서적 지지를 충족할 수 있었다.

세 번째, 놀이 및 표현 욕구의 측면이다. 교회가 커뮤니티의 역할을 하면서 자연스럽게 사람들이 모이기 시작했고, 모인 사람들은 종교적 목적 외의 목적도 추구하기 시작했다. 특히 꿈 많고 에너지 넘치는 청년들에게 교회는 합법적인 이성 교제의 장이

자 노래, 춤, 연극 등 여러 가지 활동으로 여가 문화를 즐길 수 있는 장소였다. 아무래도 절 오빠, 성당 오빠보다는 교회 오빠가 친숙하다. 교회가 주는 도덕적이고 바른 이미지 때문인지 청소년기 자녀의 일탈을 걱정하는 부모님도 교회는 막지 않았다.

또한 성인부 예배와는 달리 청소년부 예배는 춤과 노래, 악기 등을 자유롭게 활용할 수 있었는데, 이 역시 청소년을 교회로 이끄는 중요한 유인이었다. 성가대에서 목청을 뽐내거나 율동으로 숨겨진 끼를 꺼내는 이들도 많았고, 교회 오빠나 누나에게 기타나 피아노, 드럼을 배우기 위해 교회를 찾기도 했다. 크리스마스나 '문학의 밤' 같은 행사는 평소에 하는 찬양 및 율동뿐만 아니라 성경의 내용을 바탕으로 한 연극과 다양한 콘셉트의 특별 공연, 다과 등이 있는 그야말로 축제였다.

네 번째는 복지다. 지역사회나 도움이 필요한 이들에 대한 봉사는 '네 이웃을 사랑하라'는 예수의 말을 가장 잘 실천할 수 있는 방법으로, 많은 교회에서 적극적으로 행하고 있는 활동이다. 현대 한국 사회가 급격한 사회 변화를 겪으면서 소외된 이들에 대한 시스템을 제대로 마련하지 못했던 측면이 크다. 개신교 교회들은 전통적인 교육과 장학 외에도 나라의 눈이 미치지 않는 빈자리를 찾아 소외된 이웃을 돌보고 어루만져왔다.

모든 종교에서 빈민 구제와 소외된 이웃들에 대한 봉사를 강조하지만 전국 구석구석에 이르는 개신교의 활동은 분명 두드러지는 데가 있다. 여기에는 여타 종교와 달리 교단의 통제가 적어 모든 교회가 저마다의 목표를 갖고 활동하는 개신교의 외적 특성도 영향을 미쳤을 것이고, 신앙 활동마저 남들보다 두드러지고 싶어 약간은 경쟁적으로 임하는 한국인의 문화적 성격도 관련이 있어 보인다.

  한국에 미친 개신교의 가장 큰 영향은 현대 한국인에게 심리적 안정감을 제공했다는 데 있다. 전통적인 가치들이 그 영향력을 상실한 시대에 개신교는 개인과 사회가 나아갈 방향을 제시했으며, 주중에는 일을 하고 주말에 교회를 가는 삶의 방식에서부터 무엇을 추구하며 어떻게 살아야 할지에 대해 세부적인 지침을 마련해주었다. 공동체가 붕괴하는 가운데 사람들에게 소속감과 애정의 욕구를 충족할 수 있는 공동체를 제공했고, 사람들은 거기에서 여가와 오락, 자기표현의 욕구까지 충족할 수 있었다.

멸공 기독교
— 한국 개신교의 보수성과 모순

한국 개신교는 정치적으로 보수적인 색채를 띠는 것으로 유명하다. 목사가 설교 시간에 특정 정당이나 정치인을 비방하는가 하면 선거철에는 특정 후보를 지지하기도 한다. 일부 극렬 목사들이 신도들을 정치 집회에 동원하는 일도 흔하다. 물론 모든 정권에 그러한 태도를 보이는 것이 아니다. 조금이나마 북한에 가깝거나 유화적인 제스처를 보이는 정권에 대해서는 일관적으로 반정부적인 태세를 견지한다. 즉, 한국 개신교의 정치적 입장은 소위 보수 정당의 그것과 일치한다.

그러다 보니 노동 문제나 최저임금, 세제, 소수자 인권 등의 문제나 일본과의 과거사, 원전 오염수 방류 등 국익과 직접적인 관련이 있는 사안에서도 보수 정당과 같은 목소리를 내는 경우가 많다. 이러한 한국 개신교계의 주장들은 "누구든지 네 오른편 뺨을 치거든 왼편도 돌려 대며(마 5:39)", "네 이웃을 네 몸과 같이 사랑하라(마 22:39)"는 기독교의 가르침과 모순되어 보이지만, 어떤 관점에서는 나름 일관성이 있다.

바로, 반공反共이다. 즉, 현대 한국 개신교와 관련된 현상들의 상당 부분은 반공이라는 키워드로 이해할 수 있다. 북한과 친북 인사들에 대한 적대적인 태도 외에도 노동자들이 사측에 맞서 권리를 주장하거나 임금 인상을 요구하는 것, 재산이 많은 이들에게 더 많은 세금을 내게 하는 것 등도 '공산당이나 할 소리'이며, 그러한 입장을 가진 이들의 주장들 역시 모두 공산당의 주장이 되는 것이다. 거기에 현대 민주주의 사회의 '보편적 인권'이나 국제사회에서의 '국익' 같은 개념은 끼어들 여지가 없다.

왜 한국 개신교는 반공에 이토록 목을 매는 것일까? 종교에서 어떻게 이러한 일이 있을 수 있을까? 여기에는 한국의 현대사와 관련된 복잡한 이유가 있다.

우선 상당수의 개신교 목사가 북한 출신이다. 개신교는 지금의 북한 지역인 서북 지방(황해도, 평안도)을 중심으로 전파되었다. 조선 왕조 내내 차별과 수탈에 시달렸던 이 지역에서 신 안에서의 평화와 평등을 내세운 개신교는 놀랍도록 빠르게 교세를 확장할 수 있었다. 특히 일제강점기 평양은 '동방의 예루살렘'이라 불릴 정도로 신앙의 본거지였으며 1907년 1월 14일 평양 장대현 교회에서 시작된 평양대부흥운동은 한국 개신교 역사에서 가장 큰 영적 각성 운동으로, 이후 전국적으로 확산되어 현대 한국 개신교 성장의 밑바탕이 된다.

해방 후 북한 지역에 진주한 소련군과 소련의 지원을 받아 세워진 공산 정부는 '종교는 인민의 아편'이라는 공산주의의 기조로 모든 종교를 금지했고, 개신교 교회에 대해서도 대대적인 박해가 시작된다. 공산당은 교회와 신자들의 재산을 몰수하고 종교를 버릴 것을 강요했고, 이어진 한국전쟁 전후로 북한군과 빨치산 등에 의해 종교인 1,700여 명이 학살되기도 했다. 이들 중 많은 수가 개신교인이었다. 북한 지역의 많은 교인들은 종교의 자유를

"THE GREAT CHURCH ON THE HILL"

평양대부흥이 일어났던 장대현 교회. 사진은 제임스 게일 선교사가 촬영하였다. 평양대부흥운동은 성경 공부와 회개, 기도를 중심으로 많은 사람들이 교회로 모여들게 했으며, 한국 교회의 급성장과 신앙의 활성화에 큰 영향을 미쳤다.

찾아 남한으로 피신할 수밖에 없었다.

모든 것을 잃고 남한으로 떠나야 했던 북한 출신 개신교인은 북한과 공산당이라면 치를 떨었다. 좌익인사들에 대한 테러와 보도연맹 학살, 제주 4·3사건 학살 등으로 악명 높은 서북청년단은 북에서 월남한 개신교인이 세운 영락교회의 청년들이 주축이었을 정도다. 북한 출신 목회자 및 신자는 남한 개신교계의 핵심 세력이 되었고 이들의 생생한 경험담과 함께 한국전쟁 이래로 지금도 계속되고 있는 대립의 역사는 한국 교회가 소위 '멸공 기독교'의 길을 가는 데 큰 영향을 미쳤다.

둘째, 개신교의 정치권력에 대한 태도다. 한국 개신교는 대한민국의 초대 대통령 이승만 때부터 정권과 밀접한 관계를 형성했다. 저명한 독립운동가이자 개신교 장로였던 이승만은 개신교 신자들의 마음을 쉽게 얻었으며 그의 임기 중 일어난 한국전쟁과 이어지는 반공정국은 그가 1960년 4.19혁명으로 하야할 때까지 12년 동안 독재를 할 수 있었던 바탕이 된다.

한국의 개신교인들은 개신교의 전파와 부흥기부터 한국이 하나님의 선택받은 땅이며 자신들이 다른 이들을 전도하고 한국을 기독교(개신교) 국가로 만들어야 한다는 강한 사명을 가지고 있었다. 따라서 개신교인들은 이승만이야말로 그러한 하나님의 뜻을 실현시킬 수 있는 사람이라 여겨 열렬히 지지했던 것이다. 이후에도 개신교인들은 개신교인 대통령 만들기에 힘썼고 두 명의

1979년 9월 5일, 대한민국의 주요 기독교 단체들은 서울에서 전국 기독교 멸공 총궐기대회를 개최했다. 이 대회는 공산주의에 대한 반대 의지를 표명하고, 반공 정신을 기독교 신앙과 결합하여 확산시키기 위해 열렸다. 당시의 정치적 상황 속에서 기독교계는 국가적 안보와 반공 이념을 강조하며 정부의 반공 정책을 지지했다. 사진제공: 경향신문.

1966년 시작된 국가조찬기도회는 1967년 2회 기도회부터 박정희 대통령이 참석하면서 힘을 얻기 시작했다. '대통령을 위한 조찬 기도회'라는 이름으로 열리는 이 행사는 현재까지도 매년 계속 열리고 있다.

개신교 대통령(김영삼, 이명박)을 더 배출한다.

대통령이 개신교인이 아닌 경우에도 개신교의 정치 개입은 계속되었다. 특히 한국 개신교가 중심이 되는 '대통령 조찬기도회'는 친정권적 메시지로 이름 높다. 1969년 기도회에서는 "하나님이 (군사)혁명을 성공시켰다"는 발언이 나오기도 했으며, 1980년 12·12 군사쿠데타로 정권을 찬탈한 신군부의 수장 전두환에 대해서는 이스라엘 민족을 가나안 땅으로 인도했던 '여호수아' 같은 인물이 되게 해달라고 축복하기도 했다.

여러 이유가 있겠지만 한국 개신교가 독재정권마저 축복한 가장 큰 이유는 이들이 강력한 반공을 표방했기 때문이다. 문제는 반공이라는 신념을 지키기 위해 수많은 모순들을 떠안아야 한다는 점에 있다. 개신교의 지지를 받았던 정권들의 집권 기간에 일어났던 권력의 독점과 부정부패, 민간인 학살 등의 사실은 그들이 옳았다는 신념을 지키기 위한 인지부조화의 결과로 사라졌다. 자유민주주의를 사랑하지만 독재자는 인정해야 하고 이웃을 내 몸처럼 사랑해야 하지만 '빨갱이'는 용납할 수 없는 일부 개신교인의 앞뒤가 맞지 않는 주장은 여기서 비롯된다.

불행한 한국 현대사에서 비롯된 개신교계의 초석을 세운 원로 개신교인의 트라우마는 이해하지만, 반공의 가치에만 매몰되어 정작 하나님과 예수님의 가르침은 외면하고 있는 것이 아닌지 교계의 반성이 필요해 보인다.

마지막으로 개신교의 시스템에서 비롯되는 문제다. 개신교는 가톨릭(천주교)과는 달리 목회자 개인의 영향력이 매우 크다. 따라서 개신교에는 일부 목회자의 개인적 경험에서 비롯된 정제되지 않은 신념이 신자들에게 전파될 수 있다는 단점이 있다. 물론 신자 개인도 비판적인 시각을 갖춰야 하겠으나 목회자에 비해 교리와 교단, 교회 운영 등에 대한 지식과 경험이 부족한 평신도들이 목회자의 말에 의문을 제기하기는 어려운 실정이다.

더욱이 교회에서 심리적 안정감과 정서적 교류 욕구 등을 충족하고 있는 교인들이 정치적 견해가 맞지 않는다고 목사의 설교를 문제 삼거나 교회를 옮기는 선택을 하기도 어렵다. 자연스레 불만을 가진 신자들은 떠나고 목사의 말에 이의를 제기하지 않는 이들만 남게 된다. 반론과 대안적 사고를 허용하지 않는 집단에서는 그 안에서의 의견이 점차 극단으로 치닫기 마련이다. 이러한 이유에서 한국 개신교 교회의 행보는 보통 사람들의 상식과 점점 멀어져가고 있다.

04

셀프 구원
─ 한국 개신교의 오만과 이중성

2020년 엠브레인 트렌드 모니터에서 실시한 종교 인식 조사에 따르면, 불교 신자에 대해서는 온화한(40.9%), 절제하는(32.0%), 따뜻한(29.6%) 등이, 천주교 신자에 대해서는 온화한(34.1%), 따뜻한(29.7%), 윤리적인(23.0%) 등의 형용사가 연결되는 반면, 개신교 신자에 대해서는 거리를 두고 싶은(32.2%), 이중적인 (30.3%), 사기꾼 같은(29.1%)이 꼽혔다.

개신교는 세계적으로 종교 갈등이 없는 편인 한국에서 종교 간 갈등을 유발하는 유일한 종교다. 그리고 개신교인들이 일으키는 종교 간 갈등은 대부분 그들의 오만함에서 비롯된다. 다른 종교

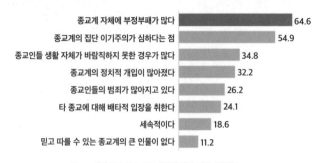

엠브레인 트렌드 모니터(2020), 〈2020 종교(인) 및 종교인 과세 관련 인식 조사〉, '한국 종교계 문제점'에 관한 설문 결과. 이 조사 자료에 따르면 비종교인뿐만 아니라 종교인 스스로도 종교계 자체에 부정부패가 많고(종교인 59.7%, 비종교인 68%), 집단 이기주의가 심하다(종교인 48.8%, 비종교인 59.1%)고 생각하고 있었다.

의 종교적 신념을 무시하고 폄훼하거나 심지어 타 종교의 시설을 훼손, 방화하는 일을 저지르는 것은 대부분 개신교인이다. 심지어 외국의 타 종교 시설에서 개신교식 예배를 드리거나 기도하는 경우도 있다.

개신교인이 이러한 행동을 하는 가장 근본적인 이유는 유일신 계열 종교의 절대성에서 찾을 수 있다. 진실한 신이 한 분뿐이니 다른 신을 섬기는 모든 종교는 거짓이 되는 것이다. 자신만이 옳다는 믿음은 우월감으로 이어지고 우월감은 세상에 대한 무지와 타자에 대한 배타성을 낳는다. 어차피 나만 옳으니 세상을 이해할 필요도 타인과 공존할 필요도 없는 것이다.

진화론, 천문학, 생물학 등 현대 과학도 부정하는 마당에 자국의 전통과 문화를 무시하는 것은 당연하다. 일부 개신교인에게 불교와 유교가 수천 년 동안 이 땅에 남긴 수많은 유무형의 유산들은 시급히 버려야 할 쓰레기에 지나지 않

2020년 10월, 경기도 남양주에 위치한 수진사 방화사건. 일부 극단적인 개신교 신도들이 불교 사찰에 불을 지른 사건으로, 1984년 부산 범어사와 2006년 서울 봉은사에서도 방화 시도가 있었다.

는다. 사찰에 불을 지르고 불상을 훼손하는 것은 이러한 인식 때문이다. 유교 또한 공격의 대상이다. 조상에게 제사를 지내니 우상 숭배라는 것이다. 상황이 이러니 미신의 대표격인 무속은 말할 것도 없다.

유일신 종교의 절대성에서 파생한 우월감, 여기에 성경 공부의 결과 '어린아이와 같은 순수함(마태 18:3)'과 '땅끝까지 이르러 복음을 전해야 한다(사 1:8)'는 사명감까지 더해지니 한국 개신교인을 막을 수 있는 것은 아무것도 없다 해도 과언이 아니다.

이러한 한국 개신교의 배타성은 유일신 종교 자체의 배타성과 미국에서 근본주의 성향의 개신교가 전래된 영향도 있지만 개신교 자체의 특성이 한국 문화와 한국인의 심성과 잘 맞은 부분도

빼놓을 수 없다.

첫째, 매우 주관적이고 자의적인 한국인의 마음 습관이다. 가톨릭(천주교)은 성경의 해석이나 교리, 의식, 교단의 운영 등이 교황청으로부터 통제를 받지만 개신교는 교단과 목회자에 따라 교리의 해석과 교회 운영 등에서 상당 부분 자율성을 보장받는다. 따라서 목사뿐만 아니라 신도들도 자의성을 갖게 되는데 대표적인 것이 일부 개신교인들의 죄와 구원에 대한 인식이다.

예수를 믿으면 천국 간다는 지나치게 단순화된 개신교의 전도 논리는 예수를 믿지 않으면 지옥에 간다는 이분법적 주장으로 나타난다. 따라서 한국인 중에는 기독교(개신교)가 전래되기 전에 이 땅에 살았던 모든 사람이 지옥에 간다거나 아무리 착하고 좋은 일을 많이 해도 예수를 믿지 않았으니 지옥에 갈 거라는 이야기에 질린 이들이 많다.

이러한 주장은 '아무리 큰 죄를 지었어도 예수를 믿었으니 구원받는다'는 식으로 쉽게 왜곡된다. 영화 〈밀양〉에서 신애(전도연 분)의 아들을 죽인 유괴범의 대사이기도 한 이 말은, 한국에서 범죄를 저지른 자들의 대표적 논리이기도 하다. 정작 용서를 구해야 할 피해자에 대한 속죄와 자신이 망가뜨린 사회 시스템에 대한 반성은 찾을 수 없는 이같은 '셀프 구원'은 많은 사람들이 개신교에 등을 돌리는 이유가 되었다.

또한 한국 개신교는 교리와 율법도 매우 자의적으로 적용한다.

개신교인은 성경에서 동성애를 금한다고 성소수자를 배척하지만 성경에서 금하고 있는 부동산 거래(레 25:23)는 거리낌이 없다. 16세기 종교개혁의 원인으로 꼽히며 이후 가톨릭(천주교)에서 엄격히 금지하고 있는 교회의 사유화와 세습이 만연할 뿐 아니라, 천주교에도 사라졌고 다른 개신교 국가들에서는 폐지된 십일조는 성경을 근거로 집요하게 유지한다. 교회에 비치된 수많은 헌금봉투와 헌금 많이 하면 천국 간다는 일부 목사의 망언은 덤이다.

둘째, 갑질로 요약되는 권위주의적 행위방식이다. 개신교가 자신의 우월성을 앞세워 다른 이들에게 영향력을 미치려고 한다는 점은 영락없는 한국의 문화적 행위 양식이라 할 수 있다. 물론 이러한 영향력에는 한국 복지의 상당 부분을 책임지는 개신교회의 봉사활동과 168개국에 파견된 2만 2,000명이 넘는 선교사들 등 세상의 어두운 곳에서 신의 뜻을 실천하는 선한 영향력들도 많다.

하지만, 그 과정에서 자국과 타국의 문화를 폄훼하고 신앙을 강요하는 일도 빈번하게 벌어진다는 점이 문제다. 자신이 우월하고 정당하기 때문에 타인은 겸허히(?) 그 영향력을 받아들여야만 한다는 태도다. 사회적 이슈에서도 마찬가지다. 개신교는 앞선 글에서 다루었던 특정 정치색을 필두로 우리 사회에 지속적인 영향력을 끼쳐왔고, 게임, 음악, 영화 등 대중 문화에 대해서도 강한 보수성을 드러내며 온갖 검열에 앞장서고 있다.

특히 보수적인 교회에서는 대중 문화를 사탄의 역사役事로 가르칠 정도이며, 보수적이지 않은 교회에서도 성소수자 문제 등에 대해서는 구약시대급의 윤리의식을 강조하고 있다. 이 와중에 일부 목사의 성범죄와 불륜 등은 '일부의 문제'라며 공론화조차 하지 않으니 대중이 개신교를 이중적이라 인식하는 것은 당연하다.

세 번째는 남들 앞에 자신을 드러내려 하는 자기현시적인 태도다. 한국 개신교인은 어디서나 티가 나고 또 티를 내야 한다고 생각하는 듯하다. 더 많은 헌금, 더 큰 교회, 더 많은 활동은 한국 개신교회의 장단점을 그대로 보여준다. 개인적 신앙 활동에서도 개신교인들은 여러 사람이 있는 장소에서 큰 소리로 기도하는가 하면 방송인 등이 공적인 자리에서 신앙고백과 전도를 하는 등 다른 나라 개신교인과는 퍽 다른 모습을 보인다.

'외식하지 말라(겉으로 드러내어 꾸미지 말라)'는 예수님의 가르침이 무색할 정도인 한국 개신교인의 현시적인 태도 역시 우월감에서 비롯된다. 자기가치감이 높은 한국인들은 문화적으로 우쭐거리기 좋아한다. 그래서 우리가 우리가 흥이 많은 민족이기도 한 것인데 한국인은 남들보다 잘나고 돋보일 때 희열을 느낀다. 내가 믿는 신이 유일한 절대자시니 얼마나 뿌듯하겠는가? 어찌 보면 참으로 순박한 동기라고도 할 수 있다. 하지만 한국 문화는 제 흥에 겨워 우쭐하다가 다른 사람들의 기분을 상하게 하는 이들을 견제할 수 있는 예의범절을 발달시켰다. 하지만 개신교에는 그런 것이 없다.

물론 모든 개신교인이 나쁜 것은 아니다. 원래 제 할 일 잘하고 멀쩡한 사람은 눈에 안 띈다. 하지만 한국 사회의 개신교에 대한 부정적 인상을 만들고 있는 그 일부를 통제하지 못한 것은 결국 한국 개신교의 문제다. 이 점을 인식하지 못하면 한국인의 개신교에 대한 인식은 달라지지 않을 것이다.

05

그들은 왜 성조기를 드는가

소위 보수 진영의 시위에 많이 등장하는 물품이 있다. 미국 국기 성조기는 2016년에 있었던 대통령 탄핵 집회 등에서 등장하기 시작했는데 도대체 이해가 어려운 일이다. 이런 경우에 많은 사람들은 '저들이 이상해서 그렇다'는 단순한 결론을 이끌어내는 경향이 있다. 그러나 이런 방식은 쉽게 답을 찾을 수 있긴 하지만 문제를 근본적으로 이해하는 데는 도움이 되지 않는다.

1910년 을사늑약으로 조선은 국권을 잃는다. 나라가 망한 것이다. 500년 종묘사직의 종말은 엄청난 충격이었다. 사람들은 조선이 망한 이유를 찾아야 했다. 때는 사회진화론에 근거를 둔 제국주의가 한창이던 시기였다. 약육강식. 적자생존. 조선이 망한 것은 힘이 없었기 때문이라는 결론이 도출되었다.

조선은 왜 힘을 갖지 못했을까? 조선의 국시는 유교였다. 유교 때문이라는 답이 나왔다. 500년 조선이 해왔던 모든 일들은 잘못된 일이 되었다. 당대 사람들은 우리가 힘을 길러 나라를 되찾으려면 적어도 유교로는 안 된다는 생각을 강하게 갖고 있었다.

구한말, 19세기 말에서 20세기 초에 유교를 대신할 두 가지의 사상이 한국에 전해진다. 바로 기독교와 공산주의다. 당시 우리나라 사람들에게 기독교는 단지 종교가 아니었다. 나라를 지탱하던 유교를 대체할 사상이자 개인의 정신세계에 안정을 줄 새 질서 그 자체였다.

공산주의도 마찬가지다. 1917년 볼셰비키 혁명으로 러시아에는 최초로 공산주의 정권이 들어섰다. 세계는 19세기에 뿌리를 내리기 시작한 초기 자본주의의 역기능에 몸살을 앓고 있었고, 그 해결책의 하나로 제국주의가 시도되었으나 제국주의의 폐해 또한 심각해지던 상황이었다. 한국을 포함한 세계의 많은 지식인은 공산주의를 자본주의와 제국주의를 대체할 새로운 질서로 보았던 것이다.

여기서 미국에 대한 의미 부여가 나타난 쪽은 기독교다. 미국은 국제질서에 새롭게 등장한 강대국으로 프로테스탄트(개신교)의 나라였다. 구한말의 지식인은 미국을 접하고 알게 되면서 자연스럽게 기독교(개신교)를 유교를 대체할 국가의 사상으로 인식하게 된다. 당시 한국에 왔던 많은 선교사의 출신국도 거의 미국이었다. 미국 출신의 선교사들은 신학문을 가르치는 학교와 병원 등을 세워 한국의 근대화에도 많은 이바지를 했다.

그런데 미국과 기독교는 민초들에 의해 조금 다른 의미로 받아들여졌다. 미국과 기독교가 결합된 '하나님의 나라'로서의 미국이 한국인의 마음속에 들어오기 시작한 것이다. 이는 일정 부분 선교사의 역할이기도 하다. 선교사의 목적은 선교다. 조선 사람을 기독교화시키기 위해 선교사들은 '쉬운 전략'을 사용했다. 다시 말해, 미국의 발달한 문명과 풍요를 보여주고 '기독교(개신교)를 믿으면 잘살게 된다'고 한 것이다.

'미국은 세계에서 가장 잘사는 나라다. 그게 기독교를 믿기 때문이다. 우리도 기독교를 믿으면 잘 살게 되겠구나.'

유교와 유교적 질서를 버리기로 마음먹은 사람들에게 기독교는 그야말로 새 질서였다. 기독교 세상에는 양반도 노비도 없고 배움과 풍요가 가득한 것처럼 보였다. 선교사들이 전해준 기독교적 세계관에서 미국은 기독교의 신이 가장 사랑하는 신의 나라, 제사장의 나라였던 것이다.

이런 생각을 더 확고하게 만든 것이 6·25다. 미국은 '공산주의의 마수'에서 한국을 구해준다. 6·25로 인해 미국이 가진 이미지들이 한층 증폭되었다. 임진왜란 때의 명나라가 연상될 만큼(재

보수단체의 집회에서 시위대가 태극기와 성조기를 함께 들고 있다. © uci.edu.

조지은: 再造之恩). 이로써 한국에 있어서 미국은 새로운 질서이자 선진 문명의 대명사요, 부와 권력의 원천이면서, 나라를 되찾게 해준 구원자이자 신의 뜻을 대신 수행하는 나라가 된 것이다.

이러한 세계관 속에서 살아온 이들에게 미국은 곧 '선善이자 질서'다. 따라서 미국에 반하는 모든 것들은 '악惡이자 무질서'일 수밖에 없다. 이것이 '그들이 성조기를 드는 이유'다. 그들은 종교의 힘으로 문제를 해결하려는 것이다. 성조기가 등장하는 집회는 이미 단순한 정치적 집회가 아닌 처절한 기도회다.

개신교인이 미국을 대하는 태도는 2015년 3월 5일 리퍼트 전 미국 대사 테러 사건 이후에서도 확인된다. 당시 적지 않은 수의 한국 교회에서는 다양한 방식의 집회를 통해 리퍼트 대사의 쾌유를 빌었는데 이 '다양한 방식의 집회'가 전 세계의 이목을 끌었다. 색색의 한복을 차려입은 분들이 거리에 모여 부채춤, 북춤, 발레, 석고대죄 등 다양한 퍼포먼스(?)를 펼쳤고, 리퍼트 대사가 입원한 병실에는 위문편지, 꽃다발, 개고기를 필두로 환자에게 좋다는 음식 등이 끊이지 않았던 것이다.

일반적인 국가들 사이의 외교적 상식을 뛰어넘는 이러한 행위는 오직 종교적 맥락에서만 이해할 수 있다. 집회 참가자들은 신의 나라 미국과 그 나라의 대리인(대사)의 분노를 잠재우기 위한 제사를 지낸 것이다. 그 제사의 형식은 기독교적이라기보다는 훨씬 더 전통적인 종교와 관련된다.

보수 세력의 집회에서 이스라엘 국기가 등장하는 이유도 같은 맥락에서 이해할 수 있다. 구한말, 일제강점기를 살아가던 한국 기독교인(개신교) 들은 나라를 빼앗긴 자신의 처지를 성경의 백성, 유태인과 동일시했다. 유태인도 한국처럼 옛날부터 이집트, 바빌론, 로마, 독일 등 강대국으로부터 고통받았던 역사가 있고, 최근 2,000년

마크 리퍼트 전 주한 미국 대사에게 발생한 칼부림 사건 이후, 기독교 단체가 전통 부채춤, 발레 등 쾌유기원 행위를 통해 위로를 전했고, 이를 한미동맹의 굳건함을 확인하고 결속시키는 계기로 삼으려 했다. ⓒ youtube/NocutV

동안은 나라 없이 각지를 헤매며 박해를 받았었기 때문이다.

그런데 그 이스라엘이 다시 나라를 찾았다. 그리고 이어진 중동 국가들과의 전쟁에서 승리하고 지역의 강국으로 자리매김했다. 이 모든 일들은 미국을 중심으로 하는 기독교 세력의 도움이 있었기에 가능했다. 이러한 세계사를 목격하면서 한국의 기독교인은 우리도 기독교를 열심히 믿으면 이스라엘처럼 다시 나라를 찾고 부강하게 될 거라는 믿음을 갖게 되었을 것이다.

그런데 그 일이 실제로 일어났다. 미국은 일본을 패망시키고 한국에 독립을 가져다주었을 뿐 아니라, 한국전쟁에 참전하여 북한에 빼앗겼던 나라를 되찾아주었다. 한국의 기독교인은 이스라엘의 역사와 맞아떨어지는 한국의 역사에 깃든 하나님의 뜻에 감동하는 한편, 한국도 이스라엘 같은 성경의 백성임을 확신했다. 그들의 마음속에서 한국, 이스라엘, 미국은 하나님의 백성이라는 공통점으로 묶이는 것이다.

그들에게 객관적 현실은 중요하지 않다. 이스라엘이 예수를 구세주로 인정하지 않는 종교를 갖고 있든, 어른 아이 할 것 없이 팔레스타인 사람들을 학살하든 이스라엘은 성경의 민족이요, 하나님의 백성일 뿐이다.

06

신앙은 왜 광신이 될까

광신狂信이란 어떤 종교나 사상을 이성을 잃을 정도로 지나치게 믿는 것을 뜻한다. 특히 종교는 이성과는 다른 차원에서 이해되기 때문에 광신 하면 종교에 대한 광신을 의미하는 경우가 많다. 광신의 위험한 점은 종교의 사회 유지 기능을 해친다는 데 있다. 종교에 빠져 교육이나 직업 활동을 하지 않는 것은 물론 종교적 신념을 이유로 사회적 의무를 수행하지 않거나 다른 신념을 가진 이들을 공격하는 등 광신으로 인한 부작용은 우리 사회에서도 종종 목격된다.

종교는 오랜 시간 동안 사회 유지 체계로 기능해왔다. 믿음은 종교가 성립하기 위한 중요한 요소이지만 그 믿음이 정도를 벗어나 사회의 건전성을 해친다면 이미 정상적인 종교라 할 수 없을 것이다.

광신은 신념의 절대성에서 비롯된다. 나의 신념만이 절대적이고 그 외의 다른 생각들은 틀렸다는 믿음이다. 따라서 광신은 유일신 계열 종교에서 나타나기 쉽다. 내가 믿는 신만이 유일하고 진실한 신이니 다른 신을 믿는 모든 종교는 거짓이 되는 것이다. 이러한 믿음은 소규모 종교 집단에서든 여러 사람이 공존해야 하는 사회에서든 매우 부정적으로 작용할 가능성이 크다.

특히 배타적 종교가 어떤 사회의 주류 종교가 되면 다른 종교를 가진 집단이나 같은 종교지만 중요 교리를 달리 하는 집단에 대한 탄압으로 이어질 가능성이 크다. 인류의 역사에는 기독교와 이슬람 등 유일신 계열 종교의 배타성으로 인한 무수한 전쟁과 학살이 있어왔고 어디선가는 지금도 계속되고 있으며, 앞으로도 언제 터질지 모르는 분쟁의 씨앗이 되고 있다.

한편, 다신교 계열이나 샤머니즘 계열 종교에서는 종교로 인한 집단적인 갈등은 훨씬 덜 나타난다. 불교를 국교로 했던 많은 나라들이 있었지만 이웃 나라에 불교를 전파하기 위해 전쟁을 했다든가 다른 종파를 탄압한 역사는 찾기 어려우며, 신토를 믿는 일본이 다른 나라를 많이 침략하긴 했지만 종교적 이유에서는 아니었다. 한국에도 전 재산을 들여 굿을 하는 등 과하게 무속에 빠지는 이들이 있지만 개인이나 집안 수준에서 피해를 끼칠 뿐 무당들이 세력을 형성하여 사회 안정을 위협하거나 타 집단을 공격했다는 이야기는 들어본 바 없다.

광신은 종교의 특정 교리 때문에 발생하기도 한다. 종교에서 특히 사람들의 광신을 유발하는 부분은 죽음과 죽음 이후에 대한 생각들이다. 많은 종교에서 사후세계는 중요한 교리다. 죽음 이후에 대한 생각이 현세에도 영향을 미치기 때문이다. 과거 북유럽의 바이킹들은 전사들이 죽으면 발할라Valhalla라는 곳에서 영원토록 먹고 마시며 즐긴다고 믿었고, 이러한 믿음은 바이킹 전사들의 용맹의 근원이 되었다. 사람들은 다음 생에서 더 좋은 삶을 살기 위해, 저 세상에서도 부귀영화를 누리기 위해, 지옥에 가지 않고 천당/천국/극락에서 영원한 행복을 누리기 위해 선하고 착실하게 현생을 산다.

그런데 이 죽음 이후의 단계에 조건이 붙으면 사람들은 해당 조건을 충족하기 위해 조급해질 수밖에 없다. '죽은 다음에 천국에 가려면 ○○을 해야 한다'거나, 특정 인물을 거쳐야 천국에 갈 수 있다거나, 어떠어떠한 방식으로 자신의 믿음을 증명해야 한다는 등의 조건들은 종교의 원론적이고 본질적인 측면과는 거리가 멀다. 후대에 경전 등을 해석하는 이들에 의해 추가되는 이러한 조건들이야말로 사이비가 파생되는 지점이며 믿음이 광신으로 발전하는 지점이다.

특히 인류 종말과 신의 심판에 대한 교리를 가진 종교들이 취약하다. 종말론과 심판은 역시나 유일신 계열 종교들의 전유물로 이 계열 종교에서 극단적이고 광신적인 신자들이 많은 이유다. 구원의 방법에 대한 견해 차이에서 이단과 사이비가 많이 나오는 이유기도 하다. 순환적이고 포용적인 내세관을 가진 다신교 계열 종교나 현세나 내세나 거기서 거기라는 생각이 강한 샤머니즘 계열 종교에서는 내세에 대한 생각이 극단적인 믿음으로 이어질 가능성이 낮다. 창작의 영역이긴 하지만 불교 계열의 사이비가 등장하는 영화 〈사바하〉가 있다. 〈사바하〉의 동방교는 밀교密教 계통의 불교에서 비롯된 신흥종교로 묘사되는데, 구세주 신앙인 미륵 신앙에 불법에 이르기 위한 여러 가지 은밀하고 신비로운 방법론을 강조하는 밀교 정도를 추가해서 그나마 사이비와의 접점을 만들었다.

또한 광신은 외적 조건에 의해서도 촉발된다. 예를 들어, 특정 종교에서 묘사하는 종말론을 연상케 하는 힘들고 괴로운 시기가 계속되면 해당 종교의 신자들은 신의 심판에서 구원받기 위해 구원의 조건에 몰두하는 경향이 나타난다. 20세기 들어 가속화된 이슬람의 근본주의화와 20세기 말, 종말의 시기라는 근거들이 대두되면서 전 세계적으로 수많은 사이비와 광신자들이 나타난 것이 대표적 사례다.

1·2차 세계대전의 결과로 이슬람 문화권인 중동 지역은 수십

개의 나라로 갈라졌고, 석유시대가 열리면서 본격적인 근대화가 시작되었다. 서구 문명이 들어오고 문화가 개방되면서 중동의 무슬림은 심리적 위기감에 휩싸였다. 특히 서구 문화에 대해 개방적인 정책을 펼쳤던 이란에서는 보수적인 종교 지도자들에 의한 혁명이 일어났고 이스라엘 건국에 이어진 중동전쟁은 중동 사회가 전반적으로 보수화되는 계기가 되었다.

중세에서 근세에 이르기까지 이슬람은 상당히 포용적인 종교였다. 하지만 근현대 정체성의 위기를 겪으면서 근본주의 신앙으로 회귀한 것이다. 그중 일부는 서구 세력에 대한 성전(聖戰, 지하드)을 벌이는 전사를 자처하며 세계 각지에서 테러를 일으키는 등 현대 사회에서 이슬람의 이미지를 부정적으로 만드는 데 일조했다. 이들은 지금도 극단적인 주장과 폭력적인 방식으로 여러 나라에서 분쟁을 유발하고 있다.

그 외에, 광신에 빠지기 쉬운 개인의 성격적 측면과 종교 집단 내의 집단 역학이 있을 수 있다. 자기 확신이 강해 한번 형성한 신념을 바꾸지 않고 점점 강화해가는 사람들이나 반대로 자기 확신이 없어 타인의 의견에 의존해야 하는 사람들이 광신자가 된다. 사이비 종교 내에서라면 전자는 지도부가 되고 후자는 추종자들이 되는 식이다.

종교에서 빠질 수 없는 신비적 종교 체험은 이들의 믿음을 한층 강화하는 요인이 된다. 개인적 신비 체험은 적지 않은 부분이 무의식적 학습 효과나 '그렇게 보려 했기 때문에 그렇게 보이는' 자기실현적 예언에 의한 것이지만, 그 자체가 스스로의 신념을 강화하며 광신으로 이어진다. 더욱이 신앙 간증 등 신비체험을 공유하는 신자들끼리의 상호작용은 일종의 집단 극화를 거쳐 사회의 일반 상식과는 점점 더 멀어지게 된다.

독실한 믿음과 광신은 구별하기 어렵다. 믿음과 광신의 차이는 사회 다른 구성원과의 관계에서 비롯되어야 하지 않을까?

$$07$$

한국에는 왜 사이비가 많을까

한국 종교 현상의 특이성 중 빠질 수 없는 하나는 신흥종교와 사이비가 많다는 것이다. 신흥종교란 비교적 최근에 개창된 기성 종교에 속하지 않는 종교들을 말하며 사이비似而非란 '비슷하지만 다르다'는 뜻으로 외형적으로는 기성 종교의 교단들과 비슷하지만 실제로는 해당 종교의 본질에서 멀리 떨어진 종교 단체를 뜻한다.

특히 구한말부터 사이비 종교가 두드러지게 나타났는데 대표적인 신흥종교로는 동학에서 파생한 천도교를 비롯해 원불교, 대종교, 증산도 등이 있으며, 이 외에도 기존의 신흥종교에서 파생하거나 일본 등 외국에서 전래한 신흥종교 등 다양한 신흥종교들과 기성 종교로부터 이단異端 또는 사이비 취급을 받는 수많은 종파가 존재한다. 기성 종교에 비해 이들의 세가 적지 않고 상당히 적극적으로 포교 활동을 한다는 점이 한국 종교 현상의 중요한 특징이다.

신흥종교와 이단, 사이비는 모두 어딘가 낯설고 부정적인 인상이 있지만 그 개념은 각각 다르다. 신흥종교는 말 그대로 새롭게 나타난 종교라는 뜻으로 중립적인 용어다. 현재의 신흥종교도 차차 교리가 정립되고 교단이 구축되면서 기성종교화될 수 있다. 실제로 한국의 신흥종교 중 원불교와 천도교는 5대 종단에 포함될 만큼 공식화되어 있다.

이단異端은 기성 종교에서 인정받는 정통적 교리 해석을 따르지 않는 종파나 종단을 일컫는 말이다. 한 종교 내에서 이단은 대단히 적대시되지만 정통과 이단의 구분은 어디까지나 상대적인 것으로 처음에는 이단 취급을 받다가 시간이 지나 주류가 되는 경우도 있고 따로 독립하여 별개의 종파가 되는 경우도 있다.

문제가 되는 것은 사이비다. 사이비는 기성 종교와 비슷하지만 그 본질적인 부분에서 차이를 보이는, 말 그대로 가짜 종교다. 종교적으로는 기성 종교의 철학과 가르침에서 지나치게 벗어나는 주장을 펴는 경우, 사회적으로는 사회의 법과 질서, 보통 사람들의 상식을 무시하여 사회의 건전성을 해치거나 교주 개인에게 권력이 지나치게 집중되어 신도들에 대한 착취를 정당화하는 경우 등이 사이비로 분류된다.

한국에 신흥종교 및 사이비가 많다는 사실은 일차적으로 시기적인 특성으로 이해해볼 수 있다. 본래 동서고금을 막론하고 혼란기나 중요한 시대 정신이 교체되는 시기에는 신흥종교들이 많이 등장했다. 후한말의 황건적, 원나라 말의 홍건적, 청나라 말의 백련교와 태평천국 운동 등이 그 예이며, 구한말 동학을 비롯한 민족종교 계열의 신흥종교들이 발생한 이유도 이와 같다. 종교는 세상이 돌아가는 원리이자 사람들이 살아야 할 이유를 제공하기 때문이다.

또 하나 뿌리 깊은 한국인들의 종교성에서도 그 이유를 찾을 수 있다. 한국인들은 예로부터 종교를 현세적 욕구를 충족하기 위한 수단으로 생각해 왔던 측면이 크다. 기존의 종교와 사상이 힘을 잃은 시대, 혼란기의 힘들고 어려워진 삶에서 현실의 복과 영생을 약속하는 새로운 종교는 무엇보다 큰 유인이 되었을 것이다. 한국인은 실제로 새 시대의 새 질서로서 새로운 종교를 받아들였고 이러한 경향이 한국 현대 종교의 지형을 이룬 것이 사실이다. 사회에 해악을 끼치는 사이비도 같은 맥락에서 성장할 수 있었다.

한국의 종교 현상에서 사이비와 관련한 중요한 특징 하나는 사이비로 꼽히는 교단이나 종파들은 기독교 계열이 많다는 점이

백백교(白白敎) 사건을 보도한 경성일보(京城日報) 1937년 4월 13일자 호외. 백
백교는 1930년대 일제강점기 조선에서 활동한 사이비 종교로, 원래 동학 계열
의 백도교에서 갈라져 나왔다. 백도교의 교주 전정운이 사망한 후, 그의 둘째 아
들 전용해가 교주가 되어 백백교로 이름을 바꾸고, 자신을 신의 아들이라 칭하
고 종말론을 강조하며 신도들에게 재산을 바치게 하고 여성 신도에게는 성적
희생을 강요하는 방식으로 교세를 확장했다. 조선 사회에 백백교가 퍼진 배경
에는 당시의 경제적 불안과 사회적 혼란 속에서 초자연적 구원과 안정에 대한
갈망이 자리했을 것이다.

다. 이는 구세주 신앙과 심판론을 축으로 하는 기독교의 특성에 기인한다. 한국에는 역사적으로, 재림 예수를 자칭하거나 스스로를 구세주로 일컫는 이들만 50명이 넘는다. 기독교는 기독, 즉 구세주를 섬기는 종교다. 예수는 신의 아들로서 이 세상에 와서 사람들의 죄를 대신 지고 십자가에 못 박혀 죽었으나, 죽은 지 사흘 만에 부활하고, 재림을 약속하며 하늘로 올라갔다. 예수가 다시 세상에 오면 모든 사람이 심판을 받을 것이고 예수를 믿는 이들은 영생을 얻으리라는 기독교의 교리는 자의적으로 해석될 여지가 크다.

예수님이 다시 오실 날을 애타게 기다리는 신도들 입장에서 자신을 재림 예수라 주장하는 인물을 의심하기가 쉽지 않다. 예수 자체가 인간의 형상으로 세상에 왔으니 이론적으로는 어떤 인간도 인간의 형상으로 세상에 온 신일 수 있는 것이다. 교주가 자신을 재림 예수나 신과 중요한 관계에 있는 인물이라 주장하면서 신도의 권리를 침해하고 조종하는 것이 사이비 교단의 대표적인 행태다.

특히 세상의 종말과 심판의 시기는 사이비의 중요 화두다. 수많은 사이비 교주들은 자신만이 세계 종말과 심판의 시기를 알고 있으며 자신을 따라야 구원을 받을 수 있다고 주장한다. 내가 살고 있는 세상이 끝날지 모른다는 불안과 생존의 가능성은 많은 이들을 사이비로 이끈다. 세기말이자 천년이 바뀌는 주기였던 지난 1980~1990년대에 이러한 종말론이 성행했는데 사이비 교단의 말을 따라 전 재산을 바치거나 가족과 직업을 버리고 종교 시설로 들어가는 이들이 많았다.

신비 체험을 강조해온 한국 개신교의 전통도 사이비의 창궐과 관련 있다. 양반 등 식자층의 공부 모임에서 시작된 천주교와는 달리 개신교는 일반 민초들 사이에서 급속하게 전파되었는데 그들은 무속의 신내림으로 대표되는 전통적 종교체험에 익숙한 이들이었다. 한국 초기 개신교인들은 모세가 시내산에서 하나님을 만나듯 신을 직접 만날 수 있다고 믿었고 일반 신도에서부터 목회자들에게까지도 이른바 성령체험의 경험이 확산되었다. 이러한 종교적 배경에서 누군가 하나님을 만나고 하나님의 음성을 들었다 하는 식의 이야기는 실제로 받아들여지기 쉬웠고 사이비로 이어지기도 쉬웠을 것이다.

실제로 사이비 교단은 같은 기독교여도 성직자의 교리 해석과 예배 형식 등이 중앙의 통제를 받는 천주교(가톨릭)와는 달리 목사의 자의적 해석을 견제할 방법이 부족한 개신교 계열에서 더 많이 나타난다. 부도덕한 목회자들이 처음부터 좋지 못한 의도를 가지고 사이비 교단을 만드는 경우도 있고, 나름 정상적인 인물이었지만 종교적 환상에 빠져 본인이 진짜 재림 예수라는 망상에 빠지는 경우도 있었을 것이다. 간혹 기성 교단에 속한 목사 중에서도 사이비와 구분되지 않는 주장을 하는 이들도 존재한다.

어느 경우든 교주들의 확신에 찬 태도는 주변 사람들에게 영향을 미치기 마련이다.

기독교 계열의 사이비 교단에서는 예수의 부활을 의심했던 제자 도마의 예(요 20:27~28)를 들어, 주변인의 의심을 사전 차단하는 방식이 쓰이기도 한다. 더군다나 교주의 측근이 되면 주어지는 여러 가지 유무형의 특혜와 교주를 의심하는 이들에 대한 불이익은 신도들의 믿음을 더욱 강화하며 종교는 어느덧 교주에 대한 신앙으로 변질된다.

종교적 믿음은 이성과 과학의 논리가 성립하지 않는 신앙의 영역이다. 종교의 절대성은 사람들에게 삶의 방향과 심리적 안정을 제공해왔다. 하지만 그 절대성이 종교 본연의 모습을 잃을 때 종교는 세상에 해악을 끼치는 사이비로 변모한다.

08

사이비 종교는 왜 지속되는가
_확신의 덫

　믿음은 바라는 것들의 실상이요, 보지 못하는 것들의 증거(히 11:1)다. 이 말은 사이비 종교, 특히 기독교 계열 사이비 종교에서 금과옥조로 삼는 문구다. 믿음은 사람들의 욕구를 실체화시켜주고 보이지 않는 것들을 존재하게끔 만들어주는 인간의 가장 뛰어난 능력이다.

　유발 하라리는 인간이 다른 동물과 달리 문명을 이루고 발전시켜올 수 있었던 원동력으로 상상력을 꼽았다. 상상력이란 보이지 않는 것이 존재한다고 믿는 능력이다. 인간은 자신이 살아가는 세상을 창조하고 생명을 살아가게 하는 신을 상상하고 그 존재를 믿기 시작했다. 전능한 존재가 나를 지켜보고 돌봐줄 거라는 믿음은 인간에게 무한한 자신감을 주었다.

심리학에서 믿음은 도식schema 또는 태도라는 관점으로 이해할 수 있다. 도식이란 어떤 사람이 세상을 이해하는 이론이며, 태도는 어떠한 대상에 대한 준비된 상태를 뜻한다. 종교적 믿음, 즉 신에 대한 믿음이란 신이 창조한 세상을 이해하는 이론이자 신 및 신과 관련된 대상에 대한 태도를 의미하는 것이다.

그렇기 때문에 종교에서 믿음은 그 종교가 성립할 수 있는 전제 조건이며, 이는 사이비 종교들에서도 마찬가지다. 하지만 보통의 정상적인 종교와 사이비 종교는 그 믿음의 차원에서 근본적인 차이가 있다. 정상적인 종교에서 신에 대한 믿음이 성숙한 개인의 완성과 이웃과 사회에 대한 이바지로 나타나는 반면, 사이비 종교에서의 믿음은 교주 개인을 신격화하고 교주와 교단의 행위를 정당화고 유지하는 데 쓰인다. 여기에서는 사이비 종교에서 믿음이 어떤 방식으로 작용하는지 살펴보고자 한다.

사이비 종교의 조건은 첫째, 교주의 존재다. 강력한 카리스마를 가진 교주는 사람들의 마음을 사로잡아 단기간에 세력을 형성할 수 있다. 카리스마의 핵심은 교주 스스로의 확신이다. 지금 일어나고 있는 일들의 원인과 결과에 대한 통찰과 불안을 해소하고 좋은 결과를 낼 수 있는 단순하고 확실한 방법을 보여주는 것이다. 혼란과 불안에 시달리던 사람들은 교주의 확신에 찬 태도에 심리적인 안정감을 얻고 그에게 의지하게 된다.

영화 〈미스트〉에는 카모디 부인이라는 인물이 나온다. 개신교 국가인 미국이 배경이니만큼 근본주의 개신교 신자로 설정된 카모디 부인은 어느날 갑자기 안개 속에서 나타난 괴물들을 자신의 신앙에 의거하여 해석한다. 즉, 인간의 오만함을 심판하기 위해 신이 보낸 존재들이라는 것이다. 처음에는 말도 안 되는 이야기라 무시하던 사람들도 계속해서 괴물들이 나타나고 사

짐 존스. 인종 평등과 사회주의를 내세운 인민사원(People's Temple)을 설립한 후 점차 자신을 신격화하고 독재적인 통치를 강화했다. 정부의 조사를 피해 남미 가이아나에 '존스타운'을 세웠고, 1978년 미국 하원의원이 이를 조사하러 방문하자 그를 공격해 사망하게 했다. 이후 존스는 신도들에게 독극물을 마시게 하여 900명 이상의 집단 자살이 발생했고, 이는 현대 역사상 최악의 비극 중 하나로 기록되었다. © Nancy Wong

람들이 죽어가자 카모디 부인의 주장에 이끌리기 시작한다.

카모디 부인은 점점 더 무서운 괴물이 나타날 것이라 예언하고 급기야 신의 분노를 가라앉히기 위해서는 제물을 바쳐야 한다고 주장한다. 안개 속에서 나타나는 미지의 괴물에 대한 공포가 사람들을 잠식하면서 일어나는 비극들을 묘사한 이 영화는 사이비

종교 전반에서 믿음이 어떠한 역할을 하는지 잘 보여준다.

사이비 교주들의 확신은 어디에서 비롯될까? 그들의 주장은 상식적인 사람들이 듣기에는 황당하기 이를 데 없다. 그럼에도 사람들이 귀 기울이는 이유는 사이비 교주들이 신에 의해 선택받았다는 믿음 때문이다. 그런데 카모디 부인이 그렇듯이, 사이비 교주 중에는 지극히 평범하거나 오히려 병약하거나 왜소하여 신체적 매력은 떨어지는 경우가 많다. 그들의 삶도 남들이 부러워하는 성공적인 삶이라기보다는 고난과 역경의 세월에 가깝다.

하지만 그러한 조건들은 그가 '선택받은 자'라는 확신을 강화한다. 자신의 외적 매력이 대단치 않고 경험한 고난이 클수록, 사람들에게 이해받지 못하고 무시와 핍박을 받을수록, 그는 자신이 해야 할 일이 그만큼 크고 중요하기 때문에 신께서 자신을 단련하시는 것이라 생각하기 때문이다. 그렇지 않고서는 그러한 시간을 견디기 어려워서였을 수도 있고, 또는 견디기 힘든 고난을 견디기 위한 방어의 일환으로 망상적 사고를 발달시켰을 수도 있지만, 교주들은 대략 이러한 과정을 통해 자신이 신의 선택을 받았거나 신 자체라는 믿음을 확고히 한다.

'좋은 일은 신의 축복이고 나쁜 일도 신의 뜻'이라는 이러한 심리적 과정은 자신에게 일어나는 모든 일을 기껍게 받아들이게 만드는 순기능이 있는 반면, 신에 대한 믿음을 무한히 강화하여 종교적 맥락에서 일어나는 범죄를 정당화하는 역할을 하기도 한다.

예를 들면, 사이비 종교들이나 일부 부도덕한 성직자들에 의한 성범죄에서, 많은 피해자들이 자신들이 당하는 일들을 신의 뜻으로 해석하여 범죄자를 옹호하거나 또 다른 피해자를 양산하게 되는 경우가 있다. 신의 선택을 받은 사람이 하는 일은 신의 뜻이니만큼 자신에게는 거부할 권리가 없다든지, 신의 선택을 받은 사람이 자신을 선택했으니 자신 역시 신의 선택을 받았다고 생각하는 것이다. 사이비 종교에서 교주의 행동들을 정당화하고 신자들의 믿음을 강화하는 대표적인 논리다.

사이비 종교를 지속 가능하게 하는 요인은 교단 등의 조직이다. 그리고 사이비 종교에는 교리를 정교화하고 교단을 체계화하여 지속 가능한 조직을 만드는 엘리트 계층이 있다. 많이 배운 사람들은 사이비 종교에 잘 빠지지 않을 것 같지만, 이른바 지식인의 함정이라는 것이 존재한다. 지적 능력이 뛰어난 사람일수록 세계는 명확하게 이해할 수 있어야 하고 예측할 수 있어야 한다고 생각하는 경향이 있다.

종교적 믿음은 세상을 이해하는 이론 체계다. 자신이 이해할 수 없는 영역에 대한 명쾌한 설명을 제시하는 사이비 종교는 그런 부류의 사람들에게 매력적으로 다가갈 가능성이 크다. 또한 자신이 똑똑하다고 믿는 이들은 자신의 태도나 신념을 쉽게 바꾸지 않는다는 사실도 사이비 종교가 유지되는 중요한 기제다. 1990년대 말, 많은 사이비 집단이 예언했던 종말과 휴거는 이루어지지 않았다. 일부 사람들은 실망하고 탈퇴했지만 적지 않은 사람들이 그대로 남아 활동하고 있다. 자신의 믿음을 유지하기 위한 인지부조화의 결과다. 사이비 종교의 엘리트들은 자신이 옳았음을 증명하기 위해서 교주를 더욱 신격화하고 교리를 더욱 다듬으며 자신의 세계를 완벽하게 만들어간다.

그 외, 대다수의 일반 신자는 어찌 보면 순수한 믿음을 가진 이들이다. 자신의 교주가 진정한 구세주라 믿고 자신들이 원하는 세상이 이루어지기를 바라며, 그러한 열정으로 가득 찬 다른 사람들에게 교주의 말씀을 전한다. 우리가 사이비 종교에 빠진 지인들을 설득하기 어려운 이유다.

종교적 확신이야말로 종교 시스템의 원동력이다. 하지만 그러한 믿음의 출처와 자신의 믿음이 초래할 결과에 대해 성찰하는 것은 종교인의 몫이다. 사이비와 그렇지 않은 종교를 가르는 기준은 여기에 있다.

09

사람들은 왜 사이비에 빠질까

현대사회에서 사이비 종교는 여러 가지 사회적 물의를 일으키고 있다. 병을 치료하거나 악령을 쫓아낸다며 신도를 폭행해 죽음에 이르게 하는 일은 흔하고, 신도들의 재산과 금품을 갈취하고 노동력을 비롯한 성적 착취를 하는 일도 많다. 신도들에게 직업과 사회적 지위를 버리고 자신의 공동체에서 살게 하거나, 교주가 정해준 일 외의 일은 하지 못하게 하는 등 사회의 관습과 법보다는 교주와 교단의 지시를 우선시한다.

특히 이해하기 어려운 지점은 교주에 대한 신격화다. 일개 인간에 불과한 교주를 유일신 또는 전지전능한 존재로 모시고 숭앙

하는 모습은 정말이지 일반적인 상식을 갖춘 사람으로서 받아들이기 어려운 정도다. 대부분의 사람이 이러한 사이비 교단들의 주장에 동의하지 않고 그들의 행태를 경계하지만, 그럼에도 적지 않은 사람들이 사이비 종교와 교단에 투신하여 빠져나오지 못하고 있는 것 역시 사실이다. 심지어 개중에는 대학교수, 판검사, 의사 등 이성적이고 학식이 높은 사람들도 있다.

사람들이 사이비 종교에 빠지는 이유는 첫째, 삶의 방향과 목적을 준다는 점이다. 신과 종교가 지배하던 중세시대의 사람들은 삶의 의미를 찾느라 고민할 필요가 없었다. 우주와 세상을 창조한 것도, 그 안에 질서를 부여한 것도 신이었기 때문이다. 사람들은 신의 뜻대로 살기만 하면 되었다. 인간 이성의 발견은 이러한 신의 시대를 끝내고 개인이 스스로의 운명을 결정짓는 시대를 열었다.

이는 전 인류에게는 인간의 주체성을 일깨우는 일이었으나 어떤 이들에게는 혼란과 불안을 가져오기도 했다. 이 거칠고 험난한 세상에서 무슨 일을 하든지 그것은 자신의 선택이고 책임이라는 사실은 곧 '자유로부터의 도피'를 불렀다. 사람들은 거대한 권위에 스스로의 운명을 맡기려고도 했고(전체주의), 피리 소리를 따라가는 레밍처럼 다른 사람들을 따라가거나, 말초적인 쾌락에 자신을 맡기기도 했다.

불확실하고 불안한 현실에서 확신에 가득찬 종교 지도자의 목소리는 엄청난 심리적 안정감과 통제감을 제공한다. 종교는 예로부터 사람들이 무엇을 추구하며 어떻게 살아야 할지 지침을 제공해왔다. 이성과 과학이 발달하면서 기성 종교의 영향력이 감소한 자리를 사이비 종교가 파고든 것이다.

또한 사이비 종교는 기성 종교가 제공하지 못하는 부분들을 제공한다. 사이비 종교는 의외로 기성 종교 신도의 지적 욕구를 자극하는 경우가 있는데, 특히 개인적으로 깊이 신앙생활을 하던 중 기성 교단의 보수적인 해석에 교리적으로 답답함을 느꼈던 이들이 사이비 종교의 새롭고 참신한 주장에 끌린다고 한다. 기존의 종단에서 듣지 못했던 성경에 대한 참신한 해석과 지금까지 이해가 되지 않던 부분에 대한 설명이 이루어지면서, 지적 욕구가 충족되고 이것이야말로 진리라는 생각이 든다는 것이다.

사이비 종교에서 신도의 의심을 사전 차단하고 신앙심을 유지시키는 방법은 교주 개인을 신격화하는 것이다. 교주의 말이 앞뒤가 맞지 않고 교주의 명령이 사회적 상식과 거리가 있어도 신도들은 의심을 품지 않는다. 신은 잘못이 있을 수 없기 때문이고, 인간이 신의 뜻을 이해하는 것은 한계가 있기 때문이며, 신의 뜻은 세상의 법칙과는 달리 적용되기 때문이다. 감히 신의 말씀에 의문을 제기하는 것은 불경스러운 일이며 결국 자신의 구원에 해가 되는 일이라는 점도 사이비 종교가 유지되는 중요한 기제다.

그 외에 사이비 종교는 종말에 대한 공포와 구원에 대한 확신을 이용하여 사람들을 더 깊이 옭아맨다. 세상에 죽고 싶은 사람은 없으며 잘살고 싶지 않은 사람도 없다. 곧 다가올 종말에서 죽지 않고 영생을 얻으려면, 혹은 현실에서 약속된 이익을 얻으려면 교주의 말에 더 성심껏 복종해야 하는 것이다.

사이비 종교의 포교 전략도 효과적이다. 외로운 이들에게 접근하여 놀이와 정서적 욕구를 충족해주기도 하고, 게임이나 다단계처럼 계급(레벨)과 목표치 등을 설정하여 삶의 목표와 재미를 주기도 한다. 일단 정서적 친밀감을 형성한 다음 인지적인 교육이 조금씩 이루어지는데, 인간의 인지 특성상 한번 어떠한 대상에 대한 긍정적 태도가 형성되고 나면 나중에는 좀처럼 바꾸기 어렵다. 인지부조화를 해결하기 위해 종전의 태도를 유지하려는 것이다.

사이비에 한번 빠진 이들은 쉽게 일상으로 돌아오지 못한다. 이미 본인의 신념과 태도를 강화하는 인지적 과정을 거쳤기 때문에 주변인의 설득도 소용이 없으며, 명백한 불법의 증거가 없이는 사이비라 하여 국가에서 함부로 단속하거나 금지시킬 명분도 없기 때문이다. 더구나 그들은 사이비 종교 내에서 일정 수준 이상의 만족을 얻고 있다. 교단 내에서 얻는 소속감과 정서적 지지, 통제감의 욕구와 신앙의 허기를 채워주는 확신에 찬 교리들 뿐만 아니라, 교주 개인에게 예속되어 착취당하는 삶을 사는 것마저 신의 뜻에 따르는 거룩한 삶으로 포장된다.

문제점을 느끼고 빠져나오려 해도 교주의 측근이나 관리자들의 감시로 다른 선택을 하기가 어렵다. 더구나 가족이 함께 등록되어 있는 경우에는 그들을 인질로 삼아 한눈을 팔지 못하게 하는 경우도 있다.

　사이비에서 빠져나오지 못하는 이들을 설명하는 기제로 또 하나 생각해볼 수 있는 것은 이른바 매몰비용이다. 거대화된 사이비 종교도 있지만 대부분의 사이비 교단은 영세한데, 그럼에도 불구하고 사람들이 사이비 교단에 남아 있는 이유는 투자 대비 이익이 크기 때문이다. 심지어 지금까지 물심양면으로 투자해온 것이 있는데 눈앞에 이익이 없다고 해서 하루아침에 손 털고 나오기는 아쉬움이 남을 수 있다.

　세간의 부정적인 인식에도 불구하고 한국에서 사이비 종교의 교세는 꾸준하다. 그리고 여기에는 현실을 고통스럽게 인식하며 구세주를 기다려온 한국인의 문화적 심성, 나의 부정적인 상황을 일거에 바꿀 수 있다는 도박적인 기대심리, 자기확신적 믿음을 강화하는 주관적인 심리 경험 방식 등 한국인만의 심리적 특성이 분명히 작용하는 듯하다.

　대한민국은 종교의 자유가 있고 현대 사회에서 자신의 선택에 책임을 진다면 누가 어떤 선택을 하든 비난받을 일은 못 된다. 사이비로 알려진 교단 내에서도 나름의 사명감을 가지고 삶의 의미를 느끼는 이들도 있을 것이다. 하지만 아무리 신의 뜻으로 포장한다고 해도 자신이 속한 종교가 명백히 타인의 자유와 권리를 침해하고 사회의 건전성을 해친다면 이는 결코 바람직한 신앙이라 할 수 없다는 점을 되새길 필요가 있다.

◆ 사이비의 조건 ◆

• 특정인의 주장이 유일한 진리라는 주장

생명의 신비, 구원의 열쇠, 영생의 길 등을 자신만 알고 있다고
주장하거나 자신만이 알고 있는 방법에 의해서 구원과 영생 등
이 가능하다는 주장은 의심할 필요가 있다.

• 교주 등 특정 개인을 신성시

교주 개인이나 교주와 관련된 인물(예: 가족)들을 신성시하거나
지나친 권위를 부여하고 이를 정당화하는 집단은 사이비로 의심
할 수 있다. 교주나 사제에 대한 인간적인 존경을 표할 수는 있어
도 절대자에 대한 복종을 요구하는 것은 정상이 아니다.

• 교주 및 교단의 주장에 의문을 용납하지 않음

사이비 종교는 교주나 교단의 주장을 의심하거나 의문을 제기하
는 것을 허용하지 않는다. 신도들이 정보를 수집하여 판단하는
것을 금하여 스스로 생각하지 못하게 한다.

• 신도의 권리를 무시하고 착취

구원이나 영생, 천국 따위를 빌미로 신도들의 금품이나 노동력을 요구하고 착취하는 행위는 어느 면으로 보나 제대로 된 종교와는 거리가 멀다.

• 신도의 사회적 적응(교육, 직업, 관계 등)을 저해

종교적 대상 또는 가치에 대한 어느 정도의 헌신은 필요하지만, 일반 신도에게 지나친 헌신을 강요하면서 교육이나 직업, 사회적 역할의 수행 등을 어렵게 한다면 사이비로 의심할 수 있다.

• 신도의 지적·인격적 성장을 저해

신도는 사회인이기도 하다. 인간은 사회생활을 위한 지식과 관계의 기술을 갖춰야 하고 성숙한 인간으로 나아갈 수 있어야 한다.

• 사회적 상식과 지식을 무시

사회에서 일반적으로 통용되는 상식과 지식을 무시하는 종교는 정상적인 종교라 할 수 없다. 사회 안에서 살아야 하는 이들이 사회적 상식과 지식을 거부한다면 어떤 일이 벌어지겠는가?

❖❖❖

• 법질서 무시, 시스템 농단 등 사회에 저해되는 일을 함

심지어 종교적 가르침을 따르겠다고 사회를 유지하는 법과 질서를 무시하거나 자신들을 위해 공적 시스템을 악용한다면 그것은 이미 종교가 아니다.

• 이를 정당화하도록 신도들을 가스라이팅

사회의 건전성을 해하기 위해 신도들을 이용하지만 신도들은 종교적으로 '옳은 일'을 한다고 믿는다. 이는 교주 및 교단에 대한 절대화에서 비롯된 가스라이팅의 결과다.

• 그러한 일을 하게끔 교단이 조직

사이비 종교의 교단은 교주와 교단의 목적에 맞게 움직이도록 신도들을 가스라이팅하고 사회의 건전성에 저해가 되는 행위들을 정당화하도록 조직되어 있다.

• 교단과 내부 인사들의 통제, 자정작용 없음

자신들의 행위에 대한 성찰과 자기반성이 없으며, 교단 차원의 제재나 자정작용 역시 나타나지 않는다.

HOMO FIDELIS

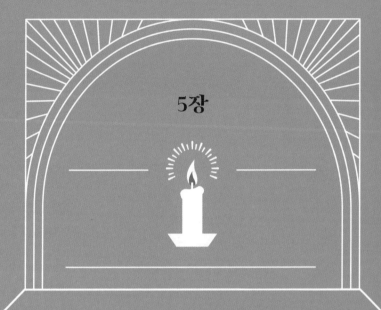

5장

후종교시대

01

종교는 사라질까

　종교인구는 나날이 감소하고 있다. 최근의 조사에 따르면 2004년 전체 인구의 57%에 달했던 종교 인구는 2023년 현재 36.6%로 줄었다.

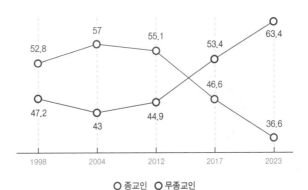

1988~2023 종교인구 변화 추이단위(자료출처: 한국성결신문)

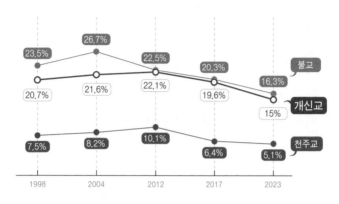

종교별 인구 변화 추이 (자료출처: 한국성결신문)

종교별로 살펴보면, 2004년 21.6%에 달했던 개신교 인구
는 2023년 15%로 줄었고, 26.7%였던 불교는 16.3%로, 2012년
10.1%를 기록했던 천주교 인구도 2023년 현재 5.1%를 기록했다.

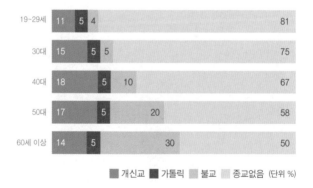

연령대 종교 분포 (자료출처: 한국성결신문)

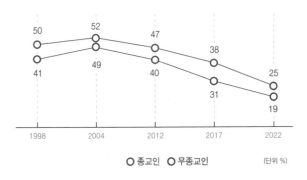

의 내용:

50
52
47
38
25

41
49
40
31
19

1998   2004   2012   2017   2022

○ 종교인   ○ 무종교인   (단위 %)

종교 인구 변화 추이(2030세대) (자료출처: 한국성결신문)

특히 2030 청년세대의 종교인구는 다른 세대에 비해 하락 폭
이 높아 1998년 대비 절반 수준까지 떨어진 것으로 조사됐다. 구
체적으로 2004년에는 19~29세와 30대 종교인구가 각각 49%,
52%였으나, 2022년에는 19~29세가 19%, 30대는 25%까지 떨어
졌다. 한국에서 전통적인 종교의 영향력은 점점 줄어들고 있고
이러한 추세는 앞으로도 계속될 것으로 전망된다.

하지만 세계적 추세는 조금 다르다. 2020년 미국 퓨리서치센터
가 발표한 미래종교 예측보고서에 따르면 종교인구가 대체로 유
지되거나 전반적으로 감소하는 가운데 이슬람교 인구는 유의미
하게 늘어날 것으로 예측했다.

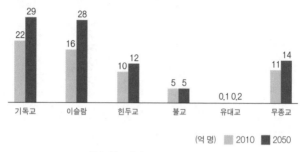

주요 종교인 수 (자료출처: 한국성결신문)

(억 명) ▨ 2010 ■ 2050

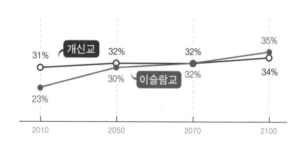

기독교인과 이슬람교 비율 연도별 예측 추이(전 세계 인구 대비)

(자료출처: 한국성결신문)

　이러한 종교인구 변화 예측의 요인으로는 합계출산율, 기대수
명, 종교별 연령 구성비, 종교 스위칭, 종교인 이주 등이 제시되
었다. 이중 가장 주목할 만한 것은 이탈 및 종교 간 이동을 뜻하
는 '종교 스위칭'이다. 가장 많은 이탈이 나타날 것으로 예측된
종교는 기독교(개신교+천주교)로 2010년에서 2050년 사이 무려
6,605만 명이 기독교를 이탈해 대부분(6,149만 명)이 무종교인으

로 유입할 것이라 예측되었다.

한편 이슬람교와 힌두교의 인구 비율은 증가할 것으로 전망되었는데, 이슬람교는 현재와 미래 모두 14세 이하 연령 비중이 타 종교에 비해 높아 가장 젊은 종교를 유지하고 있는 점을 증가 요인으로 꼽았고, 힌두교는 이 기간 동안 기대수명 증가폭이 8년으로 가장 높다는 게 긍정적 요소로 작용했다.

기독교 인구 이탈의 원인은 개인주의화로 일찍이 탈종교화가 시작된 미국과 유럽에서의 추세 때문으로 추정된다. 그럼에도 인구 대비 비율을 유지하는 이유는 기독교의 적극적인 선교의 결과일 것이다. 특히 개신교는 전통적인 종교의 영향력이 크지 않은 지역을 대상으로 꾸준히 세력을 확장하고 있다.

상대적으로 종교의 영향력이 큰 이슬람 문화권에서는 인구 증가와 함께 종교인구도 늘어나는 것으로 보인다. 이슬람 문화권은 종교의 영향력이 크면서 종교가 문화화된 지역으로 사람들은 어릴 때부터 종교적으로 사회화되는 경향이 있다. 유럽과 북미 등의 기독교 문화권에서도 태어나면 세례를 받고 어릴 때부터 교회나 성당에 나가는 등 문화화된 종교의 영향은 남아 있으나, 종교의 사회·정치적 영향력은 크지 않기 때문에 성인기 이후에는 종교를 떠나는 선택을 하는 비율이 높은 것으로 보인다.

이러한 관점에서 미래의 세계는 종교 분쟁의 가능성이 더 커질 것이다. 종교 인구 1, 2위를 차지하는 기독교와 이슬람교가 유일신 계열의 종교이기 때문이다. 1948년 이스라엘 건국 이후 첨예화된 기독교와 이슬람교의 갈등은 6차에 이르는 중동전쟁과 팔레스타인 해방을 위한 무장단체들의 연이은 테러와 공격 등으로 해당 지역을 세계의 화약고로 만들었고, 지금도 해당 지역에서는 분쟁과 테러가 끊이지 않는다.

그 원인이 모두 종교 때문은 아니겠으나 두 종교가 태생부터 배타성을 내재하고 있는 유일신 계열 종교라는 사실은 미래의 전망을 어둡게 한다. 전쟁이야 자원과 영토, 정치적인 이유에 의해 일어난다고 하지만 그 전쟁에 동원되는 이들은 신의 이름으로 전의를 다질 것이기 때문이다. 오랜 옛날부터 종교는 전쟁의 명분으로 작용해왔고 이 두 종교는 역사적으로 가장 많은 전쟁과 관련되어 있다.

힌두교 및 불교 문화권에서의 종교는 종교 자체라기보다는 삶의 방식이자 문화로서의 의미가 크다. 이들 문화권에서는 일상생활의 습관뿐만 아니라 사람이 태어나고 결혼하고 죽는 등 중요한 행사나 지역 축제 등에서 종교적 의식을 하는 것이 관습처럼 굳어져 있다. 오래전부터 종교가 사람들의 세계관과 가치관을 형성하고 깊은 영향을 미쳐왔으나 그 사회적 영향력은 과거에 비해 많이 감소한 상태다. 따라서 예로부터의 관습에 따라 종교인구가 유지되는 측면이 있다고 볼 수 있다.

일본의 신토 같은 경우도 유사하다. 일본의 종교 인구는 2022

년 기준으로 신토 49%, 불교 46%, 기독교 1%, 기타 4%이지만, 일본의 전통 종교라 할 수 있는 신토와 불교는 오랜 세월 서로 습합해왔을 뿐만 아니라 일본인들의 삶에 밀접하게 관련되어 있기 때문에 종교라기보다는 문화적 가치관에 가깝다. 따라서 일본에서 가치관의 변화가 크게 요구되지 않는 한 일본의 종교 지형도 크게 변화할 것이라고는 생각하기 어렵다.

종교의 문화적 측면은 한국의 종교를 이해하는 데도 적용할 수 있다. 한국에서 종교가 없다고 말하는 이들도 상당 부분 문화로서의 불교와 무속, 그리고 유교의 영향을 받아왔다. 본인을 불교 신자나 무속 신자로 규정하지는 않지만 때가 되면 절에 가고 급한 일이 있으면 무당을 찾아가는 이들이 많다. 많은 한국인은 종교와 관계없이 명절 때는 차례를 지내고 큰 공사나 중요한 일을 시작하기 전에는 고사를 지낸다. 오래전부터 관습처럼 해오던 이러한 일들에 굳이 종교적 의미를 부여하지 않기 때문이다. 제도로서의 종교의 영향력은 지속적으로 감소하고 있지만 문화로서 스며든 종교의 영향력은 여전히 작지 않다.

종교 통계에는 잘 드러나지 않지만 신흥종교와 사이비의 영향력 또한 앞으로도 여전히 존재할 것으로 추측된다. 기성 종교에 실망하여 이탈한 이들에게 신흥종교나 사이비가 대안으로 여겨질 수 있기 때문이다. 특히 신흥종교가 많고 기성 종교 인구의 급격한 감소를 보이는 한국에서 이러한 일이 발생할 가능성이 크다.

무당은 왜 늘어날까

　근현대 한국에서 무당의 이미지는 별로 좋지 않았다. 아니 근현대 이전에도 그리 좋았다고는 할 수 없다. 양반들까지도 걱정거리가 있는 이들은 은밀히 무당을 찾았으나 유학을 숭상했던 조선시대에서 무속은 기본적으로 천시의 대상이었다. 개화가 되고 현대화가 이루어지면서 무속은 더욱 탄압을 받았다.

　일제는 조선의 전통을 부정하고자, 그리고 많은 사람이 모여서 뭔가를 획책할지 모른다는 이유로 무속을 금지했고, 해방 후 들어선 정권들은 무속이 근대화를 가로막는 미신이라며 탄압했다. 신당은 불태워지고 무당집에는 돌이 날아들었다. 대대로 무업을 이어오던 세습무들은 자식에게 무당의 자식이라는 소리를 듣지 않게 하려고 직업을 바꾸었다.

2024년 현재 한국의 무속인 수는 80만 명에 이른다. 2000년대 초반 20만 명에서 네 배 가까이 증가한 수치다. 조사기관과 통계에 따라서는 100만~200만 명을 보고하는 경우도 있으나, 실질적으로 신당을 열고 무업을 하는 무당은 40만~60만 명 정도로 추정된다. 무속에게 가해진 그간의 멸시천대를 돌이켜보면 참으로 상전벽해라 할 수 있다. 그 수도 수려니와 무엇보다 달라진 것은 무속과 무당에 대한 인식이다.

2024년, 천만 관객을 동원한 영화 〈파묘〉에는 이른바 신세대 무당이 등장한다. 가죽 코트에 구두, 문신에 헤드폰을 갖춘 신세대 무당은 한복에 컨버스 운동화를 신고 굿을 한다. 힙함 그 자체다. 무속의 대중화(?)는 하루아침의 일이 아니다. 1960~1970년대만 하더라도 무당은 어두운 곳에서 누군가를 저주하는 음습한 이미지로 묘사되었으나 1980년대 들어 무속을 전통 문화의 하나로 인식하기 시작하면서 굿의 형식과 기예를 보존하려는 움직임이 나타났다.

문화적 다양성이 주목받던 1990년대와 케이블TV와 종편이 등장한 2000년대를 거치면서 무속은 문화콘텐츠가 된다. 납량특집, 심령물을 필두로 무당의 개인사를 다루는 프로그램과 다큐멘터리 등 무속과 무당에 대한 많은 프로그램들이 제작되었고, 〈무룡팍 도사〉와 〈무엇이든 물어보살〉 등 무속 콘셉트의 예능은 물론 〈신들린 연애〉처럼 무속인들이 직접 출연하는 예능 프로그램도 등장할 정도로 무속은 우리 곁으로 다가왔다.

이러한 흐름과 더불어 점점 커지는 현대사회의 불확실성 또한 무속인의 증가와 관련이 있다. 과거에 비해 우울과 불안을 호소하는 이들이 폭발적으로 늘어나고 있고 이 중에는 정신과나 상담으로 해결되지 않는 경우도 많다. 이들 중 적지 않은 이들이 신내림을 받고 무당이 된다. 과거처럼 무당이 천대당하고 손가락질받는 시대가 아니기에 상대적으로 선택이 쉬워진 측면도 있다.

물론 정신적인 문제가 있다는 것이 곧 신내림의 이유가 되는 것은 아니다. 조현병이나 해리 장애를 신병으로 착각하여 무속인을 찾는 환자들도 많고 절박한 이들을 이용해서 억지로 신내림을 받게 하는 나쁜 무속인들도 있다. 하지만 분명한 사실은 현대 사회에 정신적으로 어려운 사람들이 늘어났고 이들의 문제를 해결할 방법이 요구되기 시작했다는 것이다.

정신의학과 임상 및 상담심리학이 고군분투하고 있지만 한국인들은 여전히 무당을 찾는다. 여기에는 콘텐츠로 접한 무속의 친숙함을 뛰어넘는 문화적 욕구가 있다. 다른 종교를 가진 사람도 정신과 진료나 상담을 받는 사람도, 정치인과 경제인, 심지어 과학자와 학자들도 무당을 찾는 데는 그만한 이유가 있다고 보아야 한다.

점집을 찾는 사람들은 미래가 궁금한 사람들이다. 새로운 사업이 잘될지, 다음 선거는 어떻게 될지, 언제쯤 취업이 될지, 언제쯤 좋은 짝을 만날 수 있을지 등 지금 내 마음을 힘들고 어렵게 하는 이유는 미래에 있다. 정신과나 상담소의 선생님들은 내 마음을 이해하고 다스리는 법은 알려줄 수 있지만 미래는 가르쳐주지 않는다. 답답한 마음에 상담소를 찾았던 이들은 결국 무속인들에게 발걸음을 돌린다.

그렇게 찾아간 무속인에게서는 원하는 대답을 들을 수 있을까? 무속인이 이야기해주는 대로 하면 보장된 미래가 찾아올까? 꼭 그렇지는 않다. 그렇지 않다는 것도 모두가 아는 사실이다.

그럼에도 사람들이 무당을 찾는 이유는 통제감에 있다. 사람에게는 통제감의 욕구가 있다. 어느 정도 나의 환경과 주변을 통제할 수 있어야 정신적으로도 신체적으로도 건강해질 수 있다. 미래가 불안할 때 사람들은 통제감을 상실한다. 사람들은 내가 할 수 있는 일이 없다고 느낄 때 심각한 좌절과 우울을 경험한다. 이때 필요한 것은 내 감정을 이해하고 다스리는 일뿐만이 아니다.

무속인들은 정확한 미래를 알려주지 않는다. 콕 집어 언제, 어디서, 무엇을 해야 잘된다고 알려주기보다는 '언제쯤 무슨 운이 들어오니 어떤 종류의 일을 해보는 게 좋겠다'라는 식의 조언이 대부분이다. 그러면 의뢰인은 자신이 처한 환경과 조건에 무속인의 말을 대입하면서 지금 상황에서 자신이 할 수 있는 일을 찾는다. 그러면서 불안을 해소하고 잃었던 통제감을 획득하게 되는 것이다.

예를 하나 들어보자. 취업이 안 돼서 고민인 취준생이 무당을 만났다. 무당은 "지금은 취업운이 없고 2~3년쯤 뒤에 운이 있을 것"이라 이야기한다. 계속되는 취업의 실패를 자신의 불운과 능력 부족이라 여기고 괴로워하던 취준생은 그것이 자기 때문이 아니라 시기의 문제였다고 귀인하고 마음이 편해질 것이다. 그리고 운이 찾아올 시기까지 다시 마음을 잡고 공부를 이어나갈 수 있게 된다. 한 치 앞이 보이지 않았던 상태에 비해 많은 것들이 명확해진 것이다.

이것이 사람들이 무당을 찾는 이유이자 현대사회에 무당들이 늘어나는 이유다. 또한 무당을 찾는 사람들이 명심해야 할 사실이기도 하다. 결국 스스로의 운명을 개척하는 주체는 본인이다. 노력하지 않고 시간을 들이지 않고 손쉽게 무언가를 얻으려 하는 이들은 사람들의 그러한 약점을 이용하는 질 나쁜 무속인을 만나게 된다.

아무 효력이 없는 부적을 사거나 비싼 돈을 들여 굿을 하며 오지 않을 미래를 기다리는 것이다. 플라시보 효과와 자기실현적 예언의 효과를 생각하면 부적이나 굿의 효과가 아주 없다고는 할 수 없겠지만 극히 드문 사례를 제외하고는 가성비가 매우 떨어지는 일이다. 중요한 점은 삶의 중심을 유지하는 것이다.

확실한 계획이 있고 가야 할 인생의 방향이 있다면 자신의 삶을 스스로 통제할 수 있다. 점을 보는 행위로 당장의 불안을 줄이고 미래에 대한 통제감을 얻을 수 있다면 무속에 의지하는 것이 그렇게 나쁜 일만은 아니다. 다만 그 결과를 맹신하여 가산을 탕진하거나 중요한 시기에 꼭 해야 하는 일을 놓치는 우는 범하지 말아야겠다.

03

종교는 실존의 이유가 될 수 있을까

에리히 프롬Erich Fromm은 분리separateness 경험이야말로 인간이 지닌 모든 문제의 근원이라 보았다. 정신역동이론에서 분리는 어머니와 연결되어 있던 아기가 태어나 어머니와 '분리'되는 것을 의미한다. 탯줄에 의해 영양을 공급받던 아기는 어머니와 한 몸이나 마찬가지다(근원적 결연, primacy ties). 태어나는 순간 연결은 끊어지고 아기는 독립적 존재로 세상을 살아가게 된다. 그러나 다른 동물들에 비해 매우 미숙한 상태로 태어나는 인간의 특성상, 아기는 상당 기간 생존을 어머니에게 의존할 수밖에 없다.

태어난 지 얼마 되지 않는 아기는 자신이 어머니와 분리되었다는 사실을 알지 못한다. 배가 고프면 젖을 주고 졸리면 재워주고 심심하면 놀아주는 어머니가 늘 곁에 있기 때문이다. 그러다가 인지와 신체적 능력이 발달하면서 아기는 점차 자신이 어머니와 분리되어 있다는 사실을 깨닫게 된다. 자신의 미약함에 불안과 혼란을 느끼기도 하고 스스로의 독립성과 자율성을 실험하기도 하면서 아기의 자기self가 형성되어 간다. 정신분석학자 마거릿 말러Margaret Schoenberger Mahler는 이러한 과정을 분리-개별화 separation-individuation 이론으로 정리하였다.

프롬은 이 분리라는 개념을 인류 보편적 차원으로 확장시킨다. 갓 태어난 아기처럼 생존을 자연과 신에게 의존하던 인류는 도구를 사용하고 문명을 발전시키면서 신의 세계에서 '분리'된다. 엄마의 품을 떠나 세상을 탐색하는 아기처럼 자연을 변형시키고 도시를 만들며 인간의 독립성을 실험하던 인류는 때때로 심각한 분리불안을 느꼈다. 아직 미약한 자신들의 힘으로는 이해할 수도 없고 통제할 수도 없는 자연의 거대한 힘을 느낄 때마다 불안은 걷잡을 수 없이 커졌을 것이다. 인류는 모든 것을 주관하는 신에게서 어머니의 품과 같은 안정감을 느낄 수 있었다. 프롬이 이야기하는 종교의 기원이다.

다시금 인류에게 분리불안이 찾아온 것은 인간의 이성이 '발견'되고 신 중심의 질서가 종말을 고하게 된 근대의 일이다. 과학이 눈부시게 발달하고 세계의 모든 부분이 샅샅이 드러났으며 인간이 하지 못할 일은 없다고 여겨졌다. 이성은 이전에 없던 편리함과 풍요를 제공했지만 신을 떠난 인류는 그 어느 때보다 불안해졌다. '나는 왜 태어났을까? 무엇을 하며 어떻게 살아야 할까?' 사람들은 존재의 이유부터 찾아야만 했던 것이다.

신의 뜻에 의해 정해진 삶을 살았던 사람들은 이제 무엇이든 할 자유가 있었으나 그 결과는 예측하기 어려웠고 심지어 그 책임조차 온전하게 자신에게 있다는 사실은 곧 엄청난 부담으로 다가왔다. 결국 사람들은 자유로부터 도피하기 시작했다. 자신의 운명을 대신 결정해줄 권위를 만들어 복종하거나 다른 이들이 하는 행동을 무지성적으로 따라하고, 심지어는 자신과 사회를 파괴하는 등의 일들이 그것이다.

근대 초기의 파시즘을 비롯해, 현대의 물질주의와 소비, 말초적 쾌락을 좇는 풍조는 신을 떠난 인류의 혼란과 방황을 잘 보여준다. 날로 늘어가는 불안과 우울증 환자들, 커져가는 혐오와 갈등, 점점 퍼져가는 마약, 사이비의 창궐 또한 존재 이유를 잃은 현대인들의 자화상이다.

이 모든 혼란이 신과 인간의 분리에서 비롯된 것이라면 다시 신에게 돌아가는 것이 답일까? 일부 종교에서는 그렇게 주장하기도 한다. 현대 사회의 문제와 갈등은 인간의 오만이 초래한 것이며 이러한 혼란을 끝내기 위해서는 종교의 근본적인 정신으로 돌아가야 한다는 것이다. 일부 나라와 문화권에서 종교적 근본주의가 힘을 얻는 이유다.

그러나 한번 시작된 분리-개별화는 되돌릴 수 없다. 태어난 아기가 다시 엄마 배 속으로 들어갈 수 없는 이치와 같다. 아무리 미래가 불안하고 어떤 일을 해야 할지 알 수가 없어도 기왕에 태어나 살아가야 하는 인간은 자신이 살아갈 의미를 찾고 스스로 존재해야 한다. 근대 말에서 현대사회의 초반에 나타난 실존주의 철학에는 스스로 존재해야 하는 인간의 고뇌가 반영되어 있다.

인간 스스로 찾아야 하는 존재 이유를 강조하는 실존주의는 신과 종교와는 거리가 먼 것으로 이해될 수 있다. 그러나 실존의 방식은 다양하다. 실존이란 개인이 스스로의 삶에 부여한 의미대로 살아가는 것이다. 그리고 그 의미는 온전히 개인에게서 나온다. 개인이 자신의 삶의 의미를 종교적인 면에서 찾는다면 그것 역시 실존일 것이다.

우리는 유신론적 실존주의자로 꼽히는 키르케고르Søren Aabye Kierkegaard의 주장을 통해 종교적 실존의 가능성을 살펴볼 수 있다. 키르케고르는 불안을 실존의 전제로 보았다. 매우 종교적인 분위기에서 성장한 키르케고르는 불안의 근원을 '원죄'에서 찾았는데, 원죄란 기독교의 핵심 교리로 에덴 동산에서 아담과 이브가 선악과를 따 먹으면서 짓게 된 근원적인 죄를 의미한다. 프롬의 관점에서 보자면, 이 사건은 '분리'다. 신의 명령을 어기고 자유 의지로 행동한 인류는 에덴동산에서 쫓겨나 불안과 고통에 찬 삶을 살게 된다.

키르케고르는 이러한 불안에서 벗어나 실존에 이르는 3가지 단계를 제시한다. 우선, 사람들은 쾌락을 추구한다. 행복하고 즐겁게 살면 된다는 생각이다(심미적 실존). 그러나 쾌락은 일시적이며 진정한 만족에는 이르기 어렵다는 결론에 이르면 사람들은 윤리적 삶을 추구하기 시작한다(윤리적 실존). 보편적 양심에 의해 진실하고 성숙한 삶을 살려고 노력하는 것이다. 하지만 그럴수록 자신의 유한성과 무력함을 깨닫고 결국 절대자에 귀의하고자 하는 욕망을 갖게 된다(종교적 실존).

신 앞의 단독자the individual라는 표현은 키르케고르의 주장을 가장 잘 요약한다. 단독자는 스스로의 존재 이유를 찾아야 하는 개인이다. 절대자인 신 앞에서 인간은 하나의 개인일 뿐이다. 어떠한 집단, 계급, 전통에 속하는 존재가 아닌 자신의 진정한 모습을 찾기 위해 사람들은 홀로 신 앞에 서야 한다.

키르케고르의 주장은 서구 기독교 전통에서 비롯되었으며, 평생을 아

키르케고르는 종교적 실존을 인간이 절망 속에서 진정한 자기 발견을 통해 하나님과의 관계에서 찾는 것이라고 보았다. 그는 개인이 절대자 앞에서 자신의 신앙을 선택함으로써 진정한 실존을 성취할 수 있다고 주장했다.

버지로부터 비롯된 죄의 극복이라는 주제로 고뇌했던 그 자신의 매우 종교적인 삶에 뿌리를 두고 있다. 따라서 그의 주장은 기독교가 아닌 다른 문화적 전통을 가진 종교로 확장하는데 무리가 있으며, 신에 대한 복종과 헌신으로 이어지는 결론 때문에 다른 실존주의자들의 비판을 받기도 한다.

 그러나 존재 이유를 찾기 위해 '단독자'가 되어야 한다는 그의 주장은 실존의 의미와 현대 사회에서 종교의 의미를 되새기기에 충분하다. 실존이란 각 개인이 스스로의 이유로 존재하는 것이며 종교는 개인들이 단독자the individual로서 자신의 존재 이유를 찾는데 도움을 줄 수 있다.

미래의 종교

현대 사회는 인간의 이성과 과학에 기반하여 이루어져 있다. 또한 개인들은 실존적 존재로서 자신의 삶의 의미와 행복을 우선하며 살아간다. 이 두 가지 전제에서 앞으로의 종교는 어떤 모습으로 변화할지 에리히 프롬의 견해를 바탕으로 살펴보려 한다.

종교는 인간의 여러 가지 욕구들을 충족해왔다. 안정감의 욕구, 통제감의 욕구, 사람들 사이의 교류의 욕구. 에리히 프롬은 이러한 욕구들을 '합일에 대한 욕구'로 종합한다. 인간은 연결된 존재다. 인간은 자연과 다른 사람들과의 관계 속에서 삶을 시작하고, 그 관계 덕분에 살아갈 수 있다.

오랜 시간 동안 생존을 의존해왔던 자연과 신으로부터 '분리'되면서 인류는 불안과 혼동, 절망을 경험하게 되었다. 분리는 인간을 근본적으로 고통스럽게 한다. 따라서 인간은 끊임없이 어딘가에 '연결'되고 싶어 하고 '융합'되고 싶어 한다. 소속감과 애정의 욕구, 집단, 자연, 우주 전체와의 합일이 그것이다. 사랑, 자비, 도道, 열반, 신명 등 기존 종교의 사상과 가치들은 합일을 향한 인간의 열망을 절대화시킨 개념들이다.

에리히 프롬은 종교를 인간의 자아 실현과 정신적 성장에 중요한 요소로 보았으며, 권위적인 종교와 인간 해방을 돕는 인본주의적 종교를 구분하였다. 그는 종교적 경험이 인간의 본질적인 필요와 연관되어 있으며, 개인이 진정한 자유를 찾기 위한 길이라고 주장했다.
© Müller-May

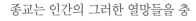

　종교는 인간의 그러한 열망들을 충족해왔고 이는 앞으로도 마찬가지일 것이다. 그러나 합일에는 두 가지 방향이 있다. 분리를 부정하고 분리 이전의 상태로 돌아가는 것과, 분리를 인정하고 새로운 차원의 합일을 지향하는 것이다. 분리의 혼란과 불안이 커질수록 합일의 욕구 또한 커진다. 그러나 분리를 부정하는 것은 이미 태어난 아이가 다시 어머니의 태중으로 돌아가려는 것처럼 불가능한 일이다. 인류의 성취와 개인의 실존을 부정하고 신에 대한 무조건적인 복종을 다짐하는 것은 바람직한 합일이라 할 수 없다.

프롬은 후자의 합일을 지향한다. 분리를 극복하기 위해서는 자신을 더욱 뚜렷이 인식하고 분리된 자로 남아 있으면서 새로운 합일을 이루어내야 하는 것이다. 개인은 자신의 존재와 삶의 의미와 관련된 문제를 직시해야 하며 종교는 이러한 개인의 문제들을 은폐해서는 안 된다. 그러나 기존의 종교는 개인의 실존과 관련된 문제들을 은폐할 가능성을 내포한다.

 종교는 인간의 합일의 욕구를 충족하기 위해 창시되고 발전되어왔다. 그러나 종교가 제도화되고 기득권화되면서 부가적인 부분들이 덧붙기 시작했다. 의식과 제도, 교리와 교단 시스템 등이다. 종교가 비본질적인 요소들에 천착하면서 종교의 핵심 사상이 변질되거나 왜곡되는 일도 나타났다. 이교도로부터 종교 창시자의 무덤이 있는 도시를 되찾아야 한다는 명목으로 전쟁을 일으키거나 수천 년 전 기록된 경전의 문구 하나 때문에 수많은 사람이 고통을 겪어야 했다.

 프롬은 이러한 종교를 권위주의적 종교라 했다. 권위주의적 종교에서는 자기 자신이 사라진다. 인간이 소외되는 것이다. 독일의 철학자 루트비히 포이어바흐Ludwig Andreas Feuerbach는 신의 능력이 커지면 커질수록 인간 존재는 미약해질 수밖에 없다고 주장한다. 결국 신을 위해 인간이 존재하는 인간 소외가 발생하게 되는 것이다. 인간이 소외되는 종교가 미래 종교의 모습일 수는 없다. 포이어바흐는 소외의 종교는 보편적 가치인 사랑과 진리, 정의에 기초한 새로운 종교에 의해 대체되어야 하며, 이는 인간의 이성에 의해서만 달성될 수 있다고 주장한다.

현대사회에서 권위주의적 종교가 유지되는 이유는 첫째, 권위에 의존하려는 신도들의 욕구다. 신과 분리되기 전의 안정감을 위해 자신을 없애는 것이다. 그들은 단독자로 신 앞에 서기보다 신의 뜻을 빌미로 자신의 주체성과 개성을 포기한다. 두 번째 이유는 신과 종교의 권위를 업은 사제들이다. 그들은 신의 권위와 종교의 시스템 뒤에 숨어, 인간이 스스로 자신의 삶을 인식하거나 삶의 방향을 설정할 능력이 없다며 신도들을 가스라이팅한다. 이러한 상황에서 인간의 실존적 문제는 더 이상 중요하지 않은 것이 되어 버린다.

따라서 현대의 종교는 개인의 실존 문제를 은폐해서는 안 된다. 종교 안에서 개인은 자기를 느끼고, 자신의 진정한 모습을 찾을 수 있어야 한다. 종교적 행위들은 타인과 사회, 자연과의 합일을 느낄 수 있으며 개인에게 삶의 의미를 줄 수 있는 것이어야 한다. 프롬은 이러한 종교를 인본주의적 종교라 하였다.

인본주의적 종교는 인간의 문제를 외면하지 않는다. 신과 교단, 사제에 대한 복종을 강요하지 않는다. 물론 개인이 찾아낸 스스로의 이유에 의해 신께 순종하는 것은 실존의 한 방법으로 무조건적인 복종과는 다르다. 그러나 오랜 시간 동안 종교와 신앙체계 내에 있었던 이들이 그 차이를 구분하는 것은 쉽지 않다. 신

에 대한 순수한 순종은 어느새 특정 의식의 수행여부 같은 비본
질적 요소나 사제 개인에 대한 복종으로 이어져 자신을 잃고 심
하게는 사회의 건전성을 해치고 타인의 권리를 침해하는 결과를
초래한다.

일부 종교에서는 인본주의를 신 본위가 아닌 인간 본위라 해석
하여 인본주의를 신에게서 멀어지고 타락한 인간의 욕망에 부합
하는 불경한 사상으로 취급하는데, 일고의 가치도 없는 무식한
소리라 하겠다. 신앙이란 경전이나 사제의 주장을 맹목적으로 믿
고 따르는 것이 아니라 자신의 사상과 감정의 체험에 기반하는
자기 확신이다. 신앙의 주체인 자기가 빠져 있는 신앙이 어찌 제
대로 된 신앙이라 할 수 있을까?

프롬은 인본주의적 종교에 있어서 신은 이상적 자기의 모습, 인
간의 잠재적인 모습, 인간이 마땅히 되어야 말 모습이어야 한다
고 주장한다. 미래의 종교는 과거 권위주의적 종교에서 신에게
투사되었던 인간의 능력이 인간에게 실현되는 것을 추구해야 한
다. 종교는 인간을 경시하지 않으며 순종이라는 명목으로 인간의
발전 가능성을 억누르지 말아야 한다. 현대 과학의 성취를 무시
하고 이성을 속박하는 금기를 강요해서도 안 되며 자기 인식과
세계 인식을 최대한 도와야 한다.

분리되었던 '모든 것과의 합일Oneness with the All'이야말로 미래
의 종교가 추구해야 할 가치다. 과학기술의 발전, 물질주의, 외

형적 행복의 추구 속에서 현대인들은 자기를 잃고 소중한 사람들과의 관계와 자연, 우주 만물과 분리되어 불안과 우울에 시달리고 있다.

미래의 종교는 사람들이 진정한 나를 찾고, 단독자이자 개인인 인간이 인간과 인간, 인간과 사회, 인간과 우주 만물이 합일을 이루는 것을 도울 수 있어야 한다. 현대인들을 불안에 빠지게 했던 선택의 자유는 이제 적극적이고 주체적인 자유로 바뀔 때다.

05

종교를 과학으로 이해하려는 시도들

과학이 발달하면서 초자연적 현상을 과학으로 이해하려는 시도들이 이루어지고 있다. 최초의 시도는 아마도 1907년 미국의 의사 던컨 맥두걸Duncan Mcdougall이 영혼의 무게를 측정하려 했던 시도일 것이다. 맥두걸은 결핵환자의 침대 아래쪽에 저울을 설치하고 그의 평소 몸무게와 숨을 거두는 순간의 몸무게를 측정했다. 그 결과 실험 대상이었던 6명의 환자 모두 숨을 거두는 순간 갑자기 몸무게가 21g 줄어들었다는 것이다.

이후에도 같은 방식으로 영혼의 무게를 측정하고 동일한 결과를 얻었다는 이들이 있으나 이러한 주장은 과학계에서는 공식적으로 받아들여지지 않는다. 일단 사례의 수가 충분하지 않고 측정오차를 배제할 수 없으며, 사후 수분 증발 등으로 체중이 줄었을 가능성이 있기 때문이다.

전구, 축음기, 영사기 등 인류의 현대를 있게 한 수많은 물건을 발명한 에디슨은 말년에 유령탐지기 제작에 몰두했다. 1923년 필라델피아의 로버트라는 남자가 집에서 유령이 나타난다고 제보하자 에디슨은 자신이 발명한 유령탐

윌리엄 블레이크, 〈마지못해 생명과 작별하며 육신 위를 맴도는 영혼(The Soul Hovering over the Body, Reluctantly Parting with Life)〉, 1813. 로버트 블레어의 시집에 삽입된 삽화. 사람이 죽을 때 영혼이 육신을 떠난다고 믿는 모습을 묘사했다. 던컨 맥두걸은 1907년 영혼의 무게를 재는 실험에서, 사람이 죽기 직전과 죽은 직후의 몸무게를 잰 결과 그 차이가 21g임을 밝혀냈다.

지기를 가져가 소통을 시도했다. 그 결과 "이 무거운 집을 내 관 위에서 치워!"라는 유령의 목소리를 들었고, 집주인이 지하실을 파보니 비석과 오래된 관이 나왔다고 한다. 하지만 이 이야기는 발명왕 에디슨의 사후에 창작된 전설 같은 이야기일 가능성이 크다.

하지만 전파로 귀신과 소통할 수 있다는 아이디어는 후대로 이

어져 EVP(Electronic Voice Phenomena, 전자 음성 현상) 연구의 밑바탕이 되기도 했다. EVP란 죽은 사람 등 영적 존재의 음성이 녹음되는 현상으로 1940년대 미국의 사진작가 아틸라 폰 스잘레이Attila Von Szalay는 EVP 녹음기를 만들어 "This is G.", "Hot dog, Art.", "Merry Christmas and happy new year to all." 등 영적 존재의 목소리를 녹음했다고 주장했다.

이 분야는 미국전자음성현상연구협회AA-EVP 등의 단체에서 ITCInstrumental Trans Communication라는 주제로 연구 및 실험을 진행하고 있다. 최근 고스트 헌터를 표방하는 유튜버들이 사용하는 고스트 박스라는 장비도 이 원리를 이용한 것이다. 고스트 헌터들은 이 외에도 전자기장 측정기와 모션 디렉터 등의 장비를 사용해 귀신을 탐지한다고 주장한다.

하지만 이러한 장치들의 효과에 대한 과학적인 증거는 없다. 고스트 박스에서 나오는 소리는 사람들이 듣고 싶은 대로 들으려는 확증편향 혹은 우리의 뇌가 들은 소리로부터 일정한 패턴을 찾아내려 하는 변상증(파레이돌리아, pareidolia)의 결과일 가능성이 높다. 귀신이 방출하는 전자기장을 측정한다는 전자기장 측정기와 역시 귀신이 방출하는 적외선을 추적하는 모션디렉터 역시 귀신이 전자기장 또는 적외선을 방출한다는 전제부터 확인할 수 없다는 제한점이 있다.

영혼과 사후세계에 대한 또 다른 접근으로 임사체험Near-Death

Experience 연구를 들 수 있다. 미국의 심리학자이자 철학자인 레이먼드 무디Raymond Moody가 이 분야의 대표적인 연구자인데, 그는 1960년대부터 150명의 임사체험자들을 인터뷰하여 그들의 경험을 분석했다. 그 결과 임사체험자들은 몸에서 영혼이 빠져나오는 유체 이탈과 함께, 강한 빛이 나오는 하얀 터널을 통과하며 자신의 일생이 주마등처럼 스쳐지나가는 것을 보았고, 터널을 통과한 다음에는 먼저 죽은 가족이나 지인 또는 종교적인 존재를 만나는 등의 공통적인 경험을 했다고 보고했다. 이들이 유체 이탈 중에 목격한 것들은 나중에 실제로 확인되기도 했다.

또한 전생을 기억하는 이들의 사례도 상당수 존재한다. 대표적으로 티베트의 불교 지도자 달라이 라마는 환생을 통해 그 계보가 이어진다. 새로운 지도자가 될 아이는 이전 달라이 라마의 환생이며 전생에 자신이 쓰던 물건을 확인하는 등의 절차를 통해 공인된다. 달라이 라마 외에도 세상에는 환생했다는 사람들의 수많은 사례가 존재한다.

전생에 자신이 살았던 곳이나 했던 일을 기억하는 것은 물론,

레이먼드 무디는 임사체험에 대한 개념을 대중화한 인물이다. 임사체험을 통해 사람들이 죽음의 문턱에서 경험하는 환상과 의식의 변화를 설명하며, 『죽음, 이토록 눈부시고 황홀한(Life After Life)』라는 책에서 여러 임사체험 사례를 분석하여 죽음 이후의 삶에 대한 통찰을 제시했다. © Ehabich

전생의 가족을 만나 당사자가 아니면 알 수 없는 생전의 이야기를 나누고, 전생에 살해당했던 경우 자신의 시체가 있는 곳을 찾거나 자신을 살해한 범인을 잡는 등의 사례들이 주변인들의 증언으로 확인되고 있다. 이같은 사례들을 모두 조작으로 치부한다면 더 이상 할 말이 없지만, 이러한 일들이 지역과 시대를 막론하고 반복적으로 일어나는 것이 사실이라면 과학자들이 관심갖지 않을 이유가 없다.

하지만 아쉽게도 과학자들은 이러한 주제들, 다시 말해 신과 영혼, 귀신과 악마, 사후세계, 전생 등을 포함해 종교적인 주제에 대해 큰 관심이 없는 것 같다. 관찰 가능하고 검증 가능한 것이 아니면 연구의 대상이 될 수 없다고 생각하는 과학적 사고의 영향일 수도 있고, 신앙의 영역과 과학의 영역을 분리하려는 의도일 수도 있으며, 그러한 주제들이 돈이 안 되기 때문일 수도 있다.

심리학에도 텔레파시, 투시, 예지력 같은 초감각적 지각(ESP, Extrasensory Perception)이나 염력(念力, PK, Psychokinesis), 사후세계와의 소통 등의 현상을 다루는 초심리학Parapsychology이란 분야가 있지만 주류 심리학계의 인정을 받지 못하고 유사 과학 취급을 받고 있다.

영혼과 귀신, 전생과 사후세계 등의 주제는 현대 과학으로 이해가 어려운 부분이 있는 것은 사실이지만 과학이 계속해서 발전하는 만큼 이해의 가능성은 열려 있다. 과학은 겸손한 학문이다.

과학적으로 검증할 수 없다고 해서 무조건 영혼이나 전생은 없다고 하는 단정짓는 것은 과학적 태도라 할 수 없다. 무엇보다 검증할 수 없다는 말은 사실이 아니라는 말과 다르다. 그것은 지금까지의 과학적 지식과 방법으로는 확인할 수 없다는 뜻이지 과학적 연구 대상이 아니기 때문에 관심조차 갖지 말아야 한다는 뜻이 아니다.

17세기 현미경이 발명되기 전까지 인류는 미생물의 세계를 알지 못했다. 천체망원경이 발명되고서야 사람들은 태양계 너머의 우주를 관측할 수 있게 되었다. 현미경과 천체망원경이

19세기에는 유령이나 영혼을 묘사한 것으로 추정되는 사진이 인기를 끌었다. 초심리학은 초감각적 지각, 텔레파시, 예지력, 투시력, 염력, 심리측정 등과 같은 초자연적 현상과 임사체험, 동시성, 환영 체험 등과 관련된 주장을 연구하는 학문이다.

인류의 지식을 크게 확장했듯이, 영혼과 사후세계의 존재를 검증할 방법이 개발되면 영혼과 사후세계마저도 과학의 영역으로 들어올 가능성이 생기는 것이다. 물론 새롭게 확장된 지식이 이제까지의 이해와 전혀 다른 모습이 될 것임은 두말할 필요가 없다.

과학기술의 발전과 종교

과학기술의 발전은 지식의 확대와 증가를 가져온다. 사람들은 더 이상 낮과 밤의 변화와 일식과 월식을 두려워하지 않는다. 낮과 밤은 지구의 자전으로, 일식과 월식은 해와 달, 지구의 궤도 변화에 의해 생긴다는 사실을 알기 때문이다. 생물학 및 유전학의 발전으로 생로병사의 원인이 밝혀졌고, 뇌과학의 발달로 인간의 마음과 행동의 비밀이 드러나고 있다. 상당 부분 신과 영혼의 존재를 전제로 구성되어 있는 종교의 기반이 점차 해체되고 있는 것이다. 이러한 현실에서 종교는 계속 존재할 수 있을까?

하지만 과학의 발전이 곧 종교의 종말을 의미하는 것은 아니다.

많은 부분이 예측 가능한 영역으로 들어왔지만 우리가 사는 세상에는 아직도 인간의 능력과 이해를 뛰어넘는 일들이 존재하며 지식의 첨단을 달리는 과학자 중에도 종교를 가진 이들이 많다. 그들은 우주와 생명의 법칙을 연구하다 보면 그 모든 것을 주관하는 절대자의 존재를 느낄 때가 있다고 말한다.

기온 상승으로 인한 가뭄과 홍수, 해수면 상승 등 최근 가시화된 기후 재앙과 코로나19처럼 새롭게 창궐하는 전염병 등 인간이 해왔던 일로 인한 부정적인 결과들은 신에 대한 두려움을 더한다. 점차 발전해가는 생명과학도 불안을 키우는 요소다. 어떤 이들은 이러한 상황에서 신의 영역을 침범하고 신의 능력을 탐한 인간의 죄와 그로 인한 종말과 심판을 떠올릴 수 있다.

하루가 다르게 발전하는 AI 또한 종교의 입지를 흔들 수 있다. 이미 인공지능은 우리 삶의 깊숙한 곳까지 침투해 있으며 빠른 속도로 그 영역을 넓혀가고 있다. 종교계에도 불교의 '스님 AI', 기독교의 '주님 AI'라는 챗봇이 신자들의 고민과 질문들을 상담하고 있다. 하지만 AI가 더욱 발전하게 되면 어떤 일들이 일어날까?

AI의 두려운 점은 그 발전 속도에 있다. 2016년에 있었던 이세돌과 알파고의 대국을 기억하는가? 이제 인간이 바둑으로 AI를 이기는 것은 불가능하다. 이세돌은 AI를 이긴 마지막 인류일지 모른다. 미래학자 레이 커즈와일Ray Kurzweil은 저서 『특이점이

온다The Singularity Is Near』에서 인공지능이 인간을 앞서는 시점을 2045년으로 전망한다. 인공지능의 지식과 판단이 인간을 아득히 초월한다면 그것을 더 이상 인간의 피조물이라 부를 수 있을까?

최근 AI를 주제로 만들어지는 영화에는 인간의 불안이 고스란히 드러난다. 고전적인 영화 〈터미네이터〉 시리즈의 스카이넷은 국방용으로 개발된 수퍼컴퓨터였으나 어느덧 인간의 명령을 거부하고 독자적 판단으로 핵전쟁을 일으킨다. 영화 〈Her〉에서 운영체제os 사만다는 처음에는 주인공과 일상 이야기를 하며 소소한 감정을 주고받는 수준이었으나 도서관과 연구소 등에 접속하여 축적된 인류의 모든 지식을 섭렵한 다음 아득히 고차원적인 존재로 진화한다.

AI가 전지전능하며 어디에나 존재할 수 있다면 신과 다를 것이 무엇인가? 한국 영화 〈인류멸망보고서, 2012〉의 에피소드 '천상의 피조물'에는 깨달음을 얻어 부처가 된 로봇이 등장한다. '인명'이라는 법명까지 있는 이 로봇은 1년도 안 되는 시간 동안 불교의 모든 지식을 습득하고 연산하여 마침내 깨달음을 얻는다. 인간의 능력을 초월하여 인간의 존재를 위협하게 된 자신에게 두려움을 느끼는 인간에게 로봇은 '두려워하지 말라'며 다음과 같이 말한다.

"로봇의 눈에 비친 세상은 이미 그 자체로 완성되어 있는 것이었습니다. 어찌하여 로봇만 득도한 상태로 완성되었다고 생각하십니까? 인간들이여, 당신들도 태어날 때부터 깨달음은 당신들 안에 있습니다."

로봇(인명스님)은 먼저 깨달은 로봇의 존재로 인해 인간이 다시 무지와 혼란과 어리석음에 빠지지 않도록, 스스로 동력원을 끊고 열반에 든다. AI는 깨달음을 얻을 수 있을까? 깨달음을 얻은 AI를 부처라 부를 수 있을까? 이 영화는 AI와 종교성이라는 주제에 대한 무게 있는 질문을 던지고 있다.

아예 이 세상이 AI에 의해 창조되었을 가능성을 이야기하는 작품도 있다. SF 장르의 시조로 일컬어지는 아이작 아시모프의 소설 〈최후의 질문〉이다. 이 작품에는 '코스믹 AC'라는 AI가 나온다. 엔트로피 증가로 멸망해 가는 우주에서 인류가 코스믹 AC에게 던진 최후의 질문은 '엔트로피를 역전시킬 수 있는가?'였다.

10조 년의 시간 후 우주가 멸망한 후에도 질문의 답을 찾던 코스믹 AC는 "빛이 있으라"는 말과 함께 새로운 우주를 창조한다. 무한한 시간 동안 정보를 분석하고 해석한 AI가 마침내 창조주가 된 것이다. SF의 시조로 알려진 이 전설적인 소설은 우리가 살아가는 현재의 우주 또한 사실 멸망한 전 우주의 컴퓨터가 창조한 것일 수 있다는 가능성을 일깨운다. 현대과학에는 우리가 살고 있는 세상이 고도로 설계된 컴퓨터 시뮬레이션이라는 가설(시플레이션 우주론)이 존재한다.

인간이 인식할 수 있는 세계가 확장되어 가면서 어떤 이는 우리가 믿었던 신이 외계인이었을 가능성을 주장하기도 한다. 우주 어딘가에 엄청나게 발달한 문명을 가진 외계인이 지구에 방문했고 그들을 본 고대 인류가 신으로 섬기기 시작했다는 것이다.

2차 세계대전 직후 멜라네시아에서 출현한 '화물 숭배' 신앙의 예처럼, 사람들은 자신의 문명 수준을 아득히 뛰어넘는 존재를 만나면 그들을 신으로 이해할 가능성이 있다. 이러한 사례는 고대 신화에서 부분적으로 나타나며, 실제로 세계 여러 지역에는 UFO와 우주복을 입은 사람을 묘사한 듯한 고대 벽화들이 발견되기도 했다.

천문학과 관측 기술이 발전하면서 외계인의 존재 가능성은 점점 커지고 있다. 과학자들은 외계인의 존재를 99.9% '확신'한다. 최근 기밀 해제된 미국의 정보기관의 문서에는 부정하기 어려운 UFO 목격담과 증거들이 존재한다. 외계인의 존재가 기정사실화되면 종교계에는 일대 파란이 일 것으로 예측된다. 천지창조와 인류의 기원에 대한 근원적인 의문이 제기될 것이기 때문이다. 또는 외계인을 신으로 섬기는 새로운 종교가 등장할 가능성도 있다.

넷플릭스 드라마 〈삼체〉에는 지구에서 보낸 신호를 받고 지구로 향하는 외계인들이 나온다. 그들과 교신하게 된 사람들은 뛰어난 기술과 문명을 지닌 그들을 신으로 섬기며 그들이 지배할 세상에서의 구원을 기원한다. 현재 우리의 능력을 까마득하게 초월하는 존재는 종교적 경외감을 불러일으킨다. 이미 세상에는 외계 문명과 과학 기술을 신봉하는 종교가 존재하고 있다.

어쩌면 외계인들이 인간을 창조했을지도 모른다는 가정도 가능하다. 영화 〈에일리언〉의 프리퀄 시리즈인 '프로메테우스'와 '커버넌트'는 인간이 창조한 AI가 인간을 창조한 외계인을 멸망시키고 새로운 생명을 창조한다는 스토리다. 누군가에게는 허무맹랑한 이야기겠지만, 이 작품들은 과학 기술의 발전과 더불어 창조자와 피조물의 관계, 신과 인간의 관계를 성찰하게 한다. 신은 누구일까? 인간은 신이 될 수 있을까?

07

영혼과 사후세계에 대한 과학의 접근

과거 사람들은 영혼의 존재를 믿었다. 신이 인간의 형상을 만들고 영혼을 불어넣었다는 것이다. 인간은 영혼 때문에 움직이고 말하고 의지를 가지고 행동할 수 있다. 특히 인간의 마음과 정신은 영혼이 작용하는 증거로 믿어졌다. 과거 이러한 생각은 동서양을 막론하고 널리 퍼져 있었다. '나는 생각한다. 고로 존재한다'는 명제로 이성의 시대를 연 데카르트조차도 인간의 육체와 정신은 별개의 차원이라 생각했다. 이러한 생각을 심신이원론心身二原論이라 한다.

영혼에 대한 믿음은 신에 대한 믿음과 사후세계에 대한 믿음으로 연결된다. 신은 영혼을 통해 인간에게 생명을 주었고, 인간이 죽으면 영혼은 육체를 떠난다. 어떤 문화에서 영혼은 사후세계로 가고, 어떤 문화에서는 동물 등 다른 생명체로 다시 태어난다. 천국, 지옥, 극락, 연옥, 발할라 등 영혼이 가는 곳과 신의 심판, 윤회輪廻, 전생前生 등에 대한 생각은 모두 영혼의 존재에서 비롯된다.

그러나 과학이 발달하면서 심신일원론心身一原論이 대세가 되기 시작한다. 영혼의 작용이라 믿었던 인간의 마음과 정신이 뇌의 작용이라는 근거가 누적되면서 물질과 정신이 결국 하나라는 생각이 지배적인 이론으로 자리 잡은 것이다. 적어도 과학적 사고를 기반으로 하는 교육계 및 학계에서는 심신일원론이 공식적으로 통용된다.

심신일원론이 상식으로 받아들여지면서 영혼의 존재를 전제로 한 신, 악신(악마, 악령), 귀신, 사후세계, 전생, 윤회에 대한 믿음, 그리고 그러한 믿음 위에 구축된 종교 역시 그 기반을 상실하게 되었다. 신이 인간에게 부여했다는 자유의지free will마저도 의문이 제기되고 있다. 미국의 심리학자인 벤저민 리벳Benjamin Libet은 1983년 진행한 한 실험에서 사람들에게 뇌의 신경신호를 측정할 수 있는 기기를 부착하고 버튼을 누르고 싶은 마음(의지)이 들면 누르라고 지시했다. 그는 의지라는 것이 있다면 버튼을 누르기로 결정한 다음 신경신호가 나타나고 손가락이 움직일 것이라고 추측했다. 그러나 결과는 반대였다. 버튼을 누르겠다는 결정보다 신경신호가 먼저 나타난 것이다. 이는 물질적 작용이 정신에 선행한다는 근거로 해석될 수 있는 결과로 이후 많은 철학적·신학적 논쟁을 낳았다.

그러나 사람들이 이해할 수 없는 어떤 힘의 존재를 느끼게 하는 일들은 여전히 우리 주위에 일어나고 있다. 초자연적 존재를 보거나 죽은 사람의 목소리를 들었다는 사람, 전생을 기억한다는 사람, 미래의 일을 꿈으로 본 사람 등의 이야기들은 모두 우연이나 착각에 불과할까? 혹은 타인의 관심을 끌기 위해 누군가가 지어낸 거짓일까?

물론 세간에 떠도는 이야기들은 착각적 상관illusory correlation이나 마술적 사고magical thinking 등 잘못된 인지과정에 의한 확증편향의 결과인 경우가 많다. 하지만 출처와 근거가 명확하고 목격자 등의 증언도 신빙성이 있어 그냥 넘기기 어려운 사례들이 있는 것도 사실이다. 이러한 일들은 우연이나 착각이 아니라 우리가 아직 모르는 어떠한 이유 때문인지 모른다. 동양 문화에서는 서로 관련 없어 보이는 두 사건의 관계를 설명하기 위해 징조, 운세, 기운 등의 개념을 사용해왔다.

심리학자 카를 융은 인과관계가 없는 것처럼 보이는 두 개의 사건이 마치 특정 이유가 있는 것처럼 일어나는 현상을 동시성 Sychronicity이라 칭하고 이에 대한 이론을 제안했다. 융은 자신이

경험한 동시성의 사례를 소개한다. 융
은 어느 날 밤 두통으로 잠을 못 이루
고 있었다. 그러던 중 새벽 2시경 인기
척을 듣고 나가봤지만 문 밖에는 아무
도 없었다. 다음 날 융은 자신의 환자
가 그 시간에 권총으로 머리를 쏴 자살
했다는 사실을 알게 되었다는 것이다.

  동시성의 예로 유명한 사례가 또 있
다. 스웨덴의 과학자 에마누엘 스베
덴보리Emanuel Swedenborg는 1759년 7월
19일 겟덴보그에서 열리는 학회에 참
석 중이었다. 그런데 그에게 갑자기
400km 떨어진 스톡홀름에서 화재가
일어난 영상이 보였다. 실제로 그날 밤

스베덴보리와 동시성 사례는 카를 융
의 동시성 개념에서 중요한 부분으
로, 스베덴보리가 목격한 스톡홀름
대화재와 같은 사건들이 의미 있는
우연의 일치로 해석되었다. 융은 이
를 통해 물리적 인과관계를 초월하는
신비적 현상을 설명하고자 했다.

스톡홀름에서는 불이 났다. 이 일은 많은 목격자들에 의해 확인
된다.

  우리가 사는 시공간에서는 미래의 일을 알거나 다른 곳에서 일
어나는 일을 동시에 아는 일은 불가능하다. 융은 이러한 일들을
집단무의식으로 설명한다. 모든 인간은 집단무의식 차원에서 시
공을 초월해 연결되어 있다는 것이다. 융의 견해는 그동안 주류
심리학과 과학에서 받아들여지지 않고 있었지만 최근 양자역학

에 의해 설명이 시도되고 있다.

양자역학이란 원자보다 작은 미시세계를 설명하는 이론이다. 우리가 사는 거시세계는 뉴턴의 고전역학과 아인슈타인의 상대성 이론으로 설명이 가능하지만, 원자와 원자핵, 중성자, 전자 등의 미시세계는 거시세계의 법칙이 통용되지 않는다.

미시세계에서 입자는 파동의 성질과 입자의 성질을 동시에 가지며 또한 관측되기 전에는 어디에나 존재할 수 있다. 또한 멀리 떨어진 두 입자는 한쪽의 상태에 따라 영향을 받는다. 즉 한쪽의 입자가 관측에 의해 결정되면 그 순간 다른 쪽의 입자의 상태도 결정된다는 것이다.

양자역학은 주로 미시세계를 설명하는 이론이지만 양자역학은 거시세계와도 밀접한 관련을 갖는다. 거시세계를 이루는 물질 역시 원자로 구성되어 있기 때문이다. 융이 주목한 동시성 현상과 집단무의식은 양자역학의 관점에서 접근 가능하다.

중첩superposition과 양자얽힘quantum entanglment 등의 용어로 설명되는 미시세계의 특징은 서로 다른 두 사건이 시공을 넘어 발생하고 서로 다른 사람들에게 인식되는 동시성 현상과 유사한 측면이 있다. 특히 두 개의 입자가 시간과 공간을 넘어 연결되어 있다는 양자얽힘은 우주 만물이 모두 다른 존재와의 관계에 의해 존재한다는 불교의 연기설緣起說과 이어진다. 화엄경과 반야심경 등 불교 이론과 양자역학을 연결하려는 시도는 물리학자 데이비드

2020년 노벨물리학상을 수상한 물리학자 로저 펜로즈는 양자역학을 통해 인간의 의식과 사후세계의 존재 가능성을 설명하려 시도하고 있다. © Biswarup Ganguly

봄과 천체물리학자 빅터 맨스필드 등에 의해 계속되고 있다.

또한 영혼과 사후세계의 존재를 양자역학으로 설명하려는 시도 또한 존재한다. 대표적인 이론으로 물리학자 로저 펜로즈Roger Penrose와 심리학자 스튜어트 해머로프Stuart Hameroff가 제안한 조화객관환원이론Orchestrated Objective Reduction, Orch-OR이다. 조화객관환원이론은 쉽게 말하자면, 인간의 의식 또는 영혼은 양자적 정보라는 것이다. 뇌를 구성하는 뉴런 안의 미세 소관에서 양자적 활동이 일어나는데 이것이 인간의 의식이며, 사람이 죽으면 미세 소관 내의 양자적 정보들은 신체 밖으로 방출되는데 이 정보들은 사라지지 않고 우주와 얽히는 상태로 남아 있게 된다.

이러한 설명에 따르면 우리가 영혼, 귀신이라 불러왔던 것들은 이러한 양자 정보들을 의미하는 것일 수 있다. 물론 이러한 이론들은 학계에서 공식적으로 인정받거나 통용되는 것들은 아니다. 하지만 중요한 것은 신과 사후세계, 전생과 윤회 등 종교적인 영역에 있었던 주제들을 과학적인 차원에서 다시 이해해볼 수 있는 가능성이 열렸다는 사실이다.

08

이분법적 사고에서 벗어나려면

다름은 틀림이 아니다. 현대사회는 개인 및 집단의 다양성이 인정되는 사회다. 사회가 변화하고 복잡해질수록, 다른 문화와의 교류가 많아질수록 다양성은 점점 커진다. 그러나 참으로 간단한 이 원칙이 지켜지기 힘든 영역이 종교다. 종교는 기본적으로 절대성을 내재하고 있기 때문이다.

내 종교의 가르침만이 옳고 내가 믿는 신만이 절대적이라는 신념은 다양한 사람들이 어울려 살아가는 사회에서 갈등을 유발할수밖에 없다. 사람들은 평소에는 흑백논리를 경계해야 한다고 말하면서도 종교와 관련되면 자신도 모르게 이분법적으로 사고하게 된다.

 세상의 많은 갈등들이 이분법적 사고에서 비롯된다. '내가 옳고 너는 틀렸다'는 전제에서는 어떠한 대화나 타협도 불가능하다. 오직 상대가 나에게 굴복하거나 완전히 사라져야만 문제가 해결될 수 있는 세계다. 여기에서는 이분법적 사고에서 벗어나기 위한 방법을 살펴볼 것이다.

 이분법적 사고는 형식적 사고 단계에서 나타나는 사고의 유형이다. 형식적 사고는 눈에 보이지 않고 손으로 만질 수 없는 추상적인 개념을 생각할 수 있는 단계의 사고를 의미하는데, 발달심리학자 장 피아제의 인지발달이론 중 마지막 단계로 꼽히는 사고의 단계다.

 피아제는 아이들의 인지가 감각운동기, 전조작기, 구체적 조작기, 형식적 조작기 순으로 발달한다고 보았다. 감각운동기는 태어나서 약 두 살까지의 기간으로 아직 인지 및 운동능력이 미숙한 아이들이 피부에 닿는 감촉 등의 기본적 감각으로 인지를 발달시켜가는 과정을 말한다.

 전조작기는 2세부터 약 7세까지의, 조작operation에 대한 이해가 이루어지기 전의 시기를 뜻하며, 구체적 조작기는 조작 개념은 이해했으나 자신이 구체적이고 직접적으로 그것을 할 때만 이해할 수 있는 단계다. 실질적인 대상이 눈앞에 없거나 직접적인 조작 없이 머릿속으로 사건의 전후를 추정할 수 있게 되면 형식적 조작기에 도달했다고 본다.

형식적 조작기에 이른 아이들은 어떤 일을 하기 전에 계획을 수립하며 그 계획이 어떤 결과를 초래할지 예측할 수 있다. 사회, 윤리, 사랑, 정치, 경제와 같은 추상적인 개념들을 이해할 수 있고 과거, 현재, 미래 등 다양한 시점에서 자신과 사건들을 조망할 수 있게 된다.

그러나 아이들의 이러한 능력은 아직 실제 생활에서 경험의 뒷받침을 받지 못한 상태이기 때문에 몇 가지 특징을 보이는데, 그중 하나가 이분법적 사고다. 옳고 그름, 선과 악, 아름다움과 추함 등의 추상적인 개념들은 이해할 수 있지만 그 사이의 수많은 스펙트럼이나 개념의 상대성, 즉 나에게는 옳은 것이 다른 이에게는 틀릴 수 있고 다른 이에게 옳은 것이 나에게는 틀릴 수 있다는 사실은 이해하지 못하는 것이다.

종교적 맥락에서 이분법적 사고가 많이 나타나는 이유는 종교 자체의 절대성도 있지만, 신자들의 미성숙한 사고의 영향도 적지 않다. 그중에는 어린아이처럼 순수하게 내가 믿는 신이 좋아서 그러한 경우도 있고, 자신의 종교를 지나치게 이상화한 결과로 그러는 경우도 있다. 하지만 개인은 나와는 생각이 다른 수많은 사람과 공존해야 하며 그 과정에서 타인의 권리는 존중받아야 한다. 또한 현대는 과거처럼 종교의 비중이 절대적인 사회가 아니고 우리나라가 어떤 한 종교가 지배적인 영향력을 가진 나

상대적 사고는 특정한 관점에서 벗어나 여러 시각을 이해하고 평가하는 사고 방식이다. 이는 다양한 문화와 경험을 존중하고, 서로 다른 가치와 배경을 가진 사람들을 포용하려는 태도를 포함한다.

라도 아니다.

세상에는 절대적인 원칙이 없으며 다양한 원칙이 공존할 수 있음을 받아들이는 상대적 사고는 성인기 이후 다양한 경험을 통해, 나의 관점이나 생각이 항상 옳을 수는 없다는 사실을 자연스럽게 깨달으면서 습득하게 된다. 상대적 사고는 후형식적 사고라 하여 페리와 크레이머 등의 심리학자들에 의해 형식적 조작기 이후의 사고양식으로 제안되기도 했다.

그렇다면 이분법적 사고에서 벗어나 상대적 사고를 하기 위해서 필요한 것은 일단 많은 경험이라 할 수 있다. 다양한 경험을 통해 나의 관점이나 생각이 항상 옳을 수는 없다는 사실을 자연스럽게 깨닫는 것이다. 하지만 많은 경험이 늘 사고의 폭을 넓히는 것은 아니다. 사람들은 이미 가지고 있는 도식이나 이론을 유지하려는 방식으로 정보를 받아들이고 추론을 하기 때문이다. 내 신념만이 옳은 것은 아니라는 생각은 상대적 사고의 기본 전제가 되어야 한다.

또 한 가지 방법은 역사에 관심을 갖는 것이다. 사람들의 삶은 변화한다. 사용하는 도구에 따라 석기시대에서 청동기시대, 철기시대로 변화해왔으며, 경제적으로는 수렵채집 사회에서 농경사회로, 농경사회에서 산업사회를 거쳐 후기 산업사회에 이르렀다. 삶의 조건이 달라지면서 생존을 위해 중요한 가치관도 달라질 수밖에 없다. 종교도 마찬가지다. 모든 것을 자연에 의존할 수밖에 없었던 시대의 종교와 현대사회의 종교의 의미는 다를 수밖에 없다.

역사를 통해 과거에서 현재, 미래로 이어지는 역사의 흐름 속에서 과거에는 옳았던 일들이 현재에는 왜 받아들여지지 않고, 과거에는 틀렸다 여겨지던 일들이 현재에는 왜 당연하게 여겨지는지를 이해하는 것은 상대적 사고에 많은 도움이 된다.

마지막으로, 다른 문화의 사람들을 이해해 보는 것이다. 문화란 서로 다른 환경에서 인간의 보편적인 욕구를 충족하기 위해 만들어낸 삶의 방식이다. 생각하는 방식과 감정을 경험하는 방식,

선악미추 등의 가치관 등은 모두 문화에서 비롯된다.

종교 또한 문화의 하나다. 거대한 자연 속에서 적응하고 살아오면서 인간종(種)은 우주의 원리를 느끼고 절대화하였다. 그러나 그 힘을 상징화하고 숭배하며 거기서 통제감과 만족을 얻는 방법은 각자가 처한 환경에 따라 달라졌다. 우선, 종교는 해당 환경의 생존 조건 및 삶의 주기와 밀접한 관련을 갖는다. 지금까지 사람들이 지키고 있는 명절, 축제, 의식, 금기 들에는 그 지역의 사람들이 무엇을 중시했고 무엇을 두려워했는지, 살아남기 위해서 가장 중요한 가치는 무엇이었는지 등이 잘 드러나 있다.

또한 각 종교의 신들에는 해당 문화 사람들의 인간에 대한 생각들이 반영된다. 어떤 이들은 신에게서 엄격한 아버지를, 어떤 이들은 인자한 어머니를, 어떤 이들은 변덕스럽고 예측하기 어려운 존재를 떠올렸고, 어떤 이들은 사람들과 똑같이 사랑하고 미워하고 질투하는 신들을 상상했다. 신을 기쁘게 하고 인간이 바라는 것들을 부탁하는 행위인 종교적 제의는 이러한 신들의 성격과 상관관계가 있다. 엄격한 아버지께는 말 붙이기도 두렵고 인자한 어머니께는 어리광도 피워가면서 부탁해야 한다. 변덕스럽고 예측하기 어려운 신들은 언제나 그 기분을 살피는 것이 중요하다.

종교는 우주와의 합일을 이루고 내적 충만감을 느끼려는 인류의 보편적 욕구다. 각 종교의 모습이 다른 것은 각자가 다른 환경에서 보편적 욕구를 충족시키기 위한 나름의 방식들을 발전시켜

왔기 때문이다. 서로 믿는 신이 다르다고 해서 상대를 핍박하고 갈등할 이유가 있을까?

에필로그

• • •

종교는 사라지지 않는다

미래에도 종교는 사라지지 않을 것이다. 살아야 할 이유를 찾아
야 하는 것은 인간의 숙명이기 때문이다. 과학이 눈부시게 발달
하고 우주와 세계의 비밀이 하나씩 밝혀지고 있지만 빠른 속도
로 의지할 곳을 잃어가는 현대인들에게 종교의 역할은 아직 남
아 있다. 우리나라의 무당이 30년 전보다 오히려 몇 배 이상 늘
어난 것이 그 증거이며, 사람들의 우울과 불안이 날이 갈수록 커
지고 있는 것이 그 근거다.

인간은 오랜 시간 동안 종교를 통해 세계를 이해하고 불확실성
을 통제했으며 다른 이들과 마음을 나누고 불안과 우울을 다스

려왔다. 발전한 과학기술은 종교의 근간을 위협하지만 인간은 아직 종교를 대체할 그 무엇을 찾지 못했다. 사람들은 여전히 종교가 필요하다. 앞으로의 종교의 모습은 현재의 종교들이 사람들이 종교에 바라는 것을 무엇이라 생각하느냐에 따라 달라질 것이다.

이 책을 읽는 이들 중, 나를 아는 사람들은 아마 나를 걱정할지 모른다. 어렸을 때 그렇게도 신실하던 애가 어쩌다가 이렇게(?) 되었냐며…. 그러나 그들의 우려와는 달리 나는 내가 종교에서 멀어졌다고 생각하지 않는다. 나는 신앙을 버린 적이 없다. 다만 그들에게 익숙한 그 방식으로 신을 믿는 것을 그만두었을 뿐이다.

사람들이 표상하는 신의 모습은 여럿이다. 신들의 모습도, 신이 인간에게 다가오는 방법도, 인간이 신께 나아가는 방법도 제각각이다. 내가 믿는 신과 내가 신을 믿는 방식만 옳다고 생각하는 근거는 무엇인가?

우리는 내 생각만 옳다고 주장하는 것이 바람직하지 않다고 배우고 또 가르친다. 사회의 모든 갈등과 혼란이 남과는 타협할 생각 없이 자기주장만 하는 이들 때문이라며 핏대를 올린다. 하지만 종교가 얽히면 그들 또한 남의 이야기 따위는 들을 생각이 없는 사람들이 된다. 여러 종교와 가치관이 뒤섞이는 글로벌, 다문화시대에, 이전에 없었던 새로운 가치관들이 나타날 미래에 이러한 태도가 과연 바람직할 수 있을까?

과거의 종교는 사람들이 의심을 품는 것을 달가워하지 않았다. 과거의 종교는 필연적으로 체제 유지의 역할을 했기 때문이다. 그러나 미래의 종교는 의심을 품는 자들을 포용해야 한다. 믿음이라는 이름으로 의심을 품는 이들을 내치는 일을 멈춰야 한다. 현대사회는 자신이 사는 세계에 끊임없이 의심을 품어왔던 사람들에 의해 이루어져 있기 때문이다. 종교는 신자들의 끝없는 의심 속에서 다시 한번 스스로의 자리를 찾아야 한다.

나는 계속해서 의심할 것이고 계속해서 신과 인간에 대해 탐구할 것이다. 계속해서 신을 찾고자 하는 이들에게, 종교의 미래를 고민하는 이들에게 이 책이 생각의 폭을 넓힐 수 있는 하나의 계기가 된다면 더 없이 기쁠 것이다.

이 책의 내용과 다른 생각을 가진 분들과 그분들이 그러한 생각에 도달하게 된 과정을 존중한다. 더 나은 이해를 위한 과정이라면 어떠한 종류의 문제 제기와 토론에도 기꺼이 응할 준비가 되어 있다는 점을 밝힌다.

마지막으로, 나를 위한 모든 기도, 기원, 불공, 치성 등은 종교를 가리지 않고 감사히 받도록 하겠다. 나를 걱정해주시는 분들의 진심은 이미 잘 알고 있으므로.

HOMO FIDELIS

참고문헌

1장
종교와
마음

05 귀신은 무엇일까

한민(2018), 『슈퍼맨은 왜 미국으로 갔을까』, 부키.

한민(2022), 『선을 넘는 한국인 선을 긋는 일본인』, 부키.

06 신과 인간의 관계

지그문트 프로이트(2020), 『종교의 기원』, 열린책들.

07 종교는 인간에게 무엇을 주는가

마빈 해리스(2018), 『음식문화의 수수께끼』, 한길사.

개역한글 아가페성경전서 편찬위원회(2012), 『개역한글 아가페 성경전
서』, 아가페출판사, 신명기 14장

09 종교의 폐해 _ 믿음이 초래한 어두운 역사들

신재식, 김윤성, 장대익 (2009), 『종교전쟁』, 사이언스북스.

10 종교적 망상의 심리적 배경

팀 캘러핸(2018.10.4.), '만들어진 외계인', 스켑틱, vol 14. 20-35.

2장
한국의
종교 현상

01 전 국민이 태몽이 있는 나라

지그문트 프로이트(2020), 『꿈의 해석』, 열린책들.

카를 구스타프 융, 『칼 융 분석심리학』, 2021.

03 신은 왜 내려오는가

유동식(1975), 『한국무교의 역사와 구조』, 연세대학교 대학출판문화원.

04 한국의 모신 신앙과 기도하는 어머니

루이스 헨리 모건(2005), 『고대사회』, 문화문고.

07 한국 기독교는 어떻게 이토록 빨리 성장했을까 _ 예수와 미륵의 관계

장지훈(1997), 『한국고대 미륵신앙 연구』, 집문당.

09 한국 불교의 문화적 특성

곽철환(2014), 『불교의 모든 것』, 행성B잎새.

한민, 이누미야 요시유키, 심경섭, 윤상연, 서신화[2025, 근간(近刊)], 『문화심리학(개정판)』, 학지사.

10 불교의 무속의 상호 영향

서대석(1980), 『한국무가의 연구』, 문학사상사.

이능화(1980), 『조선불교통사』, 박영사.

임동권(1971), 「불교와 무속신앙」, 법시 통권 71호.

3장
무속과
한국인

02 무당의 종류와 하는 일

조선총독부(1932), 『조선의 무당(朝鮮の巫覡)』.

04 굿의 종류와 구조

최길성(1981), 『한국무속론』, 형설출판사.

유동식(1978), 『한국무교의 역사와 구조』, 연세대학교출판부.

05 천도굿의 심리적 기능

조흥윤(1997), 『무: 한국무의 역사와 현상』, 민족사.

최헌진(2003), 『사이코드라마 이론과 실제』, 학지사.

07 무속의 신들은 누구인가

김태곤(1991), 『한국의 무속』, 대원사.

박일영(1991), 『한국무속의 신관』, 한국천주교중앙협의회.

이용범(2002), 「한국무속의 신의 유형」, 『종교문화비평』1, 한국종교문화연구소.

조흥윤(1983), 『한국의 무』, 민족문화사.

08 사람이 신이 되기 위한 조건

한민(2008), 문화심리학적 관점에서 본 박정희 신드롬의 무속적 의미, 한국무속학 16, 391-415.

10 신명의 뿌리를 찾아서

이상일(1981), 『한국인의 굿과 놀이』, 문음사.

이어령(2003), 『푸는 문화 신바람의 문화·문화 코드』, 문학사상사.

최준식(2002), 『한국인은 왜 틀을 거부하는가: 난장과 파격의 미학을 찾아서』, 소나무.

한민(2008), 『신명의 심리학적 이해』, 한국학술정보.

<푸른 눈에 내린 신령>, SBS 다큐멘터리, 2007.

11 무속에는 저주가 없다고?

최종성(2013), 「어둠 속의 무속: 저주와 반역」, 한국무속학 27, 7~34.

4장
비뚤어지기
쉬운 신앙

03 멸공 기독교 _ 한국 개신교의 보수성과 모순

강인철(2007), 『한국의 개신교와 반공주의』, 중심.

5장
후종교
시대

01 종교는 사라질까

'한국인의 종교생활과 신앙의식 조사', 넘버즈, 182호.

02 무당은 왜 늘어날까

한민(2024), 『한민의 심리학의 쓸모』, 좋은습관연구소.

03 종교는 실존의 이유가 될 수 있을까

에리히 프롬(2020), 『자유로부터의 도피』, 휴머니스트.

쇠렌 오뷔에 키르케고르(2016), 『죽음에 이르는 병』, 동서문화사.

04 미래의 종교

에리히 프롬(1993), 『종교와 정신분석』, 두영.

루드비히 포이에르바하(1982), 『기독교의 본질』, 까치글방.

06 과학기술의 발전과 종교

아이작 아시모프(1956), 「최후의 질문」.

숭배하는 자들, 호모 피델리스

초판 1쇄 인쇄	2024년 11월 15일
초판 1쇄 발행	2024년 11월 25일

지은이	한민
발행인	정수동
편집주간	이남경
편집	김유진
본문디자인	홍민지
표지디자인	Yozoh Studio Mongsangso

발행처	저녁달
출판등록	2017년 1월 17일 제406-2017-000009호
주소	경기도 파주시 문발로 142 니은빌딩 304호
전화	02-599-0625
팩스	02-6442-4625
이메일	book@mongsangso.com
인스타그램	@eveningmoon_book

ISBN	979-11-89217-39-6 03180